QUANTUM MARKETING

퀀텀 마케팅

퀀텀 마케팅

라자 라자만나르 지음 | 김인수 옮김

한계를 뛰어넘는 마켓 프레임의 대전환

리더스북

Quantum
Marketing

quan·tum /ˈkwän(t)əm/ 형용사

1. 극도의, 갑작스런
2. 고전 이론의 한계를 설명하는 새로운 이론
3. 기존의 한계, 알려진 한계를 넘어서는 새로운 방법 및 계책

퀀텀 마케팅 quantum marketing

극도의 혼란 속에서 급격한 변화를 맞이한 지금,
마케팅의 모든 것이 붕괴하고 있다. 이론도 전략도 관행도!
마케팅이 도전받고 있는 지금, 위기 속에서 마케팅을 구하라.
'멋진 신세계'를 위한 프레임, 퀀텀 마케팅의 세상으로 당신을 초대한다.

"전례 없는 마케팅의 혼란을 헤쳐 나가는 데 필요한 훌륭한 안내서이다. 세계 최고의 마케팅 리더인 라자는 뛰어난 통찰력과 날카로운 시각으로 추진력에 필요한 실용적인 방법을 제공한다. 모든 비즈니스 리더들이 반드시 읽어야 할 책이다."

— 키스 A. 그로스만Keith A. Grossman, 《타임Time》 CEO

"지금 같은 패러다임의 변화 속에서 회사의 브랜드와 성장을 위해 더욱 강력한 역할을 할 수 있도록 명확한 로드맵을 제시한다. 눈을 번쩍 뜨게 만들 정도로 견문과 지식이 가득한 이 책은 빠른 속도로 변화하는 세상에서 뒤처지고 싶지 않은 마케터들에게 필독서가 되어줄 것이다."

— 미셸 펠루소Michelle Peluso, IBM 디지털 세일즈 상무 겸 CMO

"이 시대에 필수적인, 깊이 있는 지식을 제공하고 많은 생각을 불러일으키는 책이다. 선도적인 글로벌 마케팅 리더인 라자는 현재 일어나는 극적인 변화 속에서 마케팅을 재탄생시킬 수 있는 실용적인 인사이트를 제공한다. 모든 마케팅 실무자들과 학생들이 꼭 읽어야 하는 책이다."

— 해리스 다이아몬드Harris Diamond, 맥켄 월드그룹McCann WorldGroup 회장

"마케팅 제5의 패러다임에 관해 매우 흥미로운 견해를 제시할 뿐만 아니라 그 속에서 능숙한 플레이를 펼쳐 승리할 수 있는 방법까지 보여준다. 이 훌륭한 책은 마케팅사(史)에 한 획을 긋게 될 것이다!"

— 아쇼크 바스와니Ashok Vaswani, 바클리Barclays 은행 개인 및 기업금융 CEO

"마케팅의 미래에 대해 아주 색다르며 대담한 견해를 펼치는 이 필독서는 이제 우리가 새로운 상황을 맞이해 다시 한번 시동을 걸고 날아오를 때가 되었음을 일깨워준다."

— 슈테판 뢰르케Stephan Loerke, WFA(세계광고주연맹) CEO

"마케터나 비즈니스 리더가 마케팅의 미래를 위해 무엇을 준비해야 하는지 훌륭하게 안내해주는 책이다. 시대의 리더가 되고 싶은 사람이라면 누구나 읽어야 할 책이다."

— 페드로 얼프Pedro Earp, 안호이저-부시 인베브Anheuser-Busch InBev CMO

"CEO가 던지는 곤란한 질문을 회피하기보다 기꺼이 받아들이고자 하는 사람이라면 이 책을 꼭 읽어라. 저자는 브랜드 영향력을 결과로 연결시키고자 하는 오늘날의 마케터들을 위해 흩어진 점들을 연결시켜준다. 간단히 말해 지금까지 이해온 것만으로는 더 이상 앞으로 나아갈 수 없기 때문이다."

— 웬디 클라크Wendy Clark, 덴츠 인터내셔널Dentsu International 글로벌 CEO

"필독서라는 말로도 설명이 부족한 이 책에서, 라자는 가장 우아하고 감동적이며 명료한 언어로 마케팅의 중요한 측면을 드러내 보여줄 뿐만 아니라 마케팅의 강력한 힘 그리고 그 힘이 브랜드와 사회에 미치는 영향을 독자들이 진정으로 이해할 수 있도록 도와준다. 이 책은 당신이 불가능을 가능으로 만들 수 있다는 사실을 깨닫게 해줄 것이다."

— 밥 리오디스Bob Liodice, ANA(전미광고주협회) CEO

"이 책의 강점은 마케터가 비즈니스 성공에 얼마나 필수적인 존재인지 보여주는 데 있다. 마케팅의 예술, 과학, 기능의 결합을 연구하면서 라자는 마케터에게 사려 깊은 실천가가 될 것을 주문한다. 비즈니스 성장을 이끄는 데 필요한 데이터 및 분석의 엄격한 활용부터 브랜드 구축을 통합하는 방법까지, 흥미롭고 실용적인 예로 가득하며 가능성과 희망으로 용기를 준다."

— 리앤 커츠Leanne Cutts, HSBC그룹 CMO

"미래의 CMO가 직면한 엄청난 어려움에 대해 그리고 마케팅 원칙과 프레임워크를 근본적으로 변화시키는 방법에 대해 아주 잘 설명하고 있다. 이 책은 미래의 성장과 번영을 이끌고자 하는 마케터 및 비즈니스 리더를 위한 필독서이다."

— 라비 다르Ravi Dhar, 예일대학교 경영대학원 경영학 교수

"이 책은 마케터들의 미래를 향한 도약을 위해 명확한 로드맵을 제공한다. 번지르르한 포장을 제거하고 실용적인 지침을 준다. 정말 훌륭한 읽을거리!"

— 제나 아놀드 스리바차Zena Arnold Srivatsa,
킴벌리 클라크Kimberley Clark 디지털 및 마케팅 총괄책임자

"친구들이여, 안전벨트를 단단히 매라. 이 책에서는 라자의 혁신적인 시각으로 바라본, 감당하기 힘들어 보이면서도 흥미진진한 퀀텀 마케팅이라는 새로운 세상이 펼쳐진다. 유능한 마케터로서 경쟁하고 승리하고자 하는 마음자세를 지닌 사람이라면 이 책을 놓치지 마라."

— 그렉 웰치Greg Welch, 스펜서 스튜어트Spencer Stuart

"이 시대 가장 위대한 마케터가, 퀀텀 마케팅이라는 미래를 준비하는 우리에게 도움의 손길을 내밀고 있다. 예리하고 알찬 인사이트가 가득한 이 책을 이렇게도 완벽한 시점에 내놓으며."

— 수잔 보베이다Susan Vobejda, 트레이드데스크The Trade Desk CMO

"끊임없이 변화하는 세상에서 이토록 지속 가능하면서도 유용한 전략을 제공해주는 책이 또 있을까. 이 책은 미래에 닥쳐올 마케팅의 위기를 극복하기 위한 전체적인 틀을 잡아준다."

— 안다 간스카Anda Gansca, 노치Knotch 창업주 및 CEO

"오늘날 마케팅 분야의 위대한 사상가 중 한 사람인 라자는 새로운 마케팅 프레임워크를 설득력 있게 구성하면서 새로운 환경이 제공하는 기회를 최대한 활용할 수 있도록 지침을 제공한다. 간결하면서도 대단히 실용적인 이 책은 지금 우리가 읽고 또 읽어야 하는 책이다."

— 게르하르트 푸리에Gerhard Fourie,
애스턴 마틴Aston Martin 마케팅 및 브랜드 전략 디렉터

"대담하고 솔직한 표현, 무엇이든 할 수 있다는 태도와 함께 한줄기 신선한 바람으로 다가오는 책. 저자는 모든 마케터에게 비즈니스 성장을 이끄는 마케팅의 힘을 인정하게 만들, 중요하고 시기 적절하며 실행 가능한 새로운 대응책을 디자인하고 실행할 것을 강조한다."

— 니키 멘돈카Nikki Mendonca,
액센추어Accenture 소프트웨어 및 플랫폼 인더스트리 글로벌 매니징 디렉터

"이 책의 내용을 모든 경영진의 사무실 또는 모든 비즈니스 스쿨 교실에서 가르쳐야 한다. 지금 가장 영향력 있는 마케팅 지도자이자 목적 지향적 사상가인 라자는 마케팅의 현재와 미래를 위해 마케터들이 전체적인 접근 방식을 바꿔야 하는 이유와 방법을 전문적인 지식과 함께 설명하고, 자신이 걸어온 여정에서 겪은 다채로운 일화들을 활용해 현실적인 대응책을 제공한다. 변화하는 세계의 도전과 기회를 마주하는 비즈니스 리더뿐만 아니라 마케팅을 배우는 학생 모두가 반드시 읽어야 할 책이다."

　— 제니 루니Jenny Rooney,《포브스Forbes》커뮤니티 디렉터 및 CMO 네트워크 의장

"깊고 폭넓은 지식과 통찰력 그리고 글로벌 경험을 갖춘 사람은 드물다. 따라서 마케팅의 과학과 예술을 이토록 잘 융합할 수 있는 사람은 또 없을 것이다. 비즈니스의 변화를 이끌어내고자 하는 사람이라면 누구나 읽어볼 만한 책이다."

　— 스티븐 울프 페레이라Steven Wolfe Pereira, 엔칸토스Encantos CEO 및 공동 설립자

"라자는 자신의 업무 영역을 훤히 꿰뚫고 있다. 그는 변화무쌍한 이 세상에 새로운 차원의 깊이와 넓이를 더해준다. 『퀀텀 마케팅』은 21세기에 마케팅이란 무엇이고 어떻게 기능해야 하는지를 완벽하고 확실하게 알려준다."

　— 닉 드레이크Nick Drake, 구글 글로벌 마케팅 상무

"최고의 마케팅 실무자가 전통적인 지혜, 현대 기술 그리고 소비자에 대한 진정한 이해를 이토록 완벽하게 조합해 빚어낸 책은 없었다. 모든 사람이 이 책을 반드시 읽어야 한다는 사실 또한 예외가 있을 수 없다!"

　— 프라나브 야다브Pranav Yadav, 뉴트로-인사이트Neuro-Insight US Inc. 설립자 및 CEO

"이 책은 우리 앞에 놓인 미래 브랜드가 모든 소비자에게 충만한 경험을 제공할 수 있도록 더 과학적이고 기술에 정통한 접근 방식의 새로운 프레임워크를 제공한다. 마케팅이 소비자와 좀 더 의미 있는 관계를 이끌어낼 수 있는 방법을 알려주는 훌륭한 책!"

— 자넷 발리스Janet Balis, EY 컨설팅 마케팅 리더

"라자가 어떻게 비교 불가할 정도의 리더십을 갖추고 있는지는 그의 경험이 말해준다. 늘 기술 우위를 유지하고 모든 마케팅 활동의 연결을 통해 실적을 이끌어내고 증명하고자 끊임없이 탐구하는 그의 정신을, 모든 마케팅 리더는 본받아야만 한다."

— 나딘 디에츠Nadine Dietz,《애드위크Adweek》최고대외협력책임자

"사람들의 사고를 자극하는 이 책을 통해, 라자는 마케팅이 어떤 식으로 진화를 이어갈지 그리고 성공을 위해 무엇이 필요한지, 마케팅의 미래를 들여다볼 수 있도록 해준다. 모든 기업 경영자가 반드시 읽어야 할 책이다."

— 수닐 굽타Sunil Gupta, 하버드대학교 경영대학원 경영학 교수

"『퀀텀 마케팅』은 마케팅 선각자의 사고적 리더십, 최상위 글로벌 마케터의 실용성, 창의력이 빛나는 천재의 스토리텔링을 보여준다. 모든 실무자와 학생들이 업계 최고 전문가의 독특한 시각으로 마케팅을 바라볼 수 있게 해주는 책이다."

— 데비카 불첸대니Devika Bulchandani, 오길비Ogilvy North America CEO

차례

PART 1 마케팅의 진화

PART 2 완전히 다른 세계, 새로운 도전들

바치는 글

마케팅의 미래가 열어주는
거대한 기회

— 아제이 방가Ajay Banga 마스터카드 회장

우리는 마케팅을 통해 무엇을 얻고자 하는가. 제품과 직원, 클라이언트와 협력사, 사회 공헌, 그리고 고객 경험 하나하나에서 회사가 얻고자 하는 것은 무엇인가. 바로 신뢰다. 그렇다면 어떻게 신뢰를 구축하고 또 강화할 수 있을까? 어떻게 신뢰라는 것이 무수한 접점 속에서 의심과 불확실성을 뚫고 잘 전달될 수 있을까? 이것이 바로 라자 라자만나르가 늘 생각하는 일이다.

　20년 넘게 그와 함께 일하고 또 알고 지내면서, 그는 나에게 일을 성공으로 이끄는 두 가지 힘의 원천을 보여주었다. 하나는 비즈니스와 마케팅의 균형감이다. 그는 언제나 비즈니스 리더이자 마케터면서, 마케터이자 비즈니스 리더로 일한다. 여기서 매우 중요하고 놀라운 지점은 그가 전적으로 마케터 혹은 비즈니스 리더가 아니라는 사실이다. 둘 중 무엇이 우선하든, 그는 항상 마케터와 비즈니스 리더 사이의 균형감을 유지하며 브랜드를 성과로 연결하기 위해 끊임없이 움직인다. 왜냐하면 그에게 일이란 단순히 목표를 세우고 조정하는 것이 아니라, 그 목표를 바탕으로 실질적인 비즈니스를 추진하는 것을 의미하기 때문이다.

일을 성공으로 이끄는, 그만이 가진 또 하나의 독특한 힘은 바로 '확장의 욕구'다. 그를 세계적인 CMO(최고마케팅책임자)로 만들어낸 힘은 개척 시대의 정복자처럼 마케팅의 경계를 지속적으로 확장하고자 하는 욕구이다. 그의 시선은 더 작아진 화면, AI 스피커, 자율주행 자동차 등 곧 우리에게 다가올 미래와 그러한 미래가 변화시킬 소비자의 행동에 먼저 가 있다. 그러니 새롭게 부상하는 환경에 기업은 어떻게 대응할 것인지, 즉 어떻게 신뢰를 유지하고 나아가 비즈니스 결과를 이끌어낼지에 그가 몰두하게 된건 자연스러운 일이다.

마스터카드에서 함께 일하며 나는 그가 코앞에 다가온 과제들뿐 아니라 미래에 도래할 마케팅 전반에 대한 고민을 해결하기 위해 전력을 다하는 모습을 지켜보았다. 로고에서 회사명을 없애는 괴상하지만 혁신적인 아이디어를 선보이거나, 시청각은 물론 다중감각을 활용해 브랜드를 구축하고 multisensory branding, e-스포츠를 후원하는 등 일견 정신 나간 계획처럼 들리기도 했지만, 그게 다 데이터라는 견고한 근거 위에 구축된 생각들이었음은 물론, 놀라울 정도의 예술적 감각과 숙고 끝에 실행된다는 사실을 나는 곧 깨달았다. 하버드대학교 경영대학원과 예일대학교 경영대학원이 그가 이끈 기발하고도 효과적인 마케팅 혁신을 바탕으로 사례 연구 자료를 만들고, 전 세계 경영대학원에서 이를 활용하는 이유도 아마 그 때문일 것이다.

마케터는 어떤 일을 하는 사람인가. 나 역시 수십 년을 일하며 온갖 유형의 마케터들을 만나보았으며, 각종 문제에 직면했을 때 (이를테면 자신이 하는 업무와 회사가 필요로 하는 업무 사이에서) 겪는 고충 역시 익히 알고 있다. 이미 우리는 변곡점에 서 있다. 결과를 이끌어내야 하는 마케터로서 이런 엄청난 변화를 헤쳐 나가는 가장 좋은 방법은 흩어진 점들을 계속 연결해나가는 것이리라.

『퀀텀 마케팅』은 스스로를 마케터라고 여기는 사람이라면 누구나 읽어야 할 필독서임은 물론이고, 변화에 직면한 우리 모두에게 시사하는 바가 큰 책이다. 기업의 CEO와 임원이라면 이번 주 임원회의 전에 남보다 무조건 먼저 읽는 게 유리하다. 새로운 패러다임으로의 변화를 이해하지 못한다면, 그리고 퀀텀 마케팅의 가능성과 전망을 모른다면, 아무런 비즈니스 결과를 낼 수 없는 시대가 곧 도래할 것이다. 이 책에서 얻은 영감과 인사이트를 통해 당신의 일과 비즈니스, 생각의 프레임을 다시 짜길 바란다. 그리고 이 변화와 혼란의 시대에서 반드시 살아남기를!

마케팅,
역사상 가장 흥미로운 변곡점에 서다

내가 마케팅이라는 개념을 처음 접한 것은 어린 시절, 식료품을 사러 시장에 가는 어머니를 따라다니면서부터였다. 우리는 시장에 물건 사러 가는 걸 "going marketing"이라고 했다. 즉, 우리에게 쇼핑과 마케팅은 같은 단어나 마찬가지였던 셈이다. 그렇게 마케팅이라는 단어는 내 머릿속에 새겨졌고, 이후로도 마케팅이라 하면 무언가를 사고, 무료 샘플도 얻고, 전시된 물건을 보는 즐거움을 떠올리게 되었다. 당시 어린 소비자였던 내가 바라본 마케팅은 그런 것이었다.

몇 년 후, 나는 운 좋게도 인도의 명문 방갈로르대학교 경영대학원에 합격했다. 그곳에서 '진짜' 마케팅을 공부하기 시작한 나는 MBA 과정을 졸업하자마자 첫 직장인 아시안 페인트Asian Paints에 입사했다. 하지만 입사 첫 주부터 크나큰 충격과 공포를 느끼는 일이 발생했다. 회사의 이사가 내게 갑자기 던진 질문 때문이었다. "라자, 우리는 마케팅 부서 같은 건 없지만 그래도 이미 업계 선두로 올라섰어요. 내가 잘 이해를 못 해서 그러는데, 마케팅이 정확히 뭘 하는 거죠?"

그때 나는 마케팅에 대해 이미 많은 걸 알고 있다는 자신에 차 있었다. 하지만 그건 학교에서 배운 지식일 뿐이었다. 그러니 내가 그의 질문을 받고 얼마나 놀랐을지 상상해보라!

어쩌면 이는 내가 지금까지 마주한 비즈니스 관련 질문 중에 최고의 질문일 수도 있다는 생각이 든다. 종종 스스로 묻는 여러 질문 중 하나이기도 하고 말이다. 마케팅은 무슨 역할을 하는가? 마케팅은 어떤 일을 하고 있어야 하는가? 마케팅은 어디로 가고 있는가? 그리고 무엇보다 중요한 질문, 마케팅은 얼마나 멀리까지 갈 수 있는가?

지금, 마케팅은 위기에 처해 있다. 크고 유명한 회사들이 마케팅의 4P price(가격), place(유통), product(제품), promotion(판촉)를 쪼개어 외부에 일을 맡기고 있다. 4P가 없는 이들 회사 안에서 마케팅이 실제로 무슨 역할을 한다는 것인지, 의아할 것이다. 이 회사들 중 상당수는 매년 마케팅 예산을 삭감하고 마케팅 부서를 해체하는 등 정규직 마케터들을 지속적으로 줄여가고 있으리라. 거의 모든 회사에서 '브랜드 구축'을 중요하게 여기며 추진하지만, 사실상 고위 경영진의 마음속에는 마케팅이 즉각적인 영향력을 거의 발휘하지 못하는, 별 볼 일 없는, 한마디로 소모적 활동이라는 의심이 숨어 있는 것 같다.

최근 실시한 조사에서 CEO의 80퍼센트가 마케팅 팀에 대한 확신이 없다고 답했고,[1] CEO의 73퍼센트는 마케팅 팀 구성원들이 비즈니스에 대한 믿음이 없거나 성장을 창출해낼 능력이 없다고 대답했다. 많은 CEO가 마케팅의 중요성 또는 마케팅이 회사에 가져다주는 가치를 보지 못하고 있다. 이는 그들 머릿속에서 마케터들의 존재감이 갈수록 줄어들고 있다는 방증이다.

지금이야말로 단기적이든 장기적이든 마케터가 비즈니스 성과에 그 어느 때보다 강력한 방식으로 영향을 미칠 수 있는 시대다. 그런데 역설적이게도 작금의 마케팅은 존재 자체의 위기에 직면해 있다. 이는 세 가지 역학관계의 결과다.

첫째, 마케팅 환경에 큰 변화가 일고 있다. 거대한 기술 혁신, 데이터 분석의 엄청난 발전, 모바일 환경 및 소셜미디어로 인해 발생하는 소비자 행동의 변화는 기존의 비즈니스 모델에 큰 충격을 주면서 전통적인 전략을 완전히 무너뜨리고 말았다.

둘째, 마케터가 마케팅 투자 및 활동을 비즈니스 성과와 확실하게 연결하지 못하고 있다. 결과적으로, 마케터의 기여도와 가치에 의심을 보내는 눈길이 많아졌다.

셋째, 마케팅이 비즈니스를 어떻게 이끌 수 있는지를 제한적으로만 바라보는 팀장들이 너무 많다. 그 한편에는 A/B 테스트, 데이터 다루기, 기술 활용과 같은 단계적이고 분석적인 활동에 집착하는 현대적 마케터들이 있다. 이들은 브랜드 포지셔닝이나 소비자 심리 또는 창의적 수완 같은 마케팅의 고전적이고 기본적인 요소에 대해서는 신경 쓸 필요조차 없다고 생각한다. 이들은 창의성보다는 객관적인 지표와 숫자를 중시하는 퍼포먼스 마케팅performance marketing과 측정에 초점을 맞추지만, 그 결과의 배후에 있는 '왜'에 대해서는 신경 쓰지 않는다.

이들의 반대편에는, 전형적이고 창조력이 풍부한 마케터들이 있다. 그들은 기존 마케팅 분야에서는 강한 모습을 보이지만, 비즈니스 모델이나 디지털 기술 또는 데이터 분석에 대해서는 전혀 알지 못한다. 팀장이라면 이렇게 상반된 두 유형의 마케터들을 뒤섞을 수 있는, 즉 창조적인 감성과 데이터 및 기술 활용 능력을 결합할 수 있는 조합을 만들어내야 하리라. 그러나 이런 이상적인 조합을 찾아보기 힘든 것이 현실이다.

이제 마케팅은 제5의 패러다임, 즉 이 책에서 말하는 '퀀텀 마케팅'이라는 가장 흥미로운 변곡점에 접어들었다. 인공지능, 증강현실, 5G 연결성, 사물인터넷, 스마트 스피커, 웨어러블, 블록체인 같은 신기술은 소비자의 삶을 변화시키고 잠재적으로 마케팅의 영향을 완전히 새로운 수준으로 끌어올릴 준비가 되어 있다.

마케팅의 이론과 기능 모두 소비자 인사이트, 실시간 상호작용, 목표 집단의 구체화, 의미 있는 소비자 참여와 관련해 놀라운 수준으로 도약할 수 있는 시점인 것이다. 지금의 마케팅은 그 어느 때보다 강력한 도구를 지니고 있다. 마케팅 능력은 치열한 경쟁 속에서 비즈니스 결과를 이끌어낼 수 있는 비범함을 의미할 뿐 아니라, 비즈니스의 미래 생존을 위해서도 필수가 되었다.

제5의 패러다임에서는 극적인 신기술과의 상호작용 지점이 새로운 범위를 이루며 폭발적으로 증가할 것이다. 여기에는 필연적으로 사회학적 변화와 마케팅 생태계 교란이 따르며 전례 없이 조직 전체, 심지어 조직의 존립에 위협을 가하는 상황이 발생할 것이다. 이렇게 뜨겁게 끓어오르는 상황에서, 성공과 번영을 원하는 기업이라면 마케팅을 전면적으로 리부팅해야 한다. 그 리부팅 버튼을 눌러야 하는 사람이 바로 우리다. CEO, 마케팅 리더, 연구자, 학생, 스타트업을 비롯해 임박한 미래에 성공을 열망하는 모든 이들이 이런 태도를 취해야 하는 것이다.

퀀텀 마케팅은 이제까지 우리가 마케팅에 대해 알고 있던 모든 것을 잊어버리자는 것이 아니다. 마케팅 환경에서 발생하는 급속한 변화와 현재 우리가 처한 상황을 배경으로 모든 것을 살펴보는 것이 퀀텀 마케팅이다. 예술로서, 과학으로서, 그리고 기능으로서의 마케팅이 진정으로 위기에 처해 있는 현실을 보고 깨닫는 것이다. 마케팅을 새로운 모습으로 재탄생시켜서 활기를 불어넣는 힘, 비즈니스의 성장 동력을 이끌 수 있는 더욱 강력한 힘을 부여하는 것이다. 그리하여 어디서든 통용될 수 있는 실질적이고 입증 가능한 힘을 배가하는 것이다. 제5의 패러다임은 마케팅의 여러 전통적인 측면과 통설을 혁신적으로 바꾸어놓을 것이다. 퀀텀 마케팅은 이러한 패러다임 변화를 다루고 유리하게 활용하기 위해 마케팅 방법을 재구성하고 다시 프로그래밍하는 툴이 되어줄 것이다.

지금의 위기는 마케팅, 광고, 브랜딩의 역사에 뿌리를 두고 있다. 책은 이를 마케팅의 다섯 가지 패러다임으로 구분하여 설명한다. 처음 두 패러다임은 인쇄, 라디오, TV 광고의 초기부터 인터넷의 초기까지를 말한다. 세 번째와 네 번째 패러다임은 인터넷, 빅데이터, 모바일 기술, 데이터 과학, 그리고 소셜미디어 플랫폼의 역사와 일치한다. 다섯 번째인 제5의 패러다임에서는 인공지능, 증강현실, 가상현실, 혼합현실, 5G 연결성 등 지금까지는 상상 속에서나 가능했던 새로운 깊이와 차원으로 마케팅의 범위를 확장시킬 것이다. 그 사실이 마케팅 업무에 급격한 변화를 초래할 것 역시 자명하다.

광고는 그 존재에 대해 더욱 많은 심판에 직면하게 될 것이다. 사람들은 더 이상 광고를 원하지 않을 뿐만 아니라, 사실상 돈을 지불하면서까지 스크린에서 광고를 차단하고 있다. 충성고객을 위한 포인트나 마일리지 등의 보상 제도는 계속해서 변화할 것이며 결국에는 고객이 다시 브랜드를 찾게 만든다는 것에 대한 의

미가 새로운 패러다임으로 전환될 것이다. 경쟁 환경 또한 크게 변화할 것이다. 이 모든 것은 미지의 영역으로, 이제껏 경험하지 못한 생경함이자 엄청난 복잡성, 기회, 범위, 영향력, 결과가 존재하는 세계다. 또한 창의성과 혁신 그리고 놀라운 기회의 세계가 될 것이다. 마케팅의 잠재력을 최대한 활용해서 비즈니스 추진력과 브랜드 구축력으로 전환시킬 줄 아는 기업이야말로 시장의 중요한 우위를 차지하게 될 것이다.

지난 5년 동안 우리는 50년 동안 경험했던 것보다 더 많은 변화를 겪었다. 그리고 다음 5년은 이 모든 변화보다 더 큰 변화가 발생할 것이다. 흥미진진하면서도 부담스러운 상황이 아닐 수 없다.

일반적으로 조직, 특히 마케터들은 제5의 패러다임을 맞이할 준비가 되어 있지 않다. 마케팅은 어떻게 존속하고 어떤 형태를 취할 것이며 어떤 상황과 환경에서 운영될 것인가에 대해 무방비 상태에 처해 있는 것이다. 나는 글로벌 기업의 CMO로서 겪었던 경험을 널리 공유하고, 현재의 리더들에게 대응 방안을 제공하며, 미래의 리더들에게 성공 가능성을 전하기 위해 이 책을 썼다. 앞으로의 마케팅이 힘을 발휘하려면 새로운 유형의 리더십과 새로운 목적의식이 필요할 터이니 말이다. 다시 한번 강조하지만 마케팅 미션, 전략, 접근 방식을 리부팅할 수 있는 기업만이 성공할 수 있다. 이 책은 현재 통용되는 사고방식과 고정관념에 문제를 제기하는 한편, 우리가 미래의 소비자를 위한 새로운 마케팅 차원으로 사고를 전환하는 데 도움을 줄 것이다.

퀀텀 마케팅의 세계에 온 것을 환영한다!

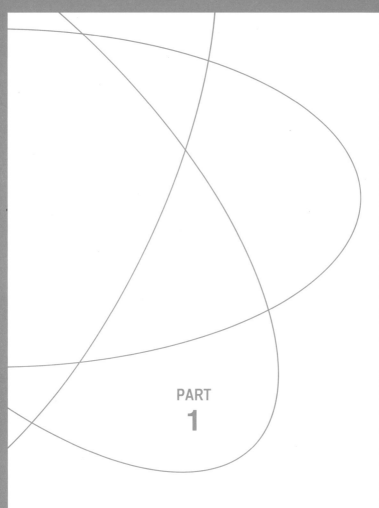

PART
1

마케팅의 진화

Quantum
Marketing

CHAPTER 01

바늘에서 알고리즘까지

폼페이라고 하면 우리는 흔히 화산재 속에 파묻힌 사람들, 분출하는 화산, 고대의 보물 같은 것을 떠올린다. 실제로 폼페이는 서기 79년 베수비오 화산이 분출한 곳이며 계속해서 고고학자들의 관심을 끄는 곳이기도 하다. 하지만 고고학자들이 폐허 속에서 발견한 것이 하나 더 있다. 바로 광고다!

2013년, 한 핀란드 고고학자는 폼페이의 부유한 시민들 집 벽에 정치인들이 적어놓은 글을 발견했다.[1] 스스로 어떤 자질이 있고 어떤 정책을 펼쳤는지 적어놓은 그 글은 광고와 미디어 플래닝, 지역 기반 타기팅targeting을 한데 아우르는 선전 메시지였다.

이처럼 마케팅과 광고의 근본 원칙은 수천 년 전부터 이미 존재했다. 우리가 역사부터 먼저 살펴야 하는 이유다. 고대 중국의 문헌에서도 사탕장수가 대나무 피리를 불어 손님을 끌었다는 상세한 이야기가 나온다.[2] 소리를 이용해 브랜드 정체성을 만들어내는 소닉 브랜딩sonic branding의 원조다. 우리는 배너 광고가 똑똑하고 혁신적인 발명이라고 생각하지만, 중국 송나라(960~1279년) 시대의 이 바늘 광고 카피를 보라. "질 좋은 쇠막대기로 집에서 당장 쓸 수 있는 고급 바늘을 제작합니다." 광고에는 바늘을 쥐고 있는 토끼 그림이 등장하는데, 이 토끼야말로 브랜드의 마스코트 또는 브랜드 로고의 먼 조상인 셈이다.[3]

시작은 소박했지만 마케팅은 끊임없이 진화를 거듭했다. 고대에서부터 시작된 마케팅은 15세기 인쇄기가 등장하면서 비약적으로 도약한다. 잡지와 포스터에 광고가 등장하기 시작했고, 상품 패키지는 제품의 품질과 장점을 자랑하는 수준까지 나아갔다. 19세기가 되자 광고 에이전시가 등장했으며, 비누 광고가 첫선을 보였다. 그 뒤를 이어 라디오, 신문, TV, 케이블 TV, 인터넷, 그리고 디지털 마케팅이 홍수처럼 쏟아져 나왔다. 비록 원시적 형태이긴 했으나 그 속에서도 사람의 생각과 감정 그리고 행동에 영향을 미치려는 시도들이 항상 존재했다는 것은 매우 흥미롭다.

인간 본성을 구워삶는 그 시도들은 마케팅의 기법과 함께 진화하며 시기별로 지배적인 특징을 보이는데, 서로 겹치는 부분도 있다. 예를 들어, 통행량이 많은 장소를 활용하는 그 옛날 폼페이 방식의 특징을 2020년 현재의 위치 기반 마케팅에서도 발견할 수 있다. 물론 그게 전부는 아니다. 버거킹 앱은 뻔뻔하게도 맥도날드 매장 근처에 있는 사람에게 버거킹의 특가 상품 안내 메시지를 보내니 말이다.[4] 초창기 인쇄 광고의 모습을 규정지었던 기본적인 상품 논리 역시 여전히 많은 브랜드가 즐겨 사용하는 기법이다.

첫 번째 패러다임 소비자는 합리적이라는 신화

마케팅의 첫 번째 패러다임은 사실에 충실했고 이성적이었으며 전적으로 제품 중심이었다. 당시에는 소비자가 이성적이고 논리적인 구매 결정을 내린다고 가정했다. 가장 좋은 상품을 생산하기만 하면 당연히 소비자들이 구름처럼 몰려들리라 생각한 것이다. 마케터들의 목적은 확실했고, 전략은 단순했다. 경쟁자들보다 더 나은 제품을 만들어라. 그리고 소비자들에게 이를 널리 알려라. 경쟁 상품과 차별화된 우수한 제품 특성을 만들어내고 적극 활용함으로써 또는 보다 저렴한 가격에 상품을 제공함으로써 마케팅은 제품과 소비자를 연결시켰다. "옷을 깨끗하게 해주는got clothes cleaner" 타이드 세제나 "더 부드러운 승차감smoother ride"[5]을 제공하는 닷지 자동차 또는 "이보다 더 잘 빨아들일 수 없는nothing sucks like Electrolux" 일렉트로룩스 진공청소기 광고처럼 말이다.

대량 생산의 출현은 제품 평준화와 범용화를 만들어냈다. 브랜드마다 연구 개발은 품질의 우수성에 중점을 두었고, 이는 기껏해야 미미한 차별화와 최소한의 경쟁 우위 확보에 그쳤다. 이 지점에서 마케팅은 소비자들이 중요하게 여기는 상품의 특성을 강조하기 시작했고 심지어 과장하기까지 했다. 또한 자기들이 내세우는 주장을 소비자가 받아들일 수 있도록 믿을 만한 혹은 믿을 만해 보이는 사람을 내세워 브랜드를 신뢰하게 했다. 의사가 나서서 럭키 스트라이크 담배의 안전성을 광고하는 식이었다.[6]

당연히 이런 식의 마케팅은 소비자와 브랜드 간의 신뢰 관계를 훼손했고, 광고는 서서히 신뢰를 잃어갔다. 불행하게도, 이는 광고가 고정된 성 역할을 조장하는 등 문화에 영향을 끼치고 또 형성하기까지 하는 시대의 전조이기도 했다.

두 번째 패러다임 감성을 팔아라 _____

시간이 흐르면서 마케터들은 매우 중요한 사실을 깨달았다. 사람들이 구매를 결정할 때 이성이나 논리보다는 감성에 더욱 의존한다는 점이었다. 사실 이성과 논리가 배제된, 전적으로 감성에 의존하는 구매 결정이 얼마나 많은가! 그래서 마케터들은 이를 광고 캠페인에 결합하기 시작했다. 세상에 모습을 드러낸 TV는 시각과 청각을 함께 동원하여 매우 설득력 있게 이야기를 들려줄 수 있는, 새롭고도 강력한 매체였다. 재미있게도, 감정에 호소하면서부터는 과학적이거나 데이터에 근거한 증거 따위가 필요하지 않았다. 좋게 말하자면 창조적인 자유나 유연성이라고 할 수도 있었다. 광고에 감성을 불어넣으려는 흐름과 함께 마케팅의 초점은 단순히 상품 구매를 유도하는 것을 넘어 '경험으로의 초대'라는 새로운 차원으로 옮겨갔다.

소비자의 감정에 호소하면서 제품 내용물과 성능을 강조하던 첫 번째 패러다임의 방식은 부차적인 것이 되거나 심지어 완전히 설 자리를 잃었다. 마치 비밀 사교클럽에 가입하면 누릴 수 있는 혜택처럼 관계, 친밀감, 사회적 지위, 매력, 행복, 즐거움, 성공 등 모든 가공의 능력 내지 자질도 소비자가 손에 넣을 수 있는 것이 되었다. "함께라면 뭐든 다 괜찮다 Things go better with Coke"는 코카콜라, "새로운 세대의 선택 The choice of a new generation"임을 자처하는 펩시의 슬로건을 생각해보라.

마케팅은 감성이라는 금광을 발굴해냈다. 브랜드와 기업들은 감성이라는 영역을 창조하기 시작했고 곧 그 영역을 차지했다. 제품의 특성은 따라잡을 수 있고 그보다 뛰어나게 만들 수도 있어서 경쟁 제품을 시장에서 몰아낼 수 있지만, 감성을 차지하기 위한 경쟁은 훨씬 힘들었다. 일단 하나의 감성 영역을 차지하는 데 성공한 브랜드는 그 영역을 길이길이 소유했다. 거의 영원하다고 할 만큼.

하지만 어떻게 감성을 마케팅할 것인가? 고급스러움, 즐거움, 자유, 사회적 지위를 비롯해 그게 무엇이 됐든 소수의 사람들만을 위한 특징을 뽑아내 브랜드와 연결시키는 전략이 경쟁력을 갖추게 되었다. 제품을 이해하고 개선하려는 노력은 여전히 필요했다. 하지만 이제 기업과 브랜드는 소비자의 기호와 동기, 태도 그리고 행동을 이해해야 한다고 나섰다. 기업들은 태도 분석 지표attitudinal metrics, 사용 실태 및 습관 연구, 포커스 그룹 인터뷰 그리고 심리적 세분화 연구psychographic research 따위에 착수했다.

마케터들은 소비자들이 무엇을 열망하는지, 누구를 롤 모델로 삼는지 등을 더 잘 알게 되자 '감정적인 유대를 형성하고 열망에 도달하는 길을 알려준다'는 명목 아래 유명 인사들을 적극적으로 기용하기 시작했다. 이제 주인공은 코퍼톤 선크림 광고에 등장하는 이름 모를 어린 소녀도, 담배의 무해함을 보증하는 의사 아무개도 아니었다. 제2의 패러다임에서는 제품을 대표하는 스타의 얼굴이 주인공이 되었다. 브룩 실즈는 캘빈 클라인의 얼굴이었고, 마돈나는 펩시, 마이클 조던은 나이키의 얼굴이었다. 광고는 주어진 과제를 명확히 이해했고, 마케팅은 확실한 접근 방법을 터득했다.

세 번째 패러다임 WWW의 출현 _____

감성과 정체성에 사로잡힌 소비자들에게 다가가기 위해, 마케터들은 이 두 요소를 적절히 활용만 하면 된다는 타성에 빠졌다. 그러나 새로운 시대의 서막이 조용히 열리고 말았다. 1991년 6월, 과학자들에게만 알려져 있던 마법 같은 정보 검색 시스템이 팀 버너스 리Tim Berners-Lee에 의해 일반 대중에게 공개된 것이나. 월드 와이드 웹World Wide Web의 출현이었다. 언론 보도라고는 한 줄도 없었다. 시인 예이츠W. B. Yeats의 표현을 빌리자면, "끔찍한 아름다움"의 탄생이었다.

4년 뒤, 이 끔찍한 아름다움은 돈을 벌어들이기 시작했다. 1994년 10월 12일 핫 와이어드Hot-Wired라는 이름의 디지털 거래 정보 사이트가 AT&T, 볼보, 클럽 메드, 스프린트, IBM 등 각기 다른 12개 브랜드의 광고를 동시에 화면에 띄웠다. 이른바 배너 광고의 등장이었다.[7]

디지털 마케팅이 세상에 모습을 드러내자 마케팅과 광고, 미디어와 관련된 모든 것이 순식간에 바뀌었다. 디지털 마케팅은 속도와 규모 그리고 영향력의 탄생을 알렸고, 이후 마케팅은 이전과는 완전히 다른 모습으로 탈바꿈했다. 인터넷의 부상과 데이터에 근거한 마케팅이라는, 제3의 패러다임으로 진입한 것이었다. 이는 TV가 보급된 이래 마케팅 세계에 처음으로 등장한, 기술

면에서 획기적이고 중요한 의미를 지닌 사건이었다.

과거 기술 전문가, 컴퓨터 마니아, 경제학자, 연구원 같은 사람들에게나 열려 있던 데이터가 이제 새로운 고객과 조우하게 되었다. 마케터들은 데이터가 가진 힘을 발견했고, 데이터가 끼치는 영향력이 치솟는 것을 보았다. 마케팅의 초점은 데이터를 활용하여 보다 정교하게 목표에 집중하는 것으로 옮겨갔다. 이를 통해 낭비를 최소화하고, 매출을 늘리며, 회사의 투자수익률return on investment, ROI을 엄청나게 개선할 수 있었다. 제3의 패러다임에서는 데이터 과학자와 데이터 활용에 능한 마케터들이 상업 시장에서 주목받았다. 이제 마케터들은 경제성과 정확성으로 무장한 채 잠재 고객과 소비자들에게 다가가고 소통하며 깊은 인상을 남길 수 있는 놀라운 능력을 지니게 되었다.

하지만 디지털이 모든 것을 집어삼킨 것은 아니었다. 제3의 패러다임에서는 광고 우편물direct mail과 직접 반응 광고direct response advertising 그리고 개인형 맞춤 전략segment of one이라 할 수 있는 '퍼스널 마케팅'이 눈에 띄게 증가하기도 했다. 즉, 각각의 소비자를 고유한 개인으로 인식하고 관리한 것이다. 고도로 개인화된 마케팅 메시지는 소비자의 요구에 부합하면서도 인상적이고 효과적인 방식으로 전달될 수 있었다. 씨티은행 같은 회사들이 광고 우편물을 보내기 시작했다. 이런 우편물들의 원래 목적은 소비자들에게 여러 개의 신용카드 잔액, 즉 카드 빚을 자기 은행으로 옮기도록 하기 위함이었지만, 나중에는 데이터 중심의 개인 맞춤형 단계로 발전해갔다. 어찌나 타기팅이 노골적이었던지, 소비자들은 기업이 함부로 선을 넘어 접근한다며 불만을 터뜨렸다. 결국 2013년 미국에서는 광고 수신 거부 또는 발송 금지 목록 사항을 의무적으로 준수하도록 법률 제정을 요구하는 소비자 보호 운동이 일어났다.

직접 마케팅direct marketing이 소비자들에게 더 가까이 다가간 정도라면, 인터넷은 소비자의 DNA까지 깊숙이 파고들었다. 마케터들은 솜씨를 한껏 발휘해 이메일이나 메시지를 보내어 소비자들의 심금을 울렸다. 소비자들이 상품을 검색하면 인터넷이 정보를 가져다주고, 결국 이는 마케터들이 이전에는 불가능했던 방식으로 소비자들의 행동을 통찰할 수 있게 해주었다. 이로써 마케터들은 소비자에게 한층 더 가까이 다가갈 기회를 얻었다. 그리고 기업은 이러한 기회를 활용하기 위해 기꺼이 돈을 지불할 용의가 있었다. 일찍이 하버드대학교 경영대학원 교수 존 데이턴John Deighton이 인터넷을 가리켜 "마케팅 활동을 위한 입체적이고도 종합적인 환경"이라고 묘사했듯이 말이다.[8]

이런 이유로, 넷스케이프Netscape나 익사이트Excite 그리고 야후Yahoo 같은 인터넷 브라우저들은 최초로 수익을 거두는 인터넷 기업이 되었다. 그리고 2000년, 마침내 구글의 온라인 광고 툴인 애드워즈AdWords(현재의 구글애즈)가 출범하게 된다.

인터넷은 또한 시장에서 소비자가 차지하는 위상도 신장시켰다. 소비자들은 인터넷에서 상품을 검색하고 또 다른 상품을 검색했으며 점점 더 많은 것을 원하게 되었다. 인터넷 그리고 인터넷이 생성해내는 데이터는 기술과 플랫폼의 결합으로 제3의 패러다임을 이끌어냈다. 그야말로 거대한 변곡점이었다. 모든 방문과 클릭, 페이지 조회는 소비자의 행동, 선호도, 소비 패턴과 관련된 귀중한 정보를 생산해냈다. 폭발적으로 증가한 인터넷 광고는 순식간에 데이터가 얼마나 매력적인지 보여주었다. 인터넷이 광고 매체로 처음 인식된 1997년 미국의 광고주들은 9억 4천만 달러를 온라인 마케팅 비용으로 지출했고, 이 금액은 1999년 40억 달러로 치솟았다.[9]

광고 효과에 대해 책임을 지지 않던, 말하자면 느긋한 상태에 안주하던 마케터들의 태도는 데이터의 등장과 함께 바뀌었다. 데이터는 광고 효과 측정 방식에 변화를 가져왔고, 주먹구구식 일처리와 분석법을 한꺼번에 제거했다. 광고가 효과가 있었나? TV 시청률로는 더 이상 이 질문에 답할 수 없었다. 신문 광고가 판매를 촉진시켰는가? 발행부수가 늘거나 줄었다는 말은 더 이상 적절한 정보를 제공하지 못했다. 광고란 사람들이 특정 광고를 보고 그에 따라 행동할 때 성공적이라고 평가할 수 있다. 그런데 새롭게 도래한 인터넷 시대에서는 순식간에, 소비자가 광고를 보는지 그리고 광고에 반응하는지를 모두 측정할 수 있게 되었고, 세부 내용까지 분석할 수 있었다. 특정 매체에 실었던 광고는 그만한 가치가 있었나? 이제 그 대답은 마케터가 목표로 삼았던 소비자들이 얼마나 많이 그 매체에서 광고를 보고 상호 반응했는가에 달려 있었다. 인터넷 이후로 데이터 분석과 그에 따른 광고 배치가 매우 정교해졌고, 이는 미디어 시스템의 변화로도 이어졌다.

이제 '실시간'이라는 단어가 등장한다. 바로 직전에 무엇을 했는지 또는 지금 어디에 있는지와 같은 실시간 정보는 맞춤형 광고나 소비자와의 커뮤니케이션을 가능하게 했다. 진정한 일대일 마케팅이 현실로 다가온 것이다. 마케팅의 투자수익률 계산은 보다 정교해졌고, 서로 다른 마케팅 전략과 전술을 사용했을 때 시장에서 반응이 어떻게 일어나는지 신뢰할 만한 수준에서 측정할 수 있게 되었다. '인식 → 흥미 → 욕구 → 행동'으로 이어지던 기존의 구매 경로는 이제 마케터들이 보다 정교한 구매 모델을 개발해냄에 따라 재평가의 대상이 되었다.

브랜드 인지도 제고나 전략적 경쟁 우위 확립 같은 전통적인 목표는 구입을 독려하고 구매 의욕을 끌어내는 것으로 이어졌다. 마케팅 기법은 과학과 끈끈하게 결합했고, 이는 또한 새로운 유형의 마케터에 대한 수요를 창출해냈다. 1960년대 광고업계를 다룬 드라마 〈매드맨Mad Men〉에 나오는 인물들처럼 커다란 유명세와 특권을 누리던 마케터들은 변화하든가 아니면 다른 일을 찾아야 했다. 마케팅 임원이 되려면 데이터에 능통해야 한다는 전제 조건이 추가된 것이다.

제3의 패러다임에서 데이터는 모든 것을 가능하게 하는 엔진 동력으로 진화했다. 소비자에게는 유용성, 판단의 근거가 되는 역동적인 틀, 그리고 전반적인 개인화에 대한 의식을 제공했으며, 마케터에게는 소비자가 회사에 평생 기여하는 가치, 즉 생애 가치lifetime value를 계산하고 이해하는 방법을 제시했다. 또한 마케터들은 고객 잔존율에 대한 보다 정교한 모델을 손에 넣을 수 있게 되었다. 필립 코틀러Philip Kotler가 주장한 유명한 4P, 즉 제품, 가격, 유통, 프로모션이라는 경쟁력을 갖춘 동인動因이 다시 제자리를 찾았다. 이제 데이터는 경쟁 전략의 핵심축으로서 4P의 한자리를 차지하게 되었다.

네 번째 패러다임 스마트폰의 천국과 지옥 _____

대학교 사이트 게시판을 수정해 만들어진 페이스북은 2007년 10월부터 2008년 8월에 이르는 기간에 그 이용자 수가 50명에서 1억 명으로 폭발적으로 증가했다. 소셜미디어의 탄생이었다. 이와 함께 2007년 7월 아이폰이 출시되었다. 아직 완벽한 체계를 갖추지 못하고 있던 인터넷은 장차 제4의 패러다임을 규정짓게 될 이들 두 가지 요인이 더해지며 새롭게 변모했다.

SNS와 스마트폰은 소비자 지형도를 완전히 그리고 영구적으로 바꾸어놓았다. 사람들이 아침에 일어나서 밤에 잠자리에 들기까지 한시도 스마트폰을 놓지 않으면서 사실상 스마트폰은 인간 신체의 일부나 다름없게 되었다. 이제 마케터들은 어느 때라도 소비자에게 다가갈 수 있는 매체를 갖게 된 셈이다.

스마트폰과 모바일 기기의 탄생은 근본적으로 네 가지 요소 때문에 가능했다. 연산능력의 폭발적인 향상, 부품과 기기의 소형화, 어디서나 접속할 수 있는 인터넷 환경, 그리고 매우 직관적인 사용자 인터페이스UI로의 도약이 그것이다. 언제 어디서나 손에 닿는 모바일 기기와 소셜미디어 플랫폼이라는 또 다른 혁명적 변화는 서로 단단히 결합하면서 소비자 지형도의 모든 것을 변화시켰다. 이것이 바로 제4의 패러다임이다.

다음 페이지의 그림 1은 제4의 패러다임을 이끄는 여섯 가지 혁신을 보여준다. 소비자들이 콘텐츠를 소비하는 규모는 숫자 자체만으로도 가히 충격적이다. 1분에 전 세계 1,800만 명이 스마트폰 앱을 통해 문자메시지를 보낸다. 400만 개의 유튜브 영상이 재생되고, 100만 명의 사람들이 페이스북에 로그인하며, 4,100만 명의 사람들이 페이스북 메신저나 위챗WeChat을 통해 메시지를 보내는 한편, 400만 명의 사람들이 구글에 검색어를 입력한다.[10] 이러한 거대하고 획기적인 역동성은 소비자 지형도에 수많은 변화를 가져왔다.

제4 패러다임의 여섯 가지 혁신

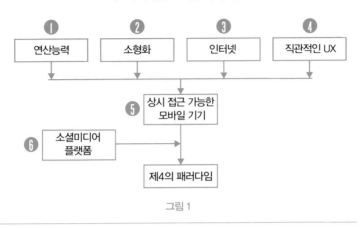

그림 1

그러나 마케터들은 곧 다음과 같은 세 가지 질문에 부딪혔다.

첫째, 사람들이 광고를 진짜 보는가? 평균적으로 사람이 기울일 수 있는 주의력은 8초가 채 되지 않는다. 제4의 패러다임에서 가해지는 끊임없는 자극으로 인해 인간의 주의력이 금붕어 수준으로 떨어진 것이다. 사람들은 휴가 중 하루에 평균 80번 스마트폰을 확인하는데, 어떤 사람들은 하루에 300번 이상 화면을 들여다보기도 한다. 사람들은 각기 다른 디지털 기기를 사용하면서 하루 6시간 이상을 보낸다.[11] 그리고 소비자들은 매일 평균 5,000개의 광고 폭탄을 맞고 있다. 소비자들은 광고를 차단하는 방법을 습득하고 있으며, 그래서 이제는 광고성 메시지가 도착했는지도 모를 정도가 되었다.

둘째, 그래서 언제 보는가? 마케팅의 호시절, 우리는 황금 시간대에 대해 이야기하곤 했다. 황금 시간대에는 온 가족이 TV 주위에 모여 앉아 정해진 채널에서 방송되는 인기 프로그램을 시청했다. 목표로 삼은 시청자에게 다가가기 위해서 어떤 프로그램과 채널에 광고를 삽입해야 하는지 마케터는 정확히 알고 있었다. 이제 사람들은 여러 기기를 지니고 있으며, 이 기기들을 사용해 많은 영상을 시청한다. 더 이상 가족과 함께하지 않고 주로 혼자서 언제든지 보고 싶을 때 보고 싶은 것을 본다. 더 이상 프라임 타임은 없다. 시청자들은 이제 극도로 파편화되었다. 이제 양질의 안정적인 시청률을 얻기 위해서는 훨씬 더 많은 수학적 작업이 필요하다. 제대로 된 시청자의 범위와 결과를 산출하기 위해 혼란스러운 상황을 제대로 파악하고 그에 따른 방침을 실행하려면 엄청난 양의 정량적 모델링이 동원된다.

셋째, 소셜미디어는 과연 우리를 도와주기만 할까? 이것이 마케터들이 직면한 세 번째 질문이었다. 제4의 패러다임에서는 트위터에 올라온 단 한 줄의 글 때문에 회사의 명성 그리고 심지어 회사의 가치마저 천국과 지옥을 오갈 수 있다. 유명한 토크쇼 진행자 엘렌 드제너러스Ellen DeGeneres는 2004년 오스카 시상식에서 브래들리 쿠퍼, 제니퍼 로렌스 등 여러 스타들과 삼성 스마트폰으로 셀피selfie를 찍어 올렸는데, 이는 두 시간 만에 200만 회라는 리트윗 수를 기록했다.[12]

반면에 소셜미디어의 지옥도 있다. 이를테면 2018년, 영향력 있는 셀러브리티인 카일리 제너Kylie Jenner가 트위터에 "요즘도 스냅챗Sanpchat 쓰는 사람이 있어?"라고 쓴 한 줄 때문에 스냅사社 주가가 곤두박질친 적이 있다. CNN 머니 섹션의 헤드라인은 이에 대해 다음과 같은 표제를 달았다. "카일리 제너의 트윗 이후 스냅챗 13억 달러 주식 손실."[13]

현재 지구상에 있는 모바일 기기의 수는 전 세계 인구수보다 많다. 그에 따라 기업들은 너무하다 싶을 정도로 효과적인 수단을 통해 지리적 제약을 넘어 실시간으로 소비자를 타기팅하고 연결하는 기회를 얻었다. 커다란 영향력을 행사하며 세상 어디에서나 존재하는 모바일 기기는 세대와 지역 그리고 문화를 초월한 마케팅을 가능케 했다.

제4의 패러다임에서는 마케팅 기법을 구현하는 과학을 중요시했다. 미디어 플래닝은 웹 사이트 방문자수, 방문 횟수, 그리고 관련 콘텐츠에 근거해 자동화되었다. 증권거래소에 뒤지지 않을 정도로 복잡한 입찰 시스템과 알고리즘에 의존하는 프로그래매틱 광고programmatic advertising는 가장 널리 쓰이는 광고 기법이 되었다. 2019년, 디지털 광고의 65퍼센트 이상이 알고리즘에 따라 판매되고 제공된 것으로 추정된다.[14]

이런 환경에서 광고를 출시하려면 광고가 노출이 되었는지, 실제로 사람이 본 것인지 아니면 프로그램으로 작동되는 봇_{bot}이 본 것인지, 최종적으로 얼마나 많은 비용이 소요될 것인지를 측정할 수 있는 새로운 수단이 필요하다.

디지털 광고의 성과 측정이 매우 복잡해지면서, 광고나 마케팅을 위한 기술 기업을 포함해 수백여 개에 달하는 관련 회사들이 우후죽순처럼 생겨났다가 업계의 덩치 큰 기업들에 흡수되어 재편되고 있다. 광고 생태계가 너무 복잡해진 탓에 내부 상황을 이해하고 활동을 이어가려면 엄청나게 많은 중개업자들의 도움이 필요하다. 이렇게 다양한 중개업자들이 전체 광고 예산의 40퍼센트를 가져가는 것으로 추산된다.[15]

하지만 제4의 패러다임이 초래한 변화의 결과가 모두 좋은 것만은 아니다. 마케터와 소비자 양측 모두로부터 광고 생태계에 대한 신뢰 문제가 제기된 것이다. K2 인텔리전스의 보고서에 따르면, 만연한 리베이트와 불필요한 거품 탓에 광고비는 치솟았고 그 30~90퍼센트에 이르는 금액은 광고 에이전시에서 가져간 것으로 나타났다. 보고서는 또한 "광고를 의뢰하려는 광고주들은 때때로 자신들의 이익에 진정 부합하는지 여부와 관계없이 광고 에이전시로부터 그들이 보유한 특정 미디어에 돈을 쓰라는 압력을 받거나 권유받은 바 있다"고 밝혔다.[16] 미국 사법부는 즉시 이 혼탁한 사업 전반에 대한 수사에 착수했다.[17]

광고주, 미디어, 광고 에이전시 간의 신뢰 문제 외에도, 소비자 관점에서 제기되는 신뢰 문제도 있다. 당연하게도 소비자들은 개인정보 유출을 걱정하였으며, 이러한 우려는 강력한 규제로 이어졌다. 유럽연합은 2018년 일반개인정보보호규정General Data Protection Regulations을 제정했다. 이 법은 무엇보다 기업들에게 데이터 수집을 위해서는 정보 수집의 목적을 분명히 밝히고, 정보 수집에 동의하는 소비자들에게 구체적인 허가를 받도록 요구하고 있으며, 언제라도 소비자들은 자신들의 정보를 삭제할 수 있어야 한다고 규정한다. 2020년 캘리포니아에서도 비슷한 법이 통과되었으며,[18] 현재 전 세계 많은 국가와 지역에서도 이 문제를 진지하게 검토하고 있다.

요약

- 제1의 패러다임은 소비자들이 논리적으로 구매 결정을 내린다는 단순한 전제에 기초하여 상품을 중심으로 마케팅을 이끌고 나가던 시기였다.

- 제2의 패러다임은 소비자의 감정 영역으로 깊숙이 들어갔다. 온전히 제품의 기능과 장점에만 기반을 두어 차별화를 추구하기란 어렵기 때문에 나온 대응이었다.

- 제3의 패러다임은 인터넷과 데이터 기반 마케팅의 시대였다. 인터넷은 마케터들이 소비자의 관심과 의도를 이해하고 소비자들에게 올바른 메시지를 효율적으로 전달할 수 있게끔 만들어주었다. 데이터를 통해 타기팅부터 시작해 새로운 결과 분석 지표를 거쳐 고객 생애 가치에 이르기까지, 마케팅에 대한 이해를 넓히고 깊이를 더하는 새로운 차원이 가능해졌다.

- 제4의 패러다임은 인간 신체의 일부가 된 디지털 기기를 통해 마케팅에 이동성이라는 개념을 도입시켰다. 모바일 기술과 실시간 위치 기술, 그리고 소셜미디어 플랫폼은 상호 연결된 소비자의 시대를 가져왔다. 이제 마케터들은 디지털 채널과 SNS를 따라 움직인다.

폼페이의 벽과 송나라의 바늘에서부터 참으로 먼 길을 오지 않았는가!

CHAPTER 02

제5의 패러다임이 온다

이제 우리는 제5의 패러다임으로 넘어가는 문턱에 서 있다. 그리고 그 문턱 너머에는 퀀텀 마케팅의 시대가 기다린다. _{그림 2 참조}

이 시대에는 홍수처럼 밀려드는 수많은 신기술이 소비자의 삶을 급속하게 (좋기도 하고 나쁘기도 한 방식으로) 와해시키고 있다. 소비자 지형이 변화함으로써 마케터는 새로운 패러다임의 역학을 활용하고 접근 방식 전체를 혁신해야 한다. 실수는 엄청나게 확대되는 반

마케팅의 다섯 패러다임

패러다임 1	패러다임 2	패러다임 3	패러다임 4	패러다임 5
제품 마케팅	감성 마케팅	데이터 주도 마케팅	디지털&소셜 마케팅	퀀텀 마케팅

그림 2

면, 성공은 소비자의 주의 집중 시간만큼이나 순식간에 사라져버리는 시기다. 일반적인 과학 용어에서 퀀텀 또는 양자는 고전적인 접근법으로 설명할 수 없는 어떤 효과를 말한다. 속도나 양적인 면에서 측정 불가능할 정도의 급격한 변화를 의미하기도 한다. 이 속도와 양의 변화라는 두 요소가 제5의 패러다임인 퀀텀 마케팅의 특징을 설명해준다.

새롭게 부상하는, 놀라운 지형의 변화부터 살펴보자.

첫 번째, 소비자의 모든 데이터를 포착하는 것이 가능해진다.

사물인터넷IoT(커넥티드 냉장고, 세탁기, 식기세척기, 가정용 자동온도조절기 등)부터 웨어러블(스마트 시계, 스마트 반지, 스마트 건강관리 추적기) 그리고 스마트 스피커, 디지털 보조기, 커넥티드 카에 이르기까지 소비자의 생활에 온갖 유형의 센서가 뿌리를 내리기 시작했다. 바야흐로 무한 데이터 시대가 도래한 것이다. 이러한 센서는 말 그대로 소비자의 모든 호흡, 움직임, 느낌 및 행동을 통해 전례 없는 수준의 데이터를 포착해낸다. 이렇게 급증하는 데이터의 활용 방법을 알아내는 마케터는 캠페인 효과와 소비자 참여를 비상한 수준으로 끌어올릴 수 있는 놀라운 통찰력을 얻을 수 있다.

두 번째, 인공지능AI의 활용이 확연한 차이를 만들어낸다. 간단한 소비자 설문 조사부터 복잡한 예측 분석에 이르기까지, 현재 당신이 데이터를 가지고 무엇을 하든지 AI에게는 소꿉놀이 수준이나 다름없다. AI는 다양한 출처에서 나오는 모든 종류의 데이터에 담긴 중요한 정보를 쉴 새 없이 관찰하고, 이를 통해 전에는 불가능했던 강력하고 타당한 통찰력을 도출해낸다. 게다가 이렇게 도출해낸 통찰력을 거의 시간 지연 없이 실시간으로 활용할 수 있다는 점은 또 어떠한가. 그 효과 또한 실시간으로 측정할 수 있으며, 따라서 최적화 역시 실시간으로 이루어진다고 할 수 있다. 또 다른 차원에서 AI는 기존의 자원과 프로세스를 보완할 뿐만 아니라 엄청난 힘과 속도로 아예 대체함으로써 콘텐츠 생성을 완전히 와해시킬 것이다. AI는 마케터가 마케팅 라이프 사이클의 모든 단계에서 일어나는 일의 동향을 속속들이 파악하고 이해해서 최적의 조치를 취하도록 도울 것이다.

세 번째, 블록체인으로 인해 불필요한 중개자들이 사라질 것이다. 오늘날, 마케팅 가치사슬 전반에 걸쳐 많은 중개인이 존재한다. 가치사슬이란 모든 단계에서 가치를 부가하는 일련의 프로세스나 활동을 뜻한다. 많은 경우, 이러한 중개인이 존재하는 이유는 비용을 지불하는 마케터와 상대방 사이에 투명성과 신뢰가 결여되어 있기 때문이다.

예를 들어, 마케터가 디지털 공간에서 광고를 낸다고 하자. 마케터는 광고가 실제로 제공되는지, 눈에 잘 띄는지, 사람들이 광고를 보는지 등을 알아야 한다. 이 모든 것을 확인시켜주겠다며 다양한 광고 기술 회사를 비롯해 여러 회사들이 생겨나고 그 수가 급증했다. 당연히 이들에게는 모두 돈을 지불해야 한다. 이 말은 실질적인 광고 역할을 하는 미디어에 들어가야 할 마케팅 비용의 일부가 이런 중개인에게 돌아간다는 뜻이다. 블록체인은 이 문제를 해결하는 데 도움을 줄 수 있다. 불필요한 매개자는 거의 사라질 것이다. 광고주와 퍼블리셔publisher(광고를 게재하고 광고 수익을 취하는 웹사이트 혹은 기업_옮긴이) 사이에는 어떻게, 언제, 어디서, 어떤 형태로 광고가 나오는지에 따라 자동으로 갱신되고 함부로 변경할 수 없는 디지털 형태의 직접 계약이 생겨날 것이다. 그 외에도 블록체인은 제품의 진위를 증명해서 가짜와 모조품을 퇴치하는 데도 도움을 줄 것이다.

네 번째, 5G 네트워크의 출현은 마케팅 분야에서 여러 신기술이 활용될 수 있도록 도울 것이다. 5G는 사물인터넷, 자율주행 자동차와 커넥티드 카, 실시간 홀로그램 프로젝션, 혼합현실mixed reality 같은 여러 기술의 기능을 가속화할 수 있는 급진적이고 강력한 통신 프로토콜이다. 마침내 마케터는 제품 및 서비스와 관련된 실감 나는 가상현실 또는 3D 경험을 원격으로 그리고 실시간으로 구현할 수 있게 된다. 마케터는 소비자의 감각기관과 행동에서 신호를 포착하여 처리할 수 있을 것이며, 그때마다 적절한 전술을 즉시 효율적으로 구사할 수 있다. 신기술이란 이를테면 다음과 같은 것들이다.

증강현실augmented reality, AR AR은 마케팅 도구 키트에 새로운 차원을 추가하는 기술 중 하나가 될 것이다. AR은 마케터가 물리적 또는 가상 환경에 추가 정보를 더해서 소비자 경험을 크게 개선할 수 있도록 해준다. 예를 들어, 거리를 걷다가 휴대전화를 꺼내들면, 앞에 놓인 거리 형태뿐만 아니라 어디에 커피숍이 있는지, 어디서 특별행사를 진행하는지, 내가 소유한 마스터카드로 '프라이스리스 익스피리언스priceless experiences 프로그램'(고객에게 소중한 경험을 제공하는 마스터카드의 캠페인 _ 옮긴이) 체험이 가능한 곳이 어디인지를 보여주는 가상 깃발이나 배너도 볼 수 있다. 이는 소비자 참여를 한 단계 끌어올릴 것이다.

가상현실virtual reality, VR 2차원 화면에서 3D 포맷에 이르기까지, 소비자에게 몰입 체험, 실제처럼 느껴지면서 아주 매력적인 경험을 제공하는 방법은 늘 추구의 대상이었다. VR이 지원하는 무선 안경 및 헤드셋의 등장으로, AR은 브랜드의 메시지 전달 및 후원과 관련해서 새로운 옵션을 제공할 수 있는 콘텐츠에 완전히 새로운 요소를 추가해줄 것이다. 게다가 마케터는 5G를 통해 상황에 따라 적절한 방식으로 소비자에게 실시간으로 다가갈 수 있을 것이다. 예를 들어, 여행사가 여행지를 홍보하려 할 때, 여행사는 소비자들이 관심을 보이는 듯한 해당 목적지의 VR 비디오를 즉시 전송할 수 있고, 소비자들은 그곳에 무엇이 있는지에 대해 몰입적인 경험과 감상을 할 수 있다. 해당 목적지에 관한 일반 비디오를 볼 때와 비교하면, 소비자에게 미치는 영향은 더욱 다양할 것이며, 일반 사진을 볼 때와는 천지차이가 될 것이다. 결과적으로 매출과 전환율conversion rate은 훨씬 더 높아질 것이다.

3D 프린팅 이 기술은 비교적 초기 단계이지만 3D 프린터가 진화하면서 더 저렴하고, 더 빠르고, 더 다양한 기능을 제공하게 될 것이다. 3D 프린팅은 여러 분야에 걸쳐 광범위하게 적용된다. 한 곳에서 다른 곳으로 배송하는 시스템과 달리, 3D 프린팅은 현장에서 프린팅이 가능하므로 공급/유통망을 변화시킬 수 있다. 또한 3D 프린팅으로 신속하게 시제품을 개발할 수 있다. 이는 마케터에게 신속한 테스트 그리고 진정한 퀀텀 마케팅의 업무 처리 방식을 의미한다.

커넥티드 카 및 자율주행차 자율주행차에 탑승한 소비자는 운전 이외의 것에 더 많은 관심을 기울일 테고, 주행 시간을 자신이 관심 있는 콘텐츠로 채우려고 할 것이다. 패스트푸드 회사라면, 소비자가 주행 중 식욕 충동을 느낄 때 자기 회사의 음식을 떠올리고 주문할 수 있도록 앞서가야 할 것이다. 신용카드 회사라면, 소비자가 음식을 주문하는 순간 자기 회사 카드가 결제 수단으로 사용되기를 원할 것이다. 미디어 회사라면, 차 안에서 시각적 그리고 청각적으로 소비자의 관심을 끌어야 한다. 5G 및 기타 기술과 결합된 자율주행차는 이동하는 거실이자 사무실이 될 것이다. 그리고 이는 마케터에게 많은 가능성을 시사한다.

사물인터넷 거의 모든 가정용 기구가 인터넷에 연결되고 있다. 그리고 마스터카드의 주장처럼, "연결된 모든 장치는 상거래 결제가 가능한 장치이다." 나는 한 걸음 더 나아가서 이렇게 말하고 싶다. "연결된 모든 장치는 마케팅 장치이다." 곧 소비자들은 냉장고, 세탁기, 식기세척기, 온도조절기를 상대로 이야기를 할 것이고 기기들은 소비자의 이야기에 답할 것이다. 이는 마케터에게 사물들이 고도로 이어진 관계 속에서 여러모로 충분히 활용할 수 있는 새로운 매개체가 될 수 있음을 말해준다.

스마트 스피커 기술적인 면에서 사물인터넷으로 분류할 수 있지만, 빠른 확산 속도를 감안할 때 일반적인 사물인터넷과는 별도로 분류해야 한다. 구글 홈Google Home, 알렉사Alexa를 비롯해 스마트 스피커는 이미 미국의 25퍼센트에 달하는 가정에서 자리를 차지했다. 소비자들은 검색, 문의, 알람 및 알림 설정, 정보 검색과 오락, 구매에 이르기까지 음성으로 스마트 스피커와 상호작용한다. 이런 스마트 스피커는 기존의 구매 패턴 이론을 완전히 파괴한다. 스마트 스피커에서는 시각적인 면을 활용할 수 없기 때문에 마케터는 눈으로 볼 수 없는 환경에서 자신의 브랜드를 부각시키는 방법을 찾아내야 한다. 이런 까닭에 나는 마스터카드에서 소닉 브랜딩(소리나 음악 등 청각 요소를 이용해 특정 브랜드를 소비자에게 인식시키는 마케팅 ─ 옮긴이) 분야를 개척하는 작업을 실행했다. 이에 대해서는 이후 자세히 다루겠다.

웨어러블 웨어러블은 다양한 방식으로 발전하고 있다. 몇 가지 예를 들자면, 활력 징후를 측정해 건강 상태를 추적하고, 일어나서 움직이라고 알려주며, 심지어 기분을 측정하기도 한다. 따라서 마케터에게는 데이터 수집과 의사소통을 위한 효과적인 도구가 되는 셈이다. 웨어러블은 자체적인 기준과 작지만 중요한 특별함을 지닌, 완전히 다른 생태계다. 사물인터넷과 마찬가지로, 웨어러블에는 참여 회사들이 생태계 표준을 통합하고 마케터와 소비자가 효과적이고 효율적으로 상호작용할 수 있는 완전히 새로운 기회가 존재한다.

로봇공학과 드론 로봇과 드론은 산업 환경과 소비자 환경 모두에게 상당한 혼란을 불러올 수 있다. 이미 전 세계 몇몇 호텔에서는 로봇이 룸서비스를 하거나 세면용품 등을 객실로 배달한다. 이런 변화는 상당히 빠르게 퍼져가고 있으며 알로프트, 힐튼, 크라운 플라자 같은 호텔들은 모두 로봇 서비스에 투자하면서 이미

로봇을 효율적으로 활용하고 있다. KFC는 일본 지점에 로봇 웨이터를 배치했고, 글로벌 물류회사인 UPS와 아마존 역시 드론 패키지 배송을 눈앞에 두고 있다.[1] 로봇공학과 드론 기술은 유통 및 물류 공간에 즉각적으로 큰 영향을 미칠 수 있으므로, 마케터는 4P 중 네 번째 P, 즉 유통에서 상당한 효율성을 얻을 수 있다.

방금 살펴본 기술적 혼란 외에도 마케팅 생태계와 관행을 교란시키는 사회학적 그리고 시스템적 변화가 예고되고 있고 그 결과는 명약관화하다. 고전적인 접근 방식은 대부분 무너질 것이다! 이에 대해서는 다음 장에서 자세히 다루겠지만, 그중 일부를 간략히 소개하고자 한다.

첫째, 충성도의 개념이 완전히 바뀔 것이다. 새로이 등장하는 개념 중에서, 고객이 자신과 제품의 관계를 어떻게 바라보는지에 대해 반박할 수 없는 진실을 정확히 이해하는 개념이 주목받고 성공하게 될 것이다.

둘째, 광고는 근본적으로 바뀔 것이다. 초연결 소비자hyperconnected consumer와 연결되기 위해 '퀀텀 경험 마케팅quantum experiential marketing' 같은 개념이 등장한다.

셋째, 에이전시는 와해될 것이다. 그리고 광고 생태계 전체가 완전히 바뀌면서 기존의 경계는 모호해지고 새로운 비즈니스 모델이 등장하게 된다.

넷째, 마케팅은 세분화될 것이며, 마케팅의 기능은 해체를 겪은 후에 다시 결합될 것이다. 마케팅이라는 분야가 엄청나게 복잡하고, 외부에서 마케팅이 수행하는 그리고 수행할 수 있는 역할에 대한 이해가 상대적으로 부족하기 때문이다.

다섯째, '목적'은 마케팅에서 필수불가결한 부분이 된다. 그동안 목적이라 함은 올바른 입장을 취할 때나 들먹이는 말이었다. 하지만 앞으로 목적은 기업이 변함없이 한곳을 향해 나아갈 수 있도록 안내하는 나침반이 되어줄 것이며 그 과정에서 마케팅이 활기를 불어넣어줄 것이다.

여섯째, 윤리와 가치는 크게 부각될 것이다. 신뢰는 거대한 경쟁 우위가 되고, 윤리와 가치는 신뢰를 쌓고 유지하는 근간이 될 것이다.

일곱째, 위기가 더 자주 발생하고 리스크 관리는 중요해질 것이다. 마케팅은 위기 상황 그리고 위기 해결의 중심에 서게 되며, 리스크 관리는 마케팅의 핵심 원리가 될 것이다.

요약

- 제5의 패러다임은 마케터에게 완전히 딴 세상에 온 것 같은 느낌을 선사할 것이다. 말도 안 되는 신기술, 엄청난 양의 데이터, 순식간에 지나가는 삶의 순간에 접근할 수 있는 가능성, 실시간 행동의 기회 또는 위협, 깔때기 이론을 비롯 기타 고전적인 이론과 프레임워크의 붕괴 등 이 모든 것이 마케팅 환경을 완전히 변화시킬 것이다. 마케터는 전략과 조직 그리고 재능에 대해 다시 생각하지 않으면 안 된다.

- 제5의 패러다임에서 브랜드는 새로운 기술, 새로운 미디어, 새로운 프레임워크 및 새로운 통찰력을 사용하여 자사 제품과 서비스를 향한 기대와 참여, 영감을 창출할 것이다. 소비자들은 훌륭한 제품과 경험은 물론 사회에 긍정적인 변화를 만들어내라고 요구할 것이다. 더욱 공정하고 공평한 사회를 만들든 아니면 더욱 지속 가능한 지구를 만들든 어떤 방식으로든 사회의 긍정적인 변화에 일조해야 한다고 말이다. 진정성, 몰입감 있는 상호작용 및 경험, 실시간 마케팅, 소비자 라이프 사이클을 통한 예민하고 섬세한 마케팅이 성공을 좌우한다.

- 제5의 패러다임에서 살아남고자 하는 마케터에게는 개방성과 기술적 지식이 필요하다. 그렇지 않은 마케터는 희생자로 전락할 가능성이 크다. 보다 명확한 실행 계획은 물론 마케팅에 영향을 미치는 분야를 배우고 그 분야에서 선도적 위치를 유지할 수 있도록 교육하는 일이 절실하다.

- 소비자에게 제5의 패러다임이란, 예전과 전혀 다른 수준에서 발생하는 콘텐츠, 메시징, 이미징, 새로운 자동화가 얽히고설킨 복잡한 미로가 될 것이다. 지금도 그리고 앞으로도 계속, 마케팅은 고객과 만나야만 한다. 마케팅이 미로를 뚫고 들어가 고객과 만나는 교차 지점, 그 북적거리는 지점이 바로 제5의 패러다임이다.

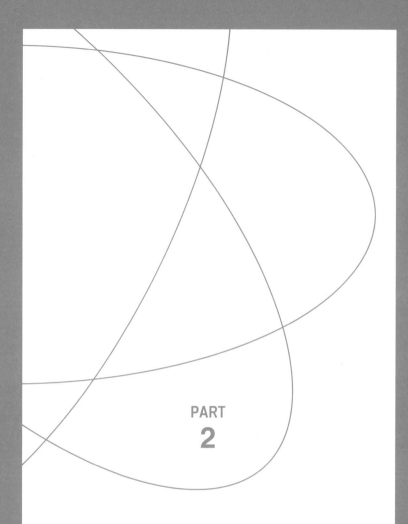

PART
2

완전히 다른 세계,
새로운 도전들

Quantum
Marketing

CHAPTER 03

마케팅의 역할을 재설정하라

제5의 패러다임에서 마케팅이 소비자를 만나는 교차로에 진입하려면 특별한 노력이 필요하다. 새로운 기술과 데이터 분석에 대한 적절한 지식도 없이 무작정 들어가도 된다고 생각하는 마케터가 있다면, 그건 착각이다. 그렇다고 지식만 갖춘다고 되는 일도 아니다. 새로운 여정을 떠나려면 지식 외에도 해결해야 할 중요한 일이 있다. 마케팅의 임무와 역할을 재설정하는 일이다.

내가 대학원을 졸업할 당시인 30여 년 전, 마케팅은 졸업생들이 가장 선망하던 분야였다. 마케팅은 탄탄한 성공 대로를 보장하고 풍부한 창의성을 길러주며 혁신의 실상을 볼 수 있는 기회를 제공하는, 새롭고 멋지면서도 훌륭한 진로처럼 보였다. 마케팅이야말로 비즈니스에 지대한 영향력을 발휘하는 세계였다.

게다가 아주 매력적인 연봉과 멋진 여행 기회를 제공했다. 우뇌와 좌뇌를 모두 활용하는 곳이 마케팅이었다. 야심 찬 젊은이라면 자신의 창의적 능력과 분석적 능력을 잘 융합한 아이디어가 시장에서 구체화되는 모습을 눈으로 직접 확인할 수 있는 유일한 분야가 마케팅이라고 생각할 만했다. 상상만 해도 전율이 일지 않는가! 성적이 상위권인 학생이라면 마케팅을 최고의 선택으로 여기는 게 당연했다. 하지만 지난 30년 사이 마케팅에는 변화가 생겼다. 마치 진중함, 영광, 화려함 그리고 현란함이 사라진 것만 같다.

현재는 많은 회사에서 마케팅의 역할을 세분화하고 축소하고 있다. 그저 그런 회사들을 말하는 게 아니다. 유명한 글로벌 기업들에서 실제 벌어지고 있는 일이다. 코카콜라는 심지어 CMO의 역할도 없앴다(하지만 필요성을 절감하고 고맙게도 다시 되돌려놓았다).

우리 자신에게 한번 물어보자. 제품, 가격, 유통, 프로모션이라는 마케팅의 4P가 점점 더 마케팅 이외의 분야로 분해되어 나가는 이유가 무엇인가? 필립 코틀러의 대단한 업적 덕분에, 지난 수십 년 동안 4P의 결합이 곧 마케팅을 대표했다. 오늘날에는 마케팅 부서에서 제품을 관리하지 않고, 가격을 관리하지 않으며, 유통(장소)을 관리하지 않는 회사가 많다. 마케팅은 기껏해야 프로모션, 즉 광고와 홍보에만 매달릴 뿐이다. 마케팅에서 이 모든 기능을 없앤다면 우리는 자신에게 이렇게 물어야 마땅하다. "도대체 마케팅이 하는 일은 뭐란 말인가?" 그냥 그런 회사도 있을 수 있다고 치부할 문제가 아니다. 전 세계 여러 CMO와 이야기를 나누면서, 이런 경향이 지난 몇 년, 특히 지난 10년 전부터 증가 추세를 보이고 있다는 사실을 알게 되었다. 도대체 무슨 일이 있었단 말인가?

첫째, 모바일 기술의 폭발적 증가와 인터넷 보급의 포화 상태 그리고 소셜미디어의 해일이 발생했다. 다시 말하면, 마케팅의 네 번째 패러다임이 일어나고 있었다. 마케터들은 기술과 데이터의 눈부신 발전을 따라잡지 못하고 있다. CMO는 늘 그렇듯 마케팅의 창의적인 면에 편중했고, 분석적이고 정량적인 측면에서 자신의 역할을 펼치지 않았다. 따라서 마케팅은 예술적·미적·디자인적 요소에서는 놀라운 진전을 이루었다. 이는 기업과 마케팅 부서에 큰 도움이 되었다. 데이터와 기술이 마케터들에게 홍수처럼 쏟아져 들어오면서 그런 시절도 끝났지만 말이다. 전통적으로, 마케터들은 기술에 능숙하고 데이터에 밝은 사람은 아니라는 게 통설이다.

고전적인 마케터들은 새로운 유형의 기술자들에게 빠르게 추월당했다. 새로운 유형의 기술자들은 마케팅을 깊이 관찰하며 활짝 열린 기회의 문과 아직 무궁무진한 활용 가치를 보았다. 진정한 디지털 마케팅이 탄생하면서 과거 마케터의 이해 범위에서 완전히 벗어난 속도, 프로세스 그리고 방법이 생겨나기 시작했다. 두 종류의 마케터 사이에는 극명한 차이가 드러났다. 한편에는 4P, 포지셔닝, 구매 깔때기를 비롯해 마케팅의 미세하고 기본적인 측면에 더욱 익숙한 고전적인 마케터가, 그리고 다른 한편에는 판이한 기술을 보유한 새로운 유형의 현대적 마케터들이 서 있었다. 이들에게는 데이터, 기술, 실험과 테스트 그리고 고도의 자동화 시스템이 무엇보다 중요하다. 이들은 마케팅의 근본적 측면 같은 건 신경 쓰지 않으며 관심도 없다.

심지어 요즘에도, 전통적인 마케터에게 프로그래매틱 광고에 사용되는 기술이 무엇인지 또는 특정 디지털 기술에 대해 정확히 설명해달라고 요청하면 아마도 수박 겉핧기 식의 대답밖에는 듣지 못할 것이다. 조금만 깊이 들어가면 바로 지식이 바닥난다. 전통적인 마케터는 더 이상 지휘하는 입장이 아니다. 이제는 이 공간에서 더욱 실용적인 지식을 갖춘 제삼자 혹은 다른 사람들에게 속수무책으로 휘둘리는 사람일 뿐이다.

데이터 물결, 마케팅의 민주화

뒤이어 데이터와 데이터 분석에 관한 물결이 일어났다. 다시 말하지만, 전통적인 마케터는 데이터와 친하지 않기 때문에 데이터 분석에 대한 이해와 통제가 부족하다. 누군가가 여러 데이터를 던져놓으면 그들은 매우 당황한다. 현재와 같은 시대에 데이터 처리 방법, 데이터 활용 방법, 데이터 분석 방법을 모르는 마케터는 쓸모없는 구식으로 전락할 위험이 있음에도 말이다.

전체적으로 설 자리를 잃어가는 마케팅 현상에 일조하는 또 다른 이유가 있다. 소셜미디어의 등장으로 중소기업도 대기업과 효율적으로 경쟁할 수 있는 전례 없는 마케팅의 민주화가 일어났다. 이제 시장에서 대성공을 하는 것은 대기업만의 특권이 아니다. 좋은 아이디어만 있으면 누구나 소셜미디어를 효과적으로 활용할 수 있고 놀라울 정도의 관심을 받으며 엄청난 영향력을 발휘하고 단기간에 자신의 브랜드를 구축하면서 대기업과 얼마든지 경쟁할 수 있다.

이 모든 발전은 고전적인 마케터의 허를 찔렀다. 세상은 이들을 기다리지 않고 빠르게 지나쳐 갔으며, 이렇게 바뀐 패러다임에서 많은 마케터가 더 이상 최고의 자리를 유지할 수 없게 되었다. 이 모든 현상이 가장 최근에 있었던 제4의 패러다임에서 일어났다!

일반적으로 손익계산서에서 기술 비용과 인건비가 가장 중요한 비용 항목이다. 그 두 가지를 제외하면, 광고와 마케팅 비용이 큰 부분을 차지한다. 그렇다면 많은 CEO와 CFO Chief financial officer(최고재무책임자)는 어려움에 처했을 때 광고와 마케팅 비용을 줄여도 되는 혹은 대체해도 별 문제 없는 자원으로 간주할 수도 있다. 마케팅 활동과 비즈니스 결과 사이의 관계를 명확하게 보여줄 수 없거나 비즈니스 효과를 수량화할 수 없다면 예산을 방어할 수도 없다. 그런데 마케터에게 마케팅이 회사의 손익계산 결과에 또는 최상급의 성과나 성장을 이끌어내는 데 정확히 어떤 역할을 했느냐고 물으면, 일반적으로 이들은 자동차 헤드라이트를 마주한 사슴처럼 그냥 얼어붙어 아무 말도 못한다. 그런 상황이 발생한다면 더 이상 미래는 없다.

재무 관련 질문에 대해 브랜드 인지도, 브랜드 선유경향brand predisposition, 순수 추천고객 지수net promoter scores를 비롯한 브랜드 평가지표의 관점에서 응답한다면, 그 대답은 지지도, 신뢰도 받지 못한다. 돈에 관한 질문은 돈의 측면에서 대답해야 한다. 브랜드 평가지표는 당연히 유의미하고 중요하지만, 일반적으로 마케팅 이외의 사람들은 브랜드 지표에 크게 신경 쓰지 않으려 한다. 또한 브랜드 평가지표는 비즈니스 결과에 중장기적으로 더 많은 영향을 미치는 반면에, 각종 프로모션 등은 좀 더 즉각적인 영향을 미치는 것으로 인식된다. 따라서 CEO나 CFO 또는 회사의 재무성과 책임자는 매출을 일으키는 캠페인을 추진하려는 성향을 보인다. 그들의 마음속에는 오늘 살아남아야 내일도 볼 수 있지 않겠느냐는 생각이 있다. 내일 일은 내일이 오면 걱정하겠다는 것이다. 브랜드 영향력은 오랜 기간에 걸쳐 형성된다. 하지만 그때까지 모두 자리를 보전할 수 있을지도 모르는데 브랜드 걱정은 해서 뭐 한단 말인가.

마찬가지로 광고와 마케팅 부문에서 수여하는 상은 마케터에게 더 중요한 의미가 있다. 자신의 뛰어난 실력을 업계 동료들로부터 인정받는다는 의미가 담겨 있기 때문이다. 솔직히 마케팅 영역의 외부에 있는 사람들은 그런 상에 신경도 쓰지 않는다. 그러한 상을 받기 위해서 투자할 시간도, 생각도, 인내심도 거의 없다.

나는 마케터들이 CEO와 CFO가 던지는 어려운 질문을 피하는 것을 종종 봐왔다. 그런 태도는 자신에게 그리고 자신이 하는 일에도 별 도움이 되지 않는다. 회피는 지식과 기술의 부족을 암시하며, 이는 전체적인 마케팅 역할에 대한 신뢰성을 훼손한다. 영업과 금융업계 사람들은 물론 많은 CEO조차도 특정 브랜드와 마케팅의 역할을 중요하지 않은 것, 없어도 되는 것으로 바로 판단해 버린다. 마케터 자신이 비즈니스의 근본적이고 세밀한 측면을 이해하지 못한다면, 절대 마케팅의 역할을 효과적으로 포지셔닝하고 방어하며 옹호하지 못할 것이다.

많은 CMO와 마케터가 브랜드 구축, 브랜드 차별화, 브랜드 포지셔닝 및 브랜드 마케팅을 자신의 가장 신성한 책임으로 여긴다. 다른 한편에는 이런 사람들과 달리 주로 수치 활용, 가망 고객 확보, 방문자 수, 구매 전환 등에 초점을 맞추면서 퍼포먼스 마케팅 같은 부분에 중점을 두는 사람이 있다. 일반적으로는 퍼포먼스 마케터가 훨씬 더 유리한 입장에 있다. 왜냐하면 회사 내의 모든 사람들이 이들이 하는 업무와 매출 사이의 상관관계를 눈으로 보고 이해할 수 있기 때문이다. 하지만 퍼포먼스 마케터는 주로 일상적, 주별 또는 월별 실적에 중점을 두고 일한다. 여러 사례에서 나타나듯이, 퍼포먼스 마케터들과 이들이 일하는 회사는 브랜드 구축을 소홀히 하는 경향이 있다. 브랜드 구축은 중장기적 활동이기 때문에 그 결과가 바로 확연하게 드러나지 않는 편이다. 브랜드 경쟁력과 브랜드 성장의 연관성 또는 브랜드 강도와 비즈니스 유지 사이의 연관성을 규명하기는 더욱 힘들다. 게다가 브랜딩에만 신경 쓰는 마케터는 비즈니스를 이해하지 못하는 하찮은 사람으로 인식된다.

퀀텀 마케터의 임무 _____

따라서 제5의 패러다임이 도래한 오늘날의 마케터들에게 다음의 네 가지 임무가 필수적으로 요구된다.

첫째, 강력한 브랜드를 구축해야 한다. 오늘날과 같은 시대에 브랜드는 신성할 뿐만 아니라 차별화와 가치 인식 그리고 경쟁 우위를 확보하는 데 필수적이다. 이는 단기, 중기 그리고 장기적으로 튼튼한 회사를 만드는 데 매우 중요하다. 마케터는 브랜드 관리자brand steward로서 비즈니스 파트너가 온전히 인정하느냐 마느냐에 관계없이 미래를 위해 브랜드를 구축해야 한다.

둘째, 평판 관리가 핵심이다. 기업에서는 대개 마케팅과 커뮤니케이션 혹은 PR이 결합된 경우가 많다. 사실상 이들은 단일한 연속선상에 있다. 마케팅은 자신에 대해 이야기하는 브랜드다. PR은 다른 사람들이 브랜드에 대해 긍정적으로 이야기하도록 유도한다. 소셜미디어에 게시물이 올라오는 순간, 그 게시물은 브랜드를 만들어낼 가능성도, 파괴할 가능성도 있다. 그렇다면 이것은 디지털 마케팅의 책임인가 아니면 디지털 커뮤니케이션의 책임일까? 어느 쪽인지는 중요하지 않다. 대답은 오직 '그렇다'이다! 부정적인 이야기와 가짜 뉴스가 쏟아지는 세상에서, 시간의 차이일 뿐 많은 브랜드가 좋지 않은 평가에 휩싸이게 된다. 마케터는 자신의 브랜드를 방어하고 평판을 보호하며 소비자의 신뢰 침식을 막을 계획을 반드시 세워놓고 있어야 한다. 브랜드 구축이나 브랜드 평판 관리나 결국은 브랜드 경영을 말하며, 이것이야말로 퀀텀 마케팅 시대에 업무의 핵심인 것이다.

셋째, 마케팅이 사업 성장을 주도해야 한다. 이는 마케팅의 매우 중요한 책임이다. 마케팅이 주도적인 역할을 하지 않는 조직에서는, 마케터가 비즈니스 성장에 대한 책임을 떠맡고 비즈니스를 진정으로 활성화시키지 않는 한, 마케터를 중요한 사람으로 바라보지 않는다. 브랜드 구축이 수익성 있는 사업 성장을 이끌어내지 못한다면 아무리 훌륭한 브랜드를 구축한다 해도 무슨 의미가 있겠는가? 정식으로 비즈니스 성장이라는 책임이 주어지든 아니든, 마케터는 비즈니스 성장을 촉진하는 데 도움을 제공해야 한다. 마케팅을 위한 마케팅이 아니라, 수익성 있는 사업 성장을 촉진하기 위해 마케팅이 이루어져야 한다는 것이다.

넷째, 지속적인 경쟁 우위를 위한 플랫폼을 구축해야 한다. 퀀텀 마케팅의 네 번째 기본 특징은 플랫폼, 파트너십, 지적재산권[IP] 등을 통해 지속 가능한 경쟁 우위를 구축하는 것이다. 이는 마케터의 역할, 특히 4P를 모두 통제하지 못하는 상황에서 상당하고도 중요한 부분을 차지하게 된다. 브랜드 차별화를 이룩하고 차별화를 장기간에 걸쳐 지속적으로 유지하기 위해, 마케터는 마케팅 자산 및 마케팅 속성을 활용하는 플랫폼 구축과 이에 수반되는 IP 구축을 통해 상당한 경쟁 우위를 확보할 수 있다. 즉, 회사와 제품 그리고 솔루션을 중심으로 튼튼한 보호막을 깊고 넓게 구축하는 것이다.

이 네 가지 기본 임무그림 3 참조를 수행할 만큼 기술에 정통한 마케팅 인재나 리더십을 갖춘 또는 힘과 능력을 충분히 겸비한 회

마케팅의 네 가지 임무

| 브랜드를 구축하라 | 평판을 보호하라 | 비즈니스를 촉진하라 | 플랫폼을 구축하라 |

그림 3

사는 많지 않다. 모든 CMO는 이 네 가지 임무 수행에 우선순위를 두고 책임과 집중을 다해야 한다. 마케터들은 많은 능력과 강점을 지니고 있다. 마케터에는 고전적 마케터, 현대적 마케터, 퍼포먼스 마케터, 마케팅 혁신가가 있다. 회사는 이 네 가지 유형의 마케터들을 유효적절하게 배합해야 한다. 그리고 이들에게 서로 다른 분야의 생각을 받아들이고 지식을 배우게 하여 정량적 마케팅, 정성적 마케팅, 퍼포먼스 마케팅, 마케팅의 프로세스 관리 또는 마케팅 내에서의 혁신 등 다양한 영역을 아우를 수 있는 능력을 갖추도록 해야 한다.

이제 마케터가 어떤 역량을 갖추었느냐에 따라 회사의 향방이 달라진다. 제5의 패러다임에서는 수많은 신기술이 등장함에 따라, 기술을 이해하는 마케터를 보유하는 것이 매우 중요하다. 또한 기업은 전문기술자technologist, 재무와 조달 및 법률 전문가, 데이터 분석가 그리고 리스크 관리자를 마케팅 내에 포함시키거나 아니면 외부로부터 지원받을 필요가 있다. 마케팅이 민첩하고 효과적으로 대처하려면 이러한 모든 영역의 일상 활동에 깊숙이 스며들어야 한다. 마케팅은 점점 더 복잡해지기 때문이다. 이제는 마케터들이 자신의 역할과 기능, 둘 다를 제대로 처리할 수 있는 역량을 갖추어야 할 때다.

어떤 인재를 유치하느냐가 향후 마케팅 기능의 토대를 마련하는 데 매우 중요한 역할을 할 것이다. 하지만 대학을 나와 입사를 원하는 학생들 중에서, 상위 집단은 대체적으로 실리콘밸리나 기업가 활동 아니면 투자 은행이나 컨설팅 회사에 매력을 느낀다. 마케팅을 첫 번째 선택으로 꼽는 사람은 소수에 불과하다. 실제로, 2019년에 실시한 연구에서는 대학 졸업자를 위한 최고의 직업으로 공학, 간호직, 영업직을 꼽았다. 마케팅 관련 직종project management(프로젝트 관리)은 여섯 번째였다. 전미광고주협회Association of National Advertisers, ANA가 최근 실시한 흥미로운 조사를 보면, 마케팅 현실과 대학생의 인식이 얼마나 동떨어져 있는지 알 수 있다. 대학 졸업생들이 ANA에 한 말을 빌리자면, "마케팅은 단순한 광고와 판매"였다. 여기서 ANA는 많은 학생이 마케팅이 무슨 일을 하는지 모른다는 사실을 발견했다. 마케팅 업무를 모르는 것은 차치하고, 부정적으로 생각하는 학생도 많았다. 마케팅은 일종의 속임수라고! 연구는 매우 흥미롭지만 응답 내용은 끔찍하다. 연구 결과는 마케팅에 대한 인식이 얼마나 형편없는지를 말해준다. 오죽했으면 ANA는 "마케팅을 마케팅하라market marketing"라는 계획을 내놓았을까. 정말 시의적절한 조치다![1]

학생들에게 마케팅 경력 쌓기에 대해 영감을 주고 준비시키는 일은 매우 중요하다. 하지만 많은 학교가 시대에 뒤처진 자료와 사례 연구를 활용하고 있다. 요즘처럼 모든 면에서 빠르게 발전하고 매일 변화가 거듭되는 시대에는, 반드시 학생들에게 최신 자료와 최고의 자료를 갖출 수 있도록 해야 한다. 교수들 중에는 소셜미디어가 출현하기 전에 마케팅 실무를 경험한 사람이 많다. 이들은 CMO들을 만나 세상을 파악하고 이해하는 데 도움을 받아야 한다. 또한, 현재 실무를 담당하는 마케터들도 대학에 최신 사례 연구를 제공해서 교수들이 차세대 마케팅 인재를 육성할 수 있도록 도움을 줘야 한다. CMO를 비롯해 고위급 마케터들은 대학을 찾아가서 학생들과 교류하고 마케팅 기능을 소개하면서 학생들에게 진정으로 마케팅에 대한 긍정적인 생각을 불어넣어야 한다.

하버드대학교 경영대학원의 마케팅 교수 수닐 굽타Sunil Gupta도 이에 동의한다. "마케팅은 최근 몇 년 동안 극적으로 변화했습니다." 그는 이렇게 말했다. "훨씬 더 데이터 중심적이며 실시간으로 바뀌었습니다. 이런 새로운 변화의 시각을 학생들에게 심어주려면 우리 자신부터 끊임없이 지식을 업데이트하고 이러한 혁명의 최전선에 있는 업계 리더들과 협력하는 방법밖에는 없습니다."

우리 앞에 놓여 있는 놀라운 기회와 잠재력을 실현할 수 있도록 만반의 준비를 갖추는 것만큼 흥미진진한 일이 또 어디 있겠는가. 정말 멋진 시간이 될 것이다. 지금보다 마케팅 분야에 몸담기에 좋은 때는 없다. 또한 어떤 조직에서든, 성장의 사다리를 오르는 사람들은 고위직에 오르기 전 반드시 마케팅 업무를 거치도록 해야 한다.

마케터 역시 마찬가지다. 마케팅 분야에서 최고의 자리에 도달하기 전에, 다른 업무 경험, 이상적으로는 손익 관리에 대한 경험을 쌓아야 한다. 그것이 성공의 비결이다. 나는 운 좋게도 경력의 절반가량을 손익 관리 분야에서 그리고 나머지 절반은 마케팅 분야에서 쌓을 수 있었다. 우리 회사 CEO 아제이 방가는 마케팅과 영업 분야에서 경력을 쌓기 시작해서 다양한 비즈니스 관리 역할을 거치며 성장해서 마침내 마스터카드의 최고경영자 자리에 올랐다. 그는 가장 성공적인 CEO 중 한 명으로서 10년이 넘는 기간 동안 회사의 놀라운 성장과 성공을 이끌었다. 그는 직원들에게 고위직에 오르려면 반드시 마케팅 업무를 경험할 것을 강력하게 권한다. 그의 조언은 사내 문화에 심대한 영향을 미칠 것이다.

하지만 그러려면 CEO가 맨 위에서 직접 이끌어야 한다. 그리고 CEO에게, 특히 전문적이고 핵심적인 마케팅을 통해 성과를 이끌어낸 경험이 없는 CEO에게 마케팅의 가치를 입증하고 신뢰를 얻는 것은 CMO가 해야 할 일이다.

패키지 상품 산업에 속하는 많은 회사에서는 늘 마케팅이 주도적인 역할을 했다. 회사의 나머지 부서들은 마케팅이 회사의 성공을 위해 필요하다고 정한 의제를 중심으로 집결한다. 하지만 다른 산업에서는 마케팅이 주로 지원 기능을 담당한다. 주도적인 역할을 하지 않는다. 의제는 사업주 아니면 영업 책임자 또는 국가나 지역 책임자가 정한다. 의제 설정의 주체가 누구인지는 중요하다. 패키지 상품이나 세제, 칫솔, 치약 등 일용 소비재 업종에 종사했던 사람이 이런 회사에 입사하면 자신에게 책임이 주어지지 않는다는 사실에 힘들어한다. 오늘날과 같은 시대에 마케터들은 회사에 어떤 가치와 어떤 기여를 하는지가 중요하지, 위계질서나 의제 설정 주체는 그리 중요하지 않다는 점을 알아야 한다. 이런 마음자세를 갖춘 마케터에게는 충분하고도 남을 만한 기회가 펼쳐진다. 그것이야말로 진정한 비즈니스 파트너가 될 수 있는 승리의 마음가짐이다.

네 가지 중심적인 특징을 따라 마케팅 임무를 진정으로 재설정하기 위해서는 데이터, 디지털 기술, 커뮤니케이션 및 홍보, 영업, 비즈니스 역학관계, 회사 재무, 성장 동인 등을 제대로 이해하고 있어야 한다. 따라서 전반적으로 퀀텀 마케터는 기능적인 마케팅 전문가가 아니라, 마케팅에 대한 깊은 지식을 갖춘 다재다능한 일반 관리자가 되어야 한다. 마케팅에 대한 깊은 이해와 마케팅적 행동 양식을 갖춘 비즈니스 관리자의 사고방식을 지닐 필요가 있다. 퀀텀 마케터는 자신의 팀이 고정관념에서 벗어나 크게 생각할 수 있도록 충분한 영감을 주어야 하고, 필요에 따라서는 팀을 이끌어야 한다.

한번은 어떤 CFO가 내게 이렇게 물은 적이 있다. "마케팅이 그리 대단할 게 뭐가 있습니까?" 그 사람이 생각하는 마케터는 에이전시에 간단한 정보를 제공한 후에 수수료를 지불하고 에이전시가 제시하는 멋진 아이디어를 승인하기만 하면 되는 사람이었다.

그것 말고 마케터가 하는 일이 뭐가 있느냐는 것이다. 불행하게도, 회사 직원들이 마케팅이 무엇인지, 무슨 일을 할 수 있는지 전혀 이해하지 못하면 힘든 싸움에 직면하게 된다. 하지만 상사와 부하, 동료 직원을 교육하고 설득하고 그들의 사고에 적절한 영향을 미치는 것 역시 마케터의 몫이다. 물론 마케팅을 통해 비즈니스 결과가 더 나아졌다는 사실을 보여주는 것 말고 마케팅 기능의 가치를 회사에 즉시 그리고 충분히 입증할 수 있는 방법은 없다.

진정한 재설정을 하려 한다면, CEO가 마케팅에 주어진 임무를 승인하고 지지해야 한다. 일부 기업은 더욱 진화하고 정교해졌으며, 올바른 길을 택해서 남들보다 더 앞서가고 있다. 왜냐하면 엄청나고도 거대한 퀀텀 변화의 해일이 코앞에 다가왔기 때문이다. 제대로 준비하지 않는다면, 경쟁과 시장이라는 막강한 해일이 회사를 삼켜버릴 것이다. 하지만 준비를 잘 갖추고 위치를 잡는다면, 기업은 마케팅의 진정하고도 거대한 힘을 발현할 수 있다.

이제 마케팅의 영광과 위력을 되찾을 때가 왔다. 마케팅에 주어진 사명이 무엇인지 명확하게 밝히는 일부터 시작해보자.

요약

- 많은 기업이 조직 내에서 마케팅의 역할을 분할하고 축소하고 있다. 이는 기술 및 데이터의 극적인 발전 속도에 보조를 맞추지 못한 무능 탓이다.

- 퀀텀 마케터에게는 네 가지 임무가 있다.
  1 브랜드 구축
  2 평판 관리
  3 비즈니스 성장 추진
  4 지속적인 경쟁 우위를 위한 플랫폼 창출

- 마케팅을 마케팅하라. 회사의 다른 직원들이 마케팅이 무엇인지, 무슨 일을 할 수 있는지 전혀 이해하지 못하면 힘든 싸움에 직면하게 될 것이다. 상사와 부하, 동료 직원을 교육하고 설득하고 그들의 사고에 적절한 영향을 미치는 것 역시 마케터의 몫이다. 물론 마케팅을 통해 비즈니스 결과가 더 나아졌다는 사실을 보여주는 것 말고 마케팅 기능의 가치를 즉시 그리고 충분히 입증할 수 있는 방법은 없다.

CHAPTER **04**

데이터 딜레마에 빠지다

일단 올바른 역할을 설정했다면, 이제 어떻게 그 역할을 구현하고 수행할지에 초점을 맞춰야 한다. 제5의 패러다임 속에 살아가는 마케터라면 다양한 분야에서 기술을 잘 이해하고 그에 대한 전문지식을 습득해야 한다. 하지만 그보다 중요한 일이 있다. 마케터는 데이터와 데이터 분석 그리고 AI를 이해하고 이용해야 한다. 제5의 패러다임에서 데이터는 귀중한 상품 그 자체다.

나는 1994년부터 2009년까지 씨티은행에서 일했다. 근무 초기였던 1995년, 아랍에미리트에 첫 번째 데이터 분석 팀을 꾸렸다. 그곳에서 분석한 데이터는 당시 새로 출범한 신용카드 비즈니스에 주로 이용되었다. 그리고 결과는 그 즉시 확실하게 드러났다. 후발주자였던 우리는 단 1년 만에 그 지역 시장의 선두주자로 성장했고 탄탄하고 수익성 있는 비즈니스를 구축했다. 설명을 덧붙이자면, 당시 현금 중심으로 돌아가던 시장에 우리가 신용카드를 들고 등장하면서 카드 사용 증가와 함께 브랜드 성장까지 이끌어냈다는 말이다. 그 일을 계기로 나는 데이터가 마케팅에 어마어마한 힘을 실어줄 수 있다는 것을 믿게 되었다. 이후로 몸담았던 모든 업계에서도 예외는 없었다. 데이터 분석은 탄탄한 전략 수립과 효율적인 전략 실행에 가장 중요한 원동력 중 하나였다.

제5의 패러다임에서는 데이터의 역할이 훨씬 더 중요해진다. 대부분의 마케터가 수치와는 거리가 있는 비정량적 마케팅 출신이라는 점을 감안한다면 이번 장은 더욱 중요한 내용이 될 것이다.

마케팅 분야에서 데이터 분석은 매년 수십억 개의 광고용 우편물을 보내는 미국의 신용카드 회사들과 함께 성장했다. 신용카드 회사가 100만 개의 광고용 우편물을 보내면 응답하는 사람은 4천 명이 채 되지 않는다. 기껏해야 0.4퍼센트에 불과하다. 다시 말하면, 우편물의 99.6퍼센트는 쓰레기통으로 직행한다. 정확하고 효율적인 타기팅이라기보다는 무차별 살포 후 하나만 걸리기를 기도하는 '스프레이 앤드 프레이 spray and pray'의 전형에 가까웠다.

회사는 광고용 우편에 응답할 가능성이 더 높으면서도 관계를 유지하는 기간 동안 회사에 가장 많은 이익을 안겨줄 가능성이 높은 잠재 고객을 식별하기 위해 새로운 방법을 모색하기 시작했다. 그러려면 강력한 데이터 분석이 필요했고, 마케터는 데이터의 힘을 이해하고 효과적으로 활용해야 했다. 데이터 활용 방법을 알고 있는 카드사와 은행은 상당한 경쟁 우위를 차지했다. 데이터는 시장에서 스스로 차별화를 이끌어내고 뛰어난 가치를 제공하는 새로운 화폐로 떠올랐다.

회사 전체적인 데이터베이스의 출현과 더불어, 마케터는 자사 고객이 맺은 모든 관계에 걸쳐 고객의 생애 가치를 계산할 수 있게 되었다. 이는 마케터에게 제품 기반이 아닌 관계 기반 전략을 세우는 능력을 주었다.

구글을 비롯해 다양한 광고 플랫폼이 등장하면서, 디지털 채널을 활용하던 마케터들은 데이터의 힘을 진심으로 깨달았고, 이전과는 달리 정확한 활동, 타깃이 정해진 활동, 실행 가능한 활동을 펼칠 기회를 포착했다. 이는 마케터가 자신의 메시지를 다듬고 소비자들에게 다른 브랜드보다 자신의 브랜드를 선택하도록 동기를 부여할 수 있는 고도로 최적화된 판촉 활동을 만들어내는 데 도움을 주었다. 마케터들은 또한 상황에 맞는 방식으로 소비자에게 광고를 제공할 수 있는 능력도 순식간에 얻었다. 마케팅 투자 대비 효과return on marketing investment, ROMI도 상당히 정확하게 측정할 수 있었다. 경쟁 우위를 제공하는 것은 미가공 데이터가 아니라 데이터를 사용하고 분석하고 활용할 수 있는 능력이라는 사실이 명백해졌다.

이렇게 하려면 데이터를 지속적으로 수집하고, 데이터베이스를 업데이트하고, 데이터베이스를 정리하고, 가능한 한 실시간으로 분석하고, 사후 대응 및 사전 예방 조치를 모두 실행해야 했다. 마케터는 자사가 직접 수집한 데이터first-party data(자사 데이터)와 외부 데이터third-party data(타 기업과 제휴 및 구매를 통해 수집하는 정보 – 옮긴이)를 결합했고, 인사이트의 품질과 깊이는 더욱 풍부해졌다. 그 결과, 마케팅의 효율성은 크게 향상되었다.

마스터카드의 인공지능 부문 부사장 로힛 차우한Rohit Chauhan은 이와 관련해 깔끔한 설명을 내놓았다. "데이터는 말 그대로 바다입니다. 당신에게는 그 바다에서 무언가 실마리를 찾아내서 제대로 이해하는 방법이 필요하죠. 모든 데이터의 바다를 줄이고 줄이면 세 가지 핵심 데이터가 남습니다. 설명적descriptive(무슨 일이 발생했는가), 예측적predictive(무엇이 발생할 것인가), 규범적prescriptive(소비자 데이터의 중요도) 데이터인데요. 간단한 비유를 통해 말해보죠. 설명적 데이터에 주로 의존하는 회사는 백미러를 보면서 차를 운전하는 사람과 같습니다. 도움이 되긴 하지만 한계가 있죠. 예측적 데이터를 사용하는 기업은 미래를 예측하고 대비합니다. 즉, 앞 유리만 쳐다보며 차를 운전하는 겁니다. 이것도 좋아요. 하지만 그보다 더 나은 방법은 뭐가 있을까요? GPS의 도움을 받아 운전하는 거죠! 그게 규범적 데이터입니다. 규범적 데이터는 어디서 우회전해야 할지, 목적지로부터 얼마나 떨어져 있는지, 앞에 사고나 장애물이 있는지 등을 알려줍니다. 효율성과 효과성 면에서 차원이 다른 운전이 가능해지는 거죠."

무슨 말인지 머리에 쏙쏙 들어온다! 규범적 데이터는 뒤를 돌아보고 앞을 내다보는 것뿐만 아니라 지금 이 순간에는 보이지 않는 것까지 살피는 것이다.

데이터 역시 양날의 검이다. 데이터는 유의미하고 효과적인 마케팅을 하기 위해 필요한 능력의 손길을 제공하는 반면에 제대로 보호하지 않을 경우에는 소비자에게 위협적인 주먹을 날릴 수도 있다. 예를 들어 검사를 받기 위해 병원에 갔던 누군가의 의료 기록이 엉뚱한 사람의 손에 넘어간다면, 당사자는 심각한 곤경에 처할 수 있다. 만약 그 사람의 잠재적 고용주가 의료 기록을 손에 넣는다면, 그의 건강 상태가 회사의 생산성과 성과에 미칠 영향을 우려해 채용을 반대하는 자료로 사용될 수도 있다.

이런 식의 데이터 사용이나 활용은 개인에게 심각하고 부정적이며 부당한 영향을 미칠 수 있으며 심지어 기회를 박탈할 수 있다. 그래서 데이터 남용과 오용을 방지하기 위해 많은 규제가 마련되었다. 미국에서는 건강보험 정보의 이전 및 그 책임에 관한 법률 Health Insurance Portability and Accountability Act, HIPAA을 통해 모든 건강 정보를 보호하면서 유출될 경우 사람들의 삶을 파괴할 수 있는 건강 정보 오용과 남용의 가능성을 방지한다. 이상하고도 안타까운 일이지만, 아직도 이런 식으로 건강보험 정보를 보호하는 나라가 많지 않다.

데이터 활용의 발전 수준은 업계에 따라 다르다. 심지어 선진

국에서조차 의료 산업은 데이터 수집, 데이터 대조 및 공유와 관련하여 여전히 암흑기에 있다. 가장 이상적인 환경이라면, 병원에서 의사와 임상 팀이 환자를 치료하면서 축적된 모든 의료 기록에 접근할 수 있어야 한다. 이렇게 하면 치료 팀이 환자의 건강 상태를 전체적으로 파악할 수 있다. 안타깝게도 병원의 데이터 표준과 시스템이 서로 다르기 때문에, 고품질 진료 및 최적의 결과를 보장할 수 있는 정확한 의료 정보 공유가 힘든 것이 현실이다.

"의료 산업은 데이터를 활용할 수 있는 엄청난 기회를 보유하고 있습니다. 데이터를 활용하면 의료인은 환자의 병력, 특히 만성 질환에 대해 더 많은 걸 알 수 있습니다." 봉 스크루 머시 헬스 Bon Secours Mercy Health의 사장 겸 CEO 존 스타처 John Starcher가 말했다. "환자의 이력과 라이프스타일에 대해 더 많이 알수록, 혁신적인 치료 접근법과 예측 모델링을 사용해서 평소에 환자의 건강한 행동을 강화하고 건강을 유지하도록 해줄 수 있습니다. 환자의 병세가 심각해질 때만 치료하는 게 아니라는 거죠. 데이터를 통합하면 의료인이 가장 적절하고 효율적이며 비용 효과도 높은 의료 서비스를 제공하는 데 도움이 됩니다. 불필요한 의료비용을 줄이는 것은 모든 의료인의 최우선 과제입니다."

건강 관련 데이터가 라이프스타일 데이터(내가 무얼 사는지, 어디서 음식을 먹는지 등)와 결합된다고 상상해보라. 의료업계의 마케터는 거기서 중요하고 강력한 힘을 발휘하는 단서를 포착할 수 있을 것이며, 나아가 효과적인 메시지 전략 설계뿐 아니라 환자가 건강한 습관을 익히도록 인센티브와 보상 프로그램을 개발할 수도 있을 것이다.

당신의 숨결까지 분석 대상이 된다

이제 제5의 패러다임 안으로 들어가 보자. 만약 마케터들이 자신은 이미 엄청난 양의 데이터에 빠져 허우적거리고 있다고 생각한다면, 잠시만 기다려라. 커넥티드 디바이스connected device는 어디에나 있으며 앞으로 더 많은 장치가 등장할 것이다. 휴대폰은 여러 면에서 센서가 된다. 우리는 전화 통화부터 쇼핑, 심지어 건강지표 확인까지 모든 일에 휴대전화를 사용한다. 이는 소비자에게는 세상을 보는 가상의 창이 되며, 마케터에게는 소비자의 삶과 라이프스타일을 들여다보는 가상의 창이 된다!

스마트 전구, 커넥티드 냉장고, 스마트 식기세척기, 스마트 세탁기, 스마트 드라이어 등 이미 수많은 센서가 쏟아져 나오고 있다. 시계, 반지, 목걸이 로켓, 의류, 신발 등 이미 수많은 브랜드의 웨어러블에도 센서가 달려 있다. 심지어 커넥티드 수면 모니터와 커넥티드 변기도 나왔다. 그뿐만 아니라 스마트 온도조절기, 스마트 스피커, 스마트 자물쇠도 있다. 이 모든 것을 보고 있자면 그룹

폴리스The Police의 노래 〈당신의 모든 숨결마다Every breath you take〉의 가사가 떠오른다. 그렇다, 그들은 당신의 모든 동작 그리고 숨결 하나하나를 추적한다! 매 순간, 소비자들은 더욱더 많은 데이터를 쏟아내고 있으며 이 데이터는 기업의 수집, 대조 및 분석 대상이 된다.

데이터의 크기와 양적 특성 그리고 데이터가 쏟아져 나오는 속도는 상상도 하기 힘들다. 기업은 이렇게 임박한 미래에 대비해 전체적인 데이터 전략과 기술의 효율적인 구성 방법technology architecture을 재고해야 한다. 어떤 데이터가 관련성이 있으며, 어떤 데이터가 단순한 잡동사니에 불과한가? 기업은 한편으로는 데이터를 향한 탐욕을 경계해야 하지만, 다른 한편으로는 미래의 진화 방식과 속도가 현재의 예상과 다른 방향으로 흐를 때도 어려움이 없도록 확실하게 대비해두어야 한다.

실시간 데이터의 이용 가능성은 실질적인 기회가 될 수 있지만, 이는 실시간으로 데이터가 처리될 때만 그렇다. 마케터가 소비자를 귀찮게 하지 않으면서도 소비자의 상황별 현실에 실시간으로 초점을 맞출 수 있다면 아마도 많은 경쟁 우위를 점할 것이다. 따라서 마케팅 기술, 구성 및 프로세스는 실시간으로 데이터를 캡처하고, 그 데이터를 종합하여 합리적이고 정확한 방식으로 도표화와 입체화한다. 구체적 또는 일반적인 통찰력을 얻기 위해 이를 분석하며, 이러한 통찰력을 잠재적인 작업에 연결하고, 가장 적절한 채널을 통해 작업을 시작하고, 캠페인 활동의 효율적인 또는 부족한 부분을 측정할 수 있어야 하며 그사이 들어온 데이터로 업데이트하고 분석하는 작업을 반복해야 한다. 제5의 패러다임에서는 실시간 캠페인 개발 및 실행 능력에 더해, 실시간 데이터 동화 data assimilation 및 실시간 분석이 반드시 필요하게 될 것이다.

데이터에 둘러싸인 일상 _____

소비자인 당신이 아침에 눈을 뜬다. 수면 모니터, 웨어러블 기기, 스마트 침대, 스마트폰 중 하나 또는 이 모두가 연결된 기기들이 당신의 기상을 감지하고 클라우드에 정보를 전달한다. 이 장치들은 당신의 수면 상태가 어땠는지 알고 있다. 당신은 화장실로 가서 커넥티드 칫솔로 이를 닦는다. 프록토 앤드 갬블이 친절하게 칫솔이 잘 닿지 않는 부분을 잘 닦으라고 또는 에나멜 부식으로 치아가 마모되고 있는 부분을 닦을 때는 부드럽게 칫솔질을 하라고 안내해준다. 커넥티드 체중계에서 몸무게를 확인한다. 예의 바른 위딩스Withings는 다소 갑작스러운 체중 감소가 발생하면 울혈성 심부전을 경고한다. 대소변 분석 센서가 장착된 양변기를 사용한다. 친절한 필립스가 미리 깔아놓은 프로그램을 통해 검사하고 이상한 점이 발견되면 알려준다. 커넥티드 샤워기로 몸을 씻는다. 아마도 친절한 콜러에서 물 소비량과 온도를 측정해 물을 아끼는 방법을 알려주거나 안정적인 혈압 유지에 필요한 온도를 알려줄 것이다. 아침식사를 위해 커넥티드 냉장고에서 식재료를 꺼낸다. 삼성이 알아서 부족한 식료품을 주문하고 재료 소비 정도에 따른 칼로리까지 계산해줄 것이다. 커넥티드 토스터, 전자레인지 그리고 스토브는 냉장고에서 수집한 데이터와 결과를 교차 분석하여 섭취한 음식과 섭취량, 전반적인 식습관을 검증해서 관련 데이터를 건강 앱에 직접 입력한다.

집을 나선 당신이 어디론가 가기 위해 커넥티드 카, 자율주행 자동차에 올라타면 어떻게 당신 마음을 읽었는지 스타벅스가 간단하게 커피 한잔 할 수 있는 곳이 있으니 들를 것을 제안한다. 스타벅스는 당신의 행선지를 알고 있으며 가는 길에 스타벅스 매장이 있다는 사실도 알고 있다. 사실, 그 매장은 자율주행 자동차들과 GPS 위치추적기를 통해 수집한 교통 데이터를 바탕으로 가장 적절하다고 판단되는 곳에 세운 것이다. 커피를 살 때도, 스타벅스 시스템에서 당신의 얼굴을 이미 잘 파악하고 있기 때문에 결제에 신경 쓸 필요가 없다. 모든 처리는 뒤에서 다 이루어진다. 마침내 목적지에 다다른 당신은 차에서 내린다. 사무실로 걸어가는 동안, 가장 가까운 곳에 있는 광고판이 여러 정보의 조각들을 3각 측량해서 당신의 신원을 파악하고, 모든 사람이 아닌 당신만을 위해, 가까운 곳에서 특별 행사가 벌어지고 있다고 알려준다. 그렇다, 바로 퀄컴Qualcomm의 광고판이 해당 소비자 단 한 명에게 맞춘 광고를 내보내는 것이다. 마케터에게는, 이 전광판이라는 매체가 태블릿이나 스마트폰에서 접근할 수 있는 일반적인 디지털 채널과 다를 바 없다. 그저 또 하나의 새로운 다용도 스크린일 뿐이다.

하지만 이 모든 것에는 소비자의 사생활을 보호해야 한다는 마케터의 막중한 책임이 따른다. 2019년 클리어링 하우스Clearing House의 연구에 따르면, 일반적으로 소비자는 어떤 데이터가 수집되고 있는지 알지 못하는 것으로 나타났다. 예를 들어, 소비자의 80퍼센트는 앱 또는 제3의 회사가 자신의 은행 계좌 사용자 이름과 암호를 저장할 수 있다는 사실을 충분히 알지 못하고 있다. 또한 이러한 앱이 소비자의 데이터를 들여다볼 수 있는 기간에 대해서도 알지 못한다. 한 예로 소비자가 회사에 직접 연락해서 자신의 사용자 이름과 비밀번호 사용 권한을 취소하기 전까지는 금융거래 애플리케이션이 자신의 데이터에 접근하고 검색할 수 있다는 사실을 아는 소비자는 21퍼센트에 불과했다.[1]

결국 애플리케이션이 주범이다. 대학들이 공동으로 실시한 또다른 연구 결과에 따르면, 200여 개 업체의 모바일 기기에는 사용자 데이터를 수집하는 소프트웨어가 미리 설치되어 있는 것으로 드러났다. 이러한 앱은 최종 사용자에게 묻지 않고도 사용자의 마이크, 카메라, 위치 정보에 접근할 수 있다. 따라서 위험성 있는 개인정보 침해 사실을 소비자는 전혀 모를 수도 있다.[2]

해 뜨는 순간부터 질 때까지도 모자라 잠자는 순간에도 소비자 관련 정보를 하나에서 열까지 수집하기 위해 안달을 내는 미친 세상이 온다. 아니, 어쩌면 이미 그렇게 되었는지도 모른다. 소비자가 어떤 사람인지를 알아내기 위해 정보 부스러기 하나까지 (아마도 모두 허락을 받았다고 생각해야겠지만) 끌어모으려는 움직임이 활발하다. 하지만 소비자들은 수많은 장치와 서비스 공급업체에 동의하는 순간 자신의 모든 데이터가 그들 손에 넘어간다는 사실을 생각하지 못할 때가 많다. 일반적으로 법적 책임을 다한다는 구실을 찾기 위해 또는 비윤리적 내지 착취적 성향을 숨기기 위해, 기업은 소비자에게 사이트나 앱을 사용하고 싶으면 자기가 제공하는 디지털 방식의 약관에 먼저 동의하라고 요구한다. 솔직히 말해 변호사나 문자 중독자 말고 그런 약관을 다 읽는 사람이 누가 있단 말인가? 소비자들은 온순한 또는 게으른 성격 때문에 아니면 선택의 여지가 없기 때문에 기업의 요구를 받아들이고 서명하면서 자신의 정보를 날려 보내고 만다. 참으로 '멋진 신세계'다. 이렇게 되어서는 안 된다.

마케터는 소비자의 디지털 경로를 따르는 센서와 여타 기술의 목적이 뚜렷하다는 점에 조심해야 한다. 소비자들이 자신도 모르게 개인정보를 제공하고 기업이 그 정보를 팔아넘긴 추악한 사례들이 있었다. 누군가가 자신의 혈통을 알고 싶어서든 아니면 적절한 식이요법과 약을 추천받고 싶어서든 DNA 분석을 위해 자신의 타액이 담긴 병을 보낸다고 생각해보자. 그 사람은 그 병을 받는 회사가 자신의 DNA를 유전체 전문 회사와 공유한다는 것을 알고 사전 동의를 해주었지만 막상 자신의 정보가 제약회사에 재판매되리라는 사실은 깨닫지 못할 수도 있다.[3]

많은 앱이 사용자 지정 광고를 제공하기 위해 소비자의 위치를 활용한다. 하지만 일부 헤지펀드에서 사람들의 행동을 분석하고 영업 지점에 예측 전략을 알리기 위해 해당 데이터를 구입할 수도 있다는 사실은 명확히 밝히지 않는다.[4] 이렇게 판매하는 정보가 대부분 익명으로 처리된다는 사실은 그나마 다행이라고 할 수 있다.

믿을 수 없을 정도로 방대한 데이터가 클라우드로 들어가고 있으며, 데이터의 저장비용과 처리비용은 지속적으로 줄어들고 있다. 기업들은 이를 수집하고 정리하고 실시간으로 분석하면서 엄청나게 강력하고 실행 가능한 인사이트를 얻을 수 있게 되었다.

쿠키 없는 세상

사생활은 인간의 권리라는 사실을 기억하자. 2018년, 애플의 최고경영자 팀 쿡 Tim Cook은 사생활 보호에 단호한 태도를 취했다. 그는 개인정보 보호에 대해 핵심적인 네 가지 권한을 언급했다. 간략히 말하자면, 개인정보를 최소화할 수 있는 권한, 사용자가 자신의 어떤 정보가 수집되는지 알 수 있는 권한, 해당 정보에 액세스할 수 있는 권한, 그리고 해당 정보를 안전하게 보관할 수 있는 권한이다.[5] 그리고 소비자의 사생활 보호에 대한 감수성이 탄력을 받으면서, 우리는 광고 산업에서 몇 가지 중요한 변화를 이미 보기 시작했다. 2020년 초, 구글은 향후 2, 3년 내로 브라우저에 쿠키 설치를 중단하겠다고 발표했다. 애플은 몇 달 전에 자체 인터넷 브라우저에서 쿠키를 차단하겠다고 정확히 밝혔다.

이는 소비자들에게 매우 좋은 소식이다. 반면에 마케터에게는 큰 문제이다. (제5의 패러다임에 오신 것을 환영한다!) 쿠키가 없다면, 마케터는 어떻게 소비자의 행동을 알아내서 효과적인 타기팅을 할 수 있을까? 게다가 소매업 등 많은 사업 부문에서 유익하게 사용하는 리타기팅retargeting은 어떻게 되는 걸까? 쿠키를 멀리하는 이러한 움직임이 광고 비즈니스에 혼란을 불러올 것이라는 데는 의심의 여지가 없다.

우리는 쿠키 없이도 미래에 대처하는 동시에 소비자 친화적이 되고 소비자의 사생활을 보호할 수 있어야 한다. 아직 묘책을 찾지는 못했지만, 몇몇 단체가 이 문제를 해결하고자 노력하고 있다. 그러한 해결책 중 하나가 디지털 ID이다. 소비자는 국제 전자 인증 연합체인 아이덴트러스트IdenTrust 또는 글로벌사인GlobalSign 같은 인증기관에 디지털 ID를 요청하고 제공받는다. 소비자가 어디까지 허가하느냐 그리고 무엇을 더 좋아하느냐에 따라, 그 ID에는 소비자의 온라인 및 오프라인 행동에 태그가 달리면서 ID 프로필을 강화하거나 깨끗하게 해준다. ID는 그 자체로 고도로 암호화되어 있으며 ID와 관련된 데이터 역시 여러 수준의 보안을 거치며 암호화된다.

예를 들어, 소비자의 신용카드나 금융 또는 건강 관련 정보는 소비사가 방문하는 뉴스 사이트 관련 데이터보다 훨씬 더 강력하게 암호화될 것이다. 이렇게 되려면 완전히 새로운 생태계, 관련 기술, 이런 보안 프로토콜을 관리하는 프로그램, 서비스 제공자와의 안전한 연결 등이 필요하다. 그리고 새로운 유형의 ID 확인 또는 인증 조직도 생겨날 것이다. 디지털 ID는 블록체인 안에서 살 수 있을까? 그렇다. 아시아에서는 57개가 넘는 기업이 참여해 마이아이디 얼라이언스MyID Alliance라는 협력 관계를 구축했다. 이 연합은 모든 신분 증명과 금융 정보를 개인 블록체인에 넣고자 한다.[6]

다른 형태를 통한 해결책도 등장하고 있다. 예를 들어, 기업들은 자사 사이트를 방문한 소비자들로부터 얻은 데이터를 하나의 '청정'실에 공급할 수 있다. 소비자는 이렇게 서로 다른 소스에서 나온 데이터로 태그가 달리고, 이는 미래에 활용할 수 있는 풍부한 통찰력을 선사한다. 소비자의 사생활을 우선으로 하고 쿠키를 통해 소비자를 추적하지 않으면서도 마케터와 퍼블리셔가 비즈니스를 잘 영위할 수 있도록 중요한 관련 인사이트를 얻을 수 있게 하는 다양한 접근 방식이 고안될 것이다.

디지털 ID는 데이터 소유권 문제에도 새로운 변화를 제시한다. 소비자가 자신의 데이터에 대한 모든 접근 권한을 소유하고 심지어 판매까지 할 수 있을까? 아니면 데이터 제공의 대가로 적어도 광고 수익의 일부를 얻을 수 있을까? 이러한 추세가 점점 늘어날 것이다. 소비자들은 지금처럼 데이터와 관심을 제공하는 대가로 접근권과 정보를 얻을 뿐만 아니라 보상을 받게 될 것이다.

예를 들어보자. 최근 시장에 뛰어든 브레이브Brave라는 브라우저는 소비자의 프라이버시를 지키고 소비자의 데이터와 관심에 대해 보상하겠다는 약속을 내세우며 비교적 짧은 기간에 이미 천만 명의 사용자를 확보했다.[7] 브레이브 브라우저는 광고 차단 기술과 블록체인을 기반으로 한 디지털 광고 플랫폼을 결합했다. 소비자는 보상 옵션을 켜면, 광고와 콘텐츠를 본 시간을 기준으로 전단지 같은 토큰을 얻을 수 있다. 또한, 사용자가 시간당 보고 싶은 광고의 수를 설정할 수도 있다. 이는 이제 시작에 불과하다.

데이터는 화폐다

정부가 개인에 대한 모든 정보를 쥐고 있다면 어떻게 될까? 독립, 자유, 사생활은 종말을 고하게 될까? 악용할 마음을 품은 사람들의 손에 이런 데이터가 들어가면 어떻게 될까? 기업은 그들의 소비자를 어떻게 보호해야 할까? 데이터 침해 사건이 발생한다면, 1년간 신용 모니터링 같은 어리석고 불만족스러운 방법을 해결책이라고 제공하는 것을 넘어 마케터는 어떻게 행동할 수 있을까?

데이터의 역기능은 다크웹dark web이라는 지하 네트워크 세계에서 아주 편안하게 자리 잡았다. 표준 브라우저로는 다크웹을 볼 수 없다. 토르Tor 브라우저 같은 특수 프로그램을 통해서만 접근할 수 있는 다크웹에서 수많은 불법 상품과 서비스를 발견할 수 있다. 마약과 무기를 비롯해 다른 사람들의 데이터를 해킹하고 협박하는 데 사용할 수 있는 도구 및 서비스 같은 것들을 탐색, 판매 또는 구매하는 불법의 온상이 다크웹이다.

악한 의도를 지닌 인간들이 이메일, 계좌번호, 신분증 등 정보를 해킹하고, 그것들을 다크웹에서 팔려고 내놓는다. 개인에게는 치명적인 영향을 끼칠 수 있다. 부정한 방법으로 인출과 대출이 이루어질 수 있기 때문이다. 자신의 이름이 나쁜 사건에 연루되고 나중에 해명하느라 곤욕을 치러야 할 수도 있다. 유출된 이메일과 기밀 정보로 협박을 받을 수도 있다. 모든 면에서 끔찍한 일이 아닐 수 없다.

이런 사기꾼들은 일반 소비자뿐만 아니라 기업에도 위협을 가한다. 2019년 말, 런던 출신의 22세 남성 케렘 알베이락Kerem Albayrak은 애플에 7만 5천 달러의 암호화폐 또는 10만 달러의 아이튠즈 기프트 카드를 주지 않으면 아이클라우드 계정의 거대한 사용자 데이터베이스를 삭제해버리겠다고 위협했다. 그는 협박죄로 2년형을 선고받았다.[8] 하지만 애플처럼 충분한 자원과 시스템을 지니고 대응할 수 있는 중소기업이 얼마나 되겠는가?

이러한 잠재적 대혼란에 대비하려면, 마케터는 자기가 수집한 데이터가 제대로 보호되지 않을 경우 소비자에게 어떠한 결과가 돌아갈 수 있는지를 인식해야만 한다. 즉 데이터 수집에는 데이터 보호라는 책임이 수반된다.

어떤 정부는 개인정보보호규정, 개인정보보호법과 같은 데이터 정책을 공식화하고 있다. 유럽연합은 일반개인정보보호규정 GDPR을 시행하고 있는데, 이는 개인정보 보호를 위한 유럽연합 최초의 입법 규정이라는 점에서 중요한 의미가 있다. 간단히 말하자면, GDPR에서는 동의 그리고 개인정보 보호 중심 디자인 Privacy by Design이라는 두 가지 개념이 축을 이룬다. 개인정보 보호 중심 디자인은 모든 기업이 제품을 만들고 웹 사이트를 구축할 때 취해야 하는 방식을 말한다. 개인정보 보호 중심 디자인에는 데이터 수집을 최소화하고 제품 설계의 모든 단계에서 보안 조치를 구축하는 작업이 포함된다. 동의를 얻는다는 것은 사용자에게 데이터 처리에 대한 허가를 요청한다는 뜻이다. 기업은 자사의 데이터 수집 관행을 명확하고 간단한 언어로 설명해야 하며, 사용자는 이에 명시적으로 동의해야 한다.[9]

당연히 GDPR은 훌륭한 규정이며 이에 대해서는 의심의 여지가 없다. 소비자의 입장에서 나는 나에 관해 어떤 데이터가 수집되고 있는지 알 권리, 제삼자가 내 정보를 수집하도록 허용할 권리, 잊힐 권리, 그리고 내가 원하지 않는 모든 곳에서 내 데이터를 삭제할 수 있는 권리를 지녀야 한다.

유럽연합의 개인정보보호규정과 유사한 원칙에 따라 캘리포니아주는 캘리포니아 소비자 개인정보보호법California Consumer Privacy Act, CCPA을 제정했고, 이 법은 2020년 초에 발효되었다. 그리고 전 세계적으로 유사한 법을 채택하려는 움직임이 속도를 내고 있다. 개인정보 보호는 규제 강화와 집행의 영역이 될 것이다.

정책 입안자들과 긴밀하게 협력하여, 기업은 사람들의 데이터 권리를 보호할 수 있는 한계 기준을 반드시 설정해야 한다. 또한 정책은 기업이 따를 수 있을 만큼 실용적이어야 한다. 우리에게는 부적절한 행위를 저지르는 기업을 감지할 수 있는 방법이 필요하다. 그렇지 않으면 그런 기업들이 전체 생태계를 파괴할 수 있기 때문이다. 그리고 국내외를 가리지 않고 위반자가 행위의 결과에 대한 책임을 지도록 해야 한다. 또한 정부가 데이터 자체를 남용하지 않도록 해야 한다.

미국 정부가 애플에 아이폰의 잠금 해제를 강요한 사실을 우리 모두는 알고 있다. 물론 정부는 잠재적인 테러범들을 찾아내 테러 행위를 방지하기 위한 목적에서 그랬다. 의도 자체는 칭찬받을 만

하다. 하지만 기기의 보안장치를 우회해 데이터에 접근할 수 있는 뒷문을 한 번 열게 되면, 팀 쿡의 말대로 모든 해커에게 문을 열어주는 셈이 될 테고, 이는 모든 이들의 생태계를 파괴할 것이다. 자, 당신의 한계 기준은 어디까지인가? 쉽게 해결할 수 없는 정말 복잡한 문제다.

데이터 민주화와 오픈 마케팅 _____

정책과 관련해서 찬반양론이 난무하는, 데이터 민주화라는 또 다른 흥미로운 영역이 있다. 다음과 같은 상황을 생각해보라. 유럽연합에서는 경쟁의 장을 평준화하고 혁신을 주도하기 위한 일환으로, 은행이 고객 금융 정보를 핀테크 또는 제삼자에게, 소비자의 허가 아래 공개해야 한다고 결정했다. 이 결정의 주된 전제는 거래 관련 데이터가 소비자의 소유이므로 소비자는 은행에 자신의 정보를 공유하도록 요구할 권리가 있다는 것이었다. 이는 오픈 뱅킹open banking이라는 개념을 탄생시켰다.

오픈 뱅킹은 은행과 핀테크의 영역을 변화시키고 있다. 영국 은행 바클리Barclays의 소매금융 및 결제 CEO 아쇼크 바스와니Ashok Vaswani는 이렇게 설명한다. "환경이 너무 크게 변하다 보니 이젠 금융업계의 기준도 바뀌었습니다. 모두가 시장 진입 전략을 다시 생각해야 합니다. 과거에는 항상 고객을 향해 우리에게 와달라고, 즉 지점이나 전화, 웹 사이트 또는 앱을 찾아달라고 요청했습니다. 이제 처음으로, 우리는 고객이 어디에 있든 그곳에 정확하게 찾아갈 수 있게 되었습니다. 과거의 방식은 정밀도를 자랑하는 레이저 이용 전술에 자리를 내주고 있습니다. 기업과 마케터는 전략에서 인재, 역량, 기술에 이르기까지 모든 것을 재고해야 합니다."

이와 흡사한 방식으로, 오픈 뱅킹의 개념이 마케팅으로, 즉 오픈 마케팅으로 확장될 수 있을까? 다시 말해 이는 아마존이나 구글, 페이스북을 비롯한 기업들이 가지고 있는 소비자의 거래, 게시물, 검색 등과 관련된 데이터를 다른 회사들과 공유할 수도 있다는 것을 의미하며, 이렇게 되면 현재 소수의 거대 디지털 회사들이 장악하고 있는 영역이 다른 회사들도 실질적으로 경쟁을 벌일 수 있게 좀 더 평준화된 장으로 변할 수 있다. 이러한 변화는 대대적이든 국지적이든 분명히 발생할 것이다. 이는 퀀텀 마케팅의 실체를 명확히 보여주게 될 흥미로운 신세계의 도래를 뜻한다.

데이터에 대처하는 바람직한 마케터의 자세 _____

첫째, 앞장서라. 소비자의 일상 관련 수집 정보를 마케터보다 더 많이 가지고 있는 전문가 그룹은 없다. 그리고 데이터 생태계의 상당

부분은 마케팅 비용에서 나오는 투자로 유지된다. 따라서 마케터는 구석에 앉아 다른 이들이 미래를 결정하도록 내버려둘 것이 아니라, 중심에 서서 앞장서는 역할을 하며 발전을 이끌어내야 한다.

둘째, 스스로 공부하라. 마케터는 자신과 관련된 가치사슬 전체에 걸쳐 현재 시행되고 있는 정책과 규정을 이해할 필요가 있다. AI의 도움을 받든 안 받든, 어떻게 데이터가 수집되고 정리되며 실시간으로 분석되는지 알아야 한다. 하룻밤 사이에 데이터 전문가가 될 필요는 없지만, 적어도 올바른 질문을 하고 정답을 파악할 수 있는 정도까지는 교육받아야 한다.

셋째, 올바른 파트너십에 투자하라. 데이터 인프라 및 프로세스를 관리하는 IT 동료뿐만 아니라 법무부서 동료와 긴밀한 파트너십을 맺으면 이 복잡한 생태계를 건전하고 안전하게 탐색하는 데 도움이 된다. 마케터의 책임은 회사 내의 소비자 데이터뿐만 아니라 공급업체가 자신을 대신해서 수집하고 분석하고 활용하는 데이터를 보호하는 데까지 이어진다. 마케터는 공격이나 침해 및 타협으로부터 소비자의 데이터를 보호할 수 있는 역량 내지 수단이 자기에게 있는지 파악해야 한다.

넷째, 외부의 헛소리에 주의하라. 헤밍웨이는 작가에게 가장 중요한 것이 타고난 거짓말을 감지하는 능력이라고 했다. 데이터도 마찬가지다. 만나는 업체마다 자기네 솔루션은 AI로 작동된다고 주장한다. 그들에게 이해하기 쉬운 말로 설명해달라고 해 거짓

속에서 진실을 가려내라.

다섯째, 전문용어에 휘둘리지 마라. 예측 코딩, 변혁 시너지, 아직 개발되지도 않은 심층 신경망 따위가 다 무엇이란 말인가. 팀장이라면 데이터를 이해할 뿐만 아니라 말로 설명할 수 있는 팀원을 두어야 한다.

여섯째, 팀 내에 데이터를 심층적으로 다룰 수 있는 인재를 보유하라. 마케팅에서 데이터 과학자를 두면 안 된다는 규정은 어디에도 없다. 마케팅에는 AI 관련 전문가나 기술 경험이 있는 팀원이 일할 수 없다는 규칙도 없다. 마케터 자신이 전문가가 아니라면, 자기편에 서주는 전문가가 옆에 있어야 한다. 팀원들에게 데이터와 관련해서 심도 있는 교육을 받도록 하라.

일곱째, 개인정보 보호 중심 디자인을 사용하라. 이 문구는 GDPR의 진전과 함께 등장했다. 개인정보 보호 중심은 모든 관련 프로젝트의 기획 단계에서부터 폐기 단계까지 전체 생애주기에 걸쳐 이용자의 프라이버시와 데이터를 보호하는 기술 및 정책을 고려할 의무가 있음을 의미한다.[10] 마케터들이여, 나중에는 그렇게 하길 잘했다는 안도의 한숨을 쉬게 될 것이다.

여덟째, 데이터를 보호하라. 전 세계적으로 수많은 데이터베이스 해킹 시도가 끊임없이 이어지는 상황에서 데이터 보안 유지는 매우 중요한 일이다. 광범위하게는 사이버 보안, 특히 정보 보안은 모든 조직과 모든 마케터의 최우선 과제가 되어야 한다.

아홉째, 수량화, 수량화, 수량화하라. 설사 미래형 AI 프로그램을 보유하고 있더라도 마케팅 활동을 부지런히 측정하지 않으면 매출, 수익, 사업 전반에 걸쳐 어떤 기여를 하는지 이해하지 못한다. 수치가 없는 주관적인 주장으로 또는 그보다도 못한 전문용어를 사용해 마케팅을 방어할 수 있다고 생각한다면 오산이다. 말이 아니라 믿을 수 있는 숫자를 갖추고 대비하라.

열째, 데이터가 창의성을 가로막지 않도록 하라. 결국 모든 것은 브랜드, 비즈니스, 경쟁력을 갖춘 플랫폼으로 귀결된다는 점을 잊지 말라. 기술과 데이터는 반드시 갖추어야 할 항목이지만 그렇다고 창의성, 본능, 판단력을 희생해서는 안 된다.

무엇보다 두 가지를 기억하라. 먼저, 마케터로서 스스로 물어보라. 다른 사람이 당신의 데이터를 사용한다면 어떤 식으로 사용하기를 원하는지. 그런 다음 규정을 존중하면서 자신이 생각하는 원칙을 따라야 한다. 데이터를 활용하면서 무언가 잘못되었다는 생각이 들면 그건 잘못된 것이 맞다.

둘째, 적극적으로 행동하라. 데이터는 마케터가 소비자를 위해 올바른 일을 할 수 있는 힘, 소비자에게 가장 효과적이며 가장 적절한 방법으로 중요한 서비스를 제공할 수 있는 힘을 준다. 마케터는 데이터를 강 건너 불구경하듯 해서는 안 된다.

요약

- 마케팅 분야에서 데이터 분석은 매년 수십억 개의 광고용 우편물을 보내는 미국의 신용카드 회사들과 함께 성장했다. 데이터의 가치가 주목받으며 카드사와 은행은 상당한 경쟁 우위를 차지하게 되었다.

- 제5의 패러다임에서 소비자들은 매 순간 데이터를 쏟아내고 있으며 이 데이터는 기업들의 수집, 대조 및 분석 대상이 된다.

- 기업은 사람들의 데이터 권리를 보호할 수 있는 한계 기준을 반드시 설정해야 한다. 또한 정책은 기업이 따를 수 있을 만큼 실용적이어야만 한다. 우리에게는 부적절한 행위를 저지르는 기업을 감지할 수 있는 방법이 필요하다.

CHAPTER 05

인공지능을 동력으로

인공지능 아티스트 마리오 클링게만Mario Klingemann은 스스로를 회의론자라고 표현한다. 적어도 소더비Sotheby's 웹사이트에 그의 작품들이 올라왔을 때는 그랬다. 하지만 그의 작품은 한 작품당 4만 달러를 호가한다. 그의 작품은 유명하고 영향력 있는 네덜란드 화가들의 작품과 비교되며 '미학적 원리'가 잘 표현되어 있다는 호평을 받는다. 사람은 말이 아니라 행동을 봐야 한다. 클링게만은 화가가 아니며, 미술계에서 그가 거둔 성공은 붓이 아니라 알고리즘에서 나온다. 그는 진정한 거장이다. 인공지능의 거장![1]

인공지능과 예술의 결합은 그뿐만이 아니다. 스콧 이튼Scott Eaton은 인공지능 알고리즘과 인간의 해부학을 활용해 실제와 똑같은 인간의 팔다리를 디지털로 조각해낸다.[2] 레픽 아나돌Refik Anadol은 기계 지능을 사용하여 방대한 데이터 세트(예를 들면, 전 세계 여러 지역

의 서로 다른 온도를 분석한 데이터)를 기반으로 한 놀라운 예술과 건축물을 창조해낸다.[3]

AI가 어떤 것이고 어떻게 이 세상의 모든 것을 변화시킬지에 대해서는 말도 많고 글도 많다. 그중 일부는 순 사기나 다름없고, 일부는 혼란스러운 내용을 담고 있으며, 일부는 그 내용이 사실이라고 믿기 힘들 정도로 놀랍다.

하지만 AI에 대해 알아보기 전에, 이 책의 핵심 개념이 무엇이었는지 다시 생각해보자. 우리가 생각하는 용도에 어울리는 퀀텀은 다음과 같은 두 가지를 의미한다. 첫째, 과거의 모델로는 미래를 설명할 수 없다. 둘째, 퀀텀 마케팅은 속도, 규모 그리고 영향력 면에서 전례를 찾을 수 없다. 이런 두 가지 관점에서 볼 때, 인공지능만큼 새로운 패러다임에 어울리는 개념은 없다.

AI는 제5의 패러다임에서 최대한 파괴력을 발휘할 것이다. 하지만 먼저, 데이터 측면에서 다섯 가지 패러다임을 잠깐 다시 살펴보면 제1과 제2의 패러다임에서 데이터는 마케팅의 중요한 원동력이 아니었다. 제3의 패러다임에서 인터넷이 폭발적으로 증가하면서 소비자 행동 데이터가 풍부해지고 널리 이용 가능해졌다. 이전까지는 고루한 샌님들을 위한 분야로 치부되었던 데이터 분석이 마케팅에 등장했다. 그리고 새로운 데이터 분석 과학은 정확한 타기팅에서부터 ROI 컴퓨팅에 이르기까지 다양한 방식으로 마케터를 지원하기 시작했다. 이는 마케팅의 과학적 수준을 끌어올렸다.

제4의 패러다임에서는 모바일 기기가 어디서나 연결되고 소셜 미디어 플랫폼이 출현하면서, 전체 마케팅 모델은 편안하고 수월해졌으며 마케팅 접근 방식에 상당한 변화가 일어날 수밖에 없었다. 소셜 마케팅, 인플루언서 마케팅, 위치 기반 마케팅 같은 분야가 부상했다.

마케팅은 예전의 모습을 완전히 벗어버렸다. 이 네 번째 패러다임에서는 데이터가 놀라운 수준으로 생성되었다. 데이터와 데이터 분석 관련 기능은 고도로 민주화되었다. 이는 중소기업도 데이터의 힘을 효과적으로 활용하고 정확한 타기팅을 실행하며 효율성을 측정하고 접근 방식을 개선할 수 있다는 뜻이다.

예전에는 규모와 자금으로 이 모든 데이터 활용 기능을 독점했던 기존의 대기업들이 이제는 비참한 결과를 떠안을 수도 있다. 기업의 크기를 키울 필요도, 많은 자금을 투자할 필요도 없다. 마케터에게 이보다 좋은 일이 또 있을까?

AI가 등장했다. 간단한 개념(소비자 데이터)을 취하고 그 개념을 과거에는 예견 또는 예측할 수 없었던 영역으로 끌어들인다는 점에서, AI는 다섯 번째 패러다임의 완벽한 예라 할 수 있다. 빅뱅의 순간을 재현하고자 만든 강입자 충돌기처럼, AI는 제5의 패러다임에서 인위적이고 세심하게 관리된 데이터의 폭발 작용으로 급진적이고 중요한 결과를 탄생시키는 역할을 할 것이다.

이렇게 말하는 마케터들도 있다. "내가 왜 AI에 대해 알아야 하지? 스위치를 올리면 전구에 불이 들어온다는 것만 알면 되지, 전기의 발생 원리와 작동 방식까지 알 필요는 없잖아."

글쎄, 마케터는 단순히 불을 켜기만 하면 되는 사람이 아니다. AI는 마케팅의 모든 면에서 판도를 바꿀 것이다. AI의 작동 방식과 잠재력을 이해하지 못하는 마케터는 기회를 날리게 될 것이다. AI가 결코 마케터를 대신하지는 않겠지만 AI를 거부하고 저항하는 마케터는 AI의 힘을 이해하는 마케터로 대체될 것이다. 마케터는 AI가 마케팅 환경에서 진화하는 상황을 이해해야 한다. 유명 디자이너 찰스 임스Charles Eames는 이런 현명한 말을 남겼다. "이해를 절대 남에게 위임하지 마라."

느닷없이 등장한 회사들 중에는 자사가 제공하는 솔루션이 AI에 의해 작동된다고 주장하는 곳이 많다. 마케터는 어떤 말을 받아들이고 어떤 말을 버려야 할지 알아야 한다. 상대방이 하는 말을 알아듣고, 거짓인지 사실인지 판단하고, 사용할지 말지 결정하려면 최소한 일정 수준의 지식이 있어야 한다. 스스로 지식을 갖추는 것뿐만 아니라, 마케터는 자기 팀 역시 최신 정보를 배우고 따라가도록 해야 한다.

AI, 마케팅을 풍요롭게 하다 _____

인공지능은 인간처럼 생각하거나 또는 인간의 지능을 능가할 수 있도록 기계를 훈련시켜 만들어낸 능력 내지 기능이다. 인공지능의 능력은 인식, 추론, 판단, 의사결정 등 다양한 형태를 포함한다. 인공지능에는 세 가지 유형이 있다. 좁은 또는 약한 인공지능Artificial Narrow Intelligence, 일반적 인공지능Artificial General Intelligence, 그리고 초 인공지능 또는 강한 인공지능Artificial Super Intelligence.

약한 인공지능은 이미지 인식같이 하나의 영역이나 부분에만 국한된 기계의 기능이다. 기계는 오직 한 가지만 할 수 있을 뿐 다른 기능은 전혀 하지 못한다. 예를 들어, 이미지는 인식할 수 있지만 목소리를 인식할 수는 없다.

반면에 일반적 인공지능은 더 다재다능해질 것이다. 일반적 인공지능은 마치 사람처럼 목소리와 이미지를 인식하고, 판단을 내리고, 시를 쓰고, 당연히 광고도 만드는 등 다양한 분야에서 생각하고 작업을 수행할 수 있게 된다.

이름에서 알 수 있듯이, 강한 인공지능에서는 기계가 인간처럼 사고능력을 갖추게 되는데, 그 능력이 인간의 사고력보다 월등하다. 기계는 모든 분야에서 인간의 학습, 사고, 수행 능력을 능가할 수 있다. 더군다나 이 모든 것을 인간의 개입 없이 독립적으로 수행한다.

이 분야의 많은 리더가 일반적 인공지능과 강한 인공지능은 여전히 희망사항일 뿐이며 수십 년 후에나 실현 가능성이 있다는 데 동의한다. 반면에, 일반적으로 AI라 불리는 약한 인공지능은 매일매일 놀라운 속도로 성장하고 있다.

최근 끊임없이 등장하는 용어 두 가지를 간단하게 설명하고 넘어가자. 먼저 머신러닝machine learning 또는 기계학습. 전통적인 컴퓨터 프로그래밍에서는, 컴퓨터에 어떤 일을 먼저 해야 하고 그 다음에 그리고 또 그다음에 어떤 일을 해야 할지 명확하게 그리고 단계적으로 지시가 주어진다. 기계가 쉽게 따라 할 수 있도록 모든 단계가 프로그램 명령으로 작성되어 있다. 반면에, 기계학습은 기계 또는 컴퓨터(즉, 기계의 알고리즘)가 이전의 데이터와 사례를 통해 스스로 학습하며 작업을 수행하도록 훈련받으면서 이루어진다.

예를 들어, 기계가 개를 인식하도록 훈련시킨다고 가정해보자. 우리가 개의 사진을 보여주면, 기계는 그 사진에 개라는 꼬리표를 붙인다. 그렇게 개가 나오는 사진을 보여주면서 작업을 계속 반복한다. 그리고 개가 없는 사진도 보여준다. 나무가 찍힌 사진에 기계가 개라는 꼬리표를 붙이면 우리가 그 이미지는 개가 아니라는 것을 기계에 알려준다. 그러면 기계는 그 사진이 개의 이미지가 아니라는 걸 학습하게 된다. 일정 기간 기계는 수백만 장에 이르는 개 사진에 노출되고 그러면서 어떤 것이 개이고 어떤 것이 아닌지를 정확하게 말할 수 있게 된다. 내가 보기에, 이는 우리가 아기들에게 개를 알아보도록 가르치는 방법과 흡사하다.

우리는 기계가 어떤 이미지든 인식하고 그것이 무엇인지 식별하도록 가르칠 수 있다. 기계는 또한 누군가가 자기가 그 사람이라고 할 때 그 사람이 맞는지 아닌지 구별할 수 있을 정도로 발전할 수 있고 실제로 그 정도까지 발전했다. 이 능력을 적용한 대표적인 분야가 안면 인식이다. 하지만 그 기계는 이미지 인식만을 훈련받았기 때문에 오로지 이미지를 인식할 뿐이며 다른 작업을 하려면 다른 기계가 필요하다.

두 번째는 딥러닝deep learning이다. 한층 더 강력한 기계학습인 딥러닝에서 기계는 소위 신경망 계층 구조를 이용하며, 이를 통해 기계학습과는 다르게 데이터가 공급되고 처리된다. 딥러닝은 음성 인식, 패턴 인식, 이미지 인식 등과 같은 분야에서 매우 유용할 수 있으며, 매우 높은 수준의 정확성과 속도를 제공한다.

자, AI가 얼마나 멋지고 훌륭한지는 일반적인 문제를 처리하는 방식을 보면 알 수 있다. 예를 들자면, 2 더하기 2는 4이다. 그게 정답이다. 기존 알고리즘은 이를 쉽게 수행한다. 하지만 인공지능은 입력 값과 답을 보고 거기서 방정식을 파악해낸다. 오늘날의 전형적인 알고리즘에서, 컴퓨터는 제공받은 입력 값과 정해진 수학 방정식을 활용해 기계적으로 출력 값을 빠르게 생산한다. AI에서는, 입력 값과 출력 값이 주어지면 컴퓨터가 관련 수학 방정식을 알아낸다. 따라서 일단 방정식을 알아내고 나면, 새로운 데이터를 제시했을 때 그 결과를 아주 뛰어나게 예측해낸다. 이는 통찰력을 얻을 수 있는 완전히 새롭고 강력한 경로가 생긴다는 걸 뜻한다.

마케팅 측면에서 말하자면, AI는 마케팅 라이프 사이클의 모든 단계에 풍요를 가져다줄 수 있다. 지금까지 불가능했던, 한층 더 깊은 수준의 이해가 가능해지는 것이다. 예를 들어 AI 이전에는, 상관관계 분석 또는 인과 분석을 실시해서 어떤 프로모션, 어떤 수준의 할인 또는 여타 어떤 기능이 가장 많은 구매 전환을 이끌어내는 데 적합한지 알아보려 했다. 고전적 마케팅에서는 이런 작업이 설문 조사, 테스트 마케팅, 요인 분석, 과거 캠페인 반응지표, 과거 홍보지표 등을 통해 수행되었다. 그런 다음 실행 가능한 인사이트나 적절한 프로모션 유형 및 수준을 제시한다. 좀 더 최근에는, A/B 테스트와 신속한 분석을 추가하여 어떤 기능이 작동하고 어떤 기능이 작동하지 않는지 파악했다.

하지만 이러한 작업은 일반적으로 세그먼트 수준(공통 특성을 가진 소비자 그룹) 또는 총집계 수준에서 수행되었다. 예를 들어, 회사에서는 어떤 방식이 가장 적합한지 테스트하기 위해 10퍼센트, 20퍼센트 및 30퍼센트처럼 다양한 할인을 제공한다. 그다음 각 할인율에 따른 판매 상승분을 총집계로 측정해 다음과 같이 간단한 손익 분석을 해볼 수 있다. 회사는 더 높은 매출을 얻는 대가로 얼마를 포기하는가? 20퍼센트 할인된 가격에 구매 전환이 8퍼센트 상승하고, 30퍼센트 할인된 가격에 10퍼센트 상승한다면, 20퍼센트 할인이 경제적으로 더 낫다는 결론을 내릴 수 있다. 이런 방식을 반복적으로 실행해서 회사는 최적의 할인율을 결정할 수 있다.

하지만 잊지 말아야 할 사실이 있다. 이렇게 결정한 최적 할인율은 특정 세그먼트에 대한 것이지 해당 세그먼트 내의 각 개인에 대한 것이 아니다. 예를 들어, 마케터는 내가 20퍼센트 할인된 가격이 가장 좋다고 응답한 그룹에 속한다고 판단했을 수 있다. 하지만 나는 10퍼센트 할인에 긍정적인 반응을 보였을 수 있고, 따라서 그 회사는 내게 추가 할인을 낭비한 셈이다. 이와 달리, AI를 이용하면 회사는 나의 과거 행동, 현재 구매 성향을 비롯해 여러 범주에서 행해지는 나의 행동을 분석할 수 있다. 회사는 이 분석을 통해 내가 할인 및 할인 수준에 대해 전반적으로 어떤 태도를 보이는지 단서를 얻을 수 있다. 이 분석은 실시간으로 이루어지며, 회사에서는 '나'라는 개인에게 가장 특화된 제안, 나와 회사 모두에게 좋은 제안을 할 수 있다. 이처럼 AI는 막대한 데이터베이스 및 데이터에 얽힌 패턴과 관계를 찾아낼 수 있다. 이는 기존의 데이터 분석으로는 불가능한 일이다.

제5의 패러다임으로 진입하면, 데이터는 전례 없이 또한 예측할 수도 없는 속도로 생성되고 수집될 것이다. 그리고 센서가 이런 변화를 일으키는 핵심 동인으로 작용할 것이다. 센서는 지속적으로 데이터를 수집하고 쏟아내며 오늘날 생성되는 모든 데이터를 넘어서는 새로운 차원을 더해준다. 시계에서 신발, 자동차, 골프채, 온도조절기 등 모든 것에 달린 센서들이 매초마다 데이터를 수집한다. 이 데이터는 AI로 공급되고, AI는 데이터라는 우주로부터 엄청난 패턴과 인사이트를 찾아내 뿜어낸다. 만약 마케터가 그 일련의 인사이트에 접속해서 실시간으로 상응하는 조치를 할 수 있다면 소비자의 일상 곳곳에서 개인에게 가장 특화된 제품, 서비스, 홍보, 메시지를 시의적절하게 제공할 수 있을 것이다. 회사는 소비자의 마음을 언짢게 하거나 기분을 상하게 하지 않으면서 하나의 마케팅 기회에서 다음 마케팅 기회로 유유히 넘어갈 수 있다.

AI는 어떻게 마케팅의 무기가 되는가 _____

지금까지 AI가 제공하는 인사이트와 이로 인해 고도로 개인에게 특화된 마케팅이 어떻게 가능한지를 살펴보았다. 퀀텀 마케팅의 시대, AI 기술은 구체적으로 어떤 영역에서 활용될 수 있을까?

챗봇chatbots

AI로 구동되는 챗봇은 날이 갈수록 점점 더 인간적 특성을 갖추고 있으며, 브랜드는 소비자들에게 매우 매력적인 서비스를 제공할 수 있게 되었다. 경제적 측면 또한 무시할 수 없다. 예를 들어, AI를 활용하면서 관련 인력과 비용을 줄일 수 있어 2022년에는 연간 80억 달러를 절약할 전망이다.[4] 퀀텀 마케팅에서는 챗봇을 통한 AI의 효율적인 사용이 일반화될 것이다.

가상 비서virtual assistants

가상 비서는 훨씬 더 광범위한 데이터, 즉 인터넷과 같은 외부 데이터도 살피면서 응답한다. 이런 가상 비서는 더욱 고차원적인 AI를 활용한다. 이미 아마존의 알렉사, 구글 홈, 애플의 시리Siri 등 이 가상 비서로서 잘 알려져 있다. 퀀텀 마케팅의 세계에서는 가상 비서를 어디서나, 심지어 하드웨어나 장치가 없는 브랜드에서도 사용하게 될 것이다. 오늘날, 다양한 산업에서 많은 기업이 이미 가상 비서를 활용해 기존에 인간이 제공하던 컨시어지 서비스를 대체 혹은 보완하고 있다. 제5의 패러다임에서 가상 비서는 품질이 크게 향상되면서 의료, 교육, 정부를 비롯해 다양한 분야에 대대적으로 진출하여 마케팅 채널의 필수 요소로 자리 잡을 것이다.

검색 알고리즘

구글을 비롯한 포털 기업들은 검색 엔진에 AI를 동원한다. 이들이 활용하는 AI가 날이 갈수록 똑똑해지면서 해당 소비자와 관런성이 훨씬 더 높으면서 소비자에게 꼭 알맞은 검색 결과를 제공한다. 대부분의 브랜드에게 검색 결과의 내용은 생사를 결정짓는 중요한 요소로 작용한다. 마케터들은 검색 프로세스가 점점 더 지능화함에 따라 자체적인 검색 엔진 최적화 알고리즘을 조정해야 한다.

타기팅 및 개인화

AI는 예측을 위한 알고리즘을 만들어낼 수 있다. 그렇기 때문에 기업이 잡고자 하는 사람들을 정확하게 목표로 삼을 수 있다. 이뿐만 아니라 정해진 잠재 고객에게 가장 적합한 제안이나 메시지를 구성하는 데도 도움이 될 것이다.

미디어 바잉media buying

AI는 TV나 신문 등의 미디어를 구매하고 그곳에 광고를 게재하는 미디어 바잉 공간에 이미 들어와 있다. 미디어 구매와 관련된 옵션이 점점 더 많아지고 웨어러블과 사물인터넷, 스마트 스피커 등이 등장하면서, 미디어 구매는 급격히 복잡해질 것이다. 여기서 AI가 생태계를 운영하는 유일한 주체가 된다고 확신할 수는 없지만, 중심 역할을 할 것은 분명하다. 이미 전통적인 역할이 침식당하고 있는 언론사가 많다. 이런 현상은 속도를 더할 것이고 새로운 프로세스와 힘의 작용이 뒤따를 것이다.

실시간 콘텐츠 창출

세상에는 이미 콘텐츠가 범람하고 있으며, 그중 많은 콘텐츠가 가짜다. 예를 들어, 오바마 대통령이 하지도 않은 말을 한 것처럼 조작한 영상도 있다. 하지만 그 영상은 놀라울 정도로 사실처럼 보인다. 가짜 콘텐츠를 진짜처럼 보이게 만드는 예는, 〈이 사람은 존재하지 않습니다 ThisPersonDoesNotExist.com〉라는 사이트에서도 확인할 수 있다. 그곳에서는 인공지능이 여러 사람의 이미지를 합성해서 만든, 실제로는 존재하지 않는 사람들의 사진을 볼 수 있다. 미리 알고 보지 않으면 실제 사람의 사진이라고 믿을 수밖에 없을 정도다.

AI는 이러한 가짜 콘텐츠 문제를 크게 악화시킬 것이다. 왜냐하면 이 기술을 이용해 소위 딥페이크 deepfake(인공지능 기술을 활용해 기존 인물의 얼굴이나 특정 부위를 합성한 영상 편집물 _ 옮긴이)를 만들어내기가 너무도 쉽기 때문이다. 인터넷에서는 딥페이크 관련 콘텐츠를 얼마든지 찾을 수 있다. 진짜 콘텐츠와 가짜 콘텐츠의 폭발적 증가, 점점 더 짧아지는 콘텐츠 생명 주기라는 환경에서, 마케터는 어떻게 콘텐츠를 창출하고 진짜 콘텐츠임을 증명해서 혼란을 극복할수 있을지 고민해야 한다. 사람들의 온라인 시청 행동을 연구한 결과, 우리는 소비자에게 적합하고 매력적으로 다가가려면 콘텐츠가 실시간으로 제작되어야 한다는 것을 알게 되었다. 이런 식의 콘텐츠 제작은 AI의 도움으로 이루어질 것이다.

투자수익률을 계산하고 마케팅 활동이 수익에 정확히 얼마큼의 도움을 주었는지 밝혀내는 일은 대부분의 마케터에게 항상 어려운 과제였다. 일부 AI 기반 솔루션은 캠페인 또는 프로모션을 시작하기 전에 이미 ROI를 추정할 수 있다. 적절히 사용하면, AI는 투자수익률을 예측하는 더 나은 계산 방법뿐 아니라 캠페인이 끝난 후에 투자수익률을 측정하는 더 나은 방법 역시 고안해낼 수 있을 것이다.

AI가 광고도 제작하게 될까? 찬반양론이 팽팽하다. 일반적 인공지능이라면 광고를 제작할 수 있겠지만 아직은 수십 년 후의 이야기다. 하지만 AI의 현재 능력만으로도 이미 고정형 배너 광고 제작은 가능해졌다. 향후 몇 년 동안, 독창적인 창작물은 아니어도 창작물 편집이 많이 등장할 것이다. 그리고 이들은 편집이 너무 훌륭해서 마치 독창적인 창작물 같은 인상을 줄 수 있을 것이다.

2016년, 나는 세계적인 광고제 칸 라이온즈Cannes Lions에서 AI가 재현해낸 그림을 직접 보았다. 먼저 인공지능에게 렘브란트가 일생에 걸쳐 그린 작품을 모두 보여준다. AI는 렘브란트가 붓을 어떤 방향으로, 얼마나 길게, 어떤 각도로 움직였는지 등을 정확하게 알아냈다. 렘브란트 그림과 관련해 168,263개의 데이터를 수집하고 분석한 후, 어떤 그림을 그려야 할지가 결정되었다. 짜잔!

그렇게 해서 1억 4,800만 화소의 새로운 렘브란트 그림이 탄생했다! 많은 전문가가 렘브란트의 진품과 다를 바 없다며 입을 모아 놀라움을 표했다. 이 작품으로 JWT 암스테르담JWT Amsterdam은 사이버cyber와 크리에이티브 데이터 부문에서 그랑프리를 수상했다.[5] 그 일이 있고 나서 겨우 2년이 지나자, 이제 어떤 그림이나 사진이든 업로드하기만 하면 다양한 고전 또는 현대 작가의 화풍으로 즉시 변형시켜주는 앱이 등장했다. AI 활용은 이 정도로 급속하게 진행되고 있다.

AI는 또한 다양한 기자와 작가들의 문체를 그대로 따라 글도 쓴다. AI는 먼저 저자의 작품을 연구한다. 그리고 어떤 주제가 주어지면, 인터넷에서 관련 내용을 조사해서 몇 초 안에 아주 그럴듯한, 진짜 작가의 스타일과 같은 글을 써낸다. AI는 음악도 작곡하기(좀 더 정확하게 말하면 편집) 시작했다. AI가 음반사와 계약을 맺는 일까지 발생했다! 워너 뮤직은 2019년에 스타트업 엔델Endel과 계약서에 사인했다. 20개의 앨범 제작을 약속하고![6]

규모가 큰 기업만 AI를 배치하고 활용하는 게 아니다. 데이터 분석과 마찬가지로, 이 분야도 고도로 민주화되었다. 기업은 자체 AI 기능을 만들 필요 없이 구글 텐서플로TensorFlow나 아마존 세이지메이커SageMaker 같은 오픈 소스 AI 솔루션을 사용할 수 있다. 또한 마케터는 구글의 비전 API 또는 스피치 API 같은 기성품으로 나온 AI 솔루션을 활용할 수도 있다. '사용한 만큼 비용을 내는 방식'을 활용하면 되기 때문에 많은 금액을 투자할 필요도 없다. 진정한 한계는 규모와 비용이 아니라 자신의 의도와 상상력이다.

요약

- AI는 그 어떤 것보다 마케팅 분야에 많은 변화를 불러올 것이다. 소비자의 내밀한 부분을 알아내는 일부터 초개인화 그리고 실시간 프로그램 최적화에 이르기까지, AI는 마케팅 효과와 효율성을 크게 향상시킬 수 있다.

- 시대에 뒤떨어진 한물간 마케터로 전락하고 싶지 않다면 AI를 배워야 한다. 저비용 AI 프로그램을 작은 프로젝트에 활용하는 것부터 시작하라. 여러 스타트업뿐 아니라 아마존이나 구글 같은 대기업에서 내놓은 솔루션들을 활용하면 된다.

- 팀장이라면 팀원들로 하여금 미래에 필수 기술인 AI에 대한 교육을 받도록 해야 한다. 또한 팀 내 역할을 재평가해서 AI에 충분히 익숙한 사람들로 팀을 구성하는 방안도 고려할 수 있다.

- 마케터 스스로 AI 전문가가 될 필요는 없지만, AI를 활용하는 방법은 알아야 한다. AI가 마케터를 대체하지는 않겠지만, AI를 거부하는 마케터는 AI를 이해하는 마케터로 대체될 것이다.

- 기업의 IT 부서는 점점 중요한 역할을 수행하게 될 것이다. 사업에서 성공하려면 마케터와 IT 담당자의 협력이 절대적이다.

CHAPTER 06

기술의 빅뱅

지금 우리 사회는 놀라운 수준의 기술 개발과 보급이 이루어지는 사회로 진화하는 시점에 있다. AI가 데이터에 숨은 가치를 꿰뚫어 보는 능력을 폭발적으로 증가시켜주는 상황에서, 우리는 새로운 도전과 기회를 동반하는 일련의 신기술에 대비해야 한다. 과감하게 미래로 진입하기 전에, 제4의 패러다임에서 우리 세상을 변화시킨 세 가지 중요한 발전에 경의를 표하고자 한다.

첫째, 메모리 및 처리 용량의 급격한 확장과 함께 비용이 대폭 절감되었다. 이를 통해 기기 안에 엄청난 컴퓨팅 성능을 적용할 수 있게 되었다.

둘째, 사용자 경험user experience, UX의 디자인이 크게 향상되었다. 따라서 아주 어린아이나 나이 든 사람들도 특별한 훈련 없이 새로운 기기를 간단하게 사용할 수 있게 되었다. 예를 들어, 유튜브 비디오는 아직 말도 못하고 걷지도 못하는 어린아이들이 태블릿을 즐겁게, 아주 잘 사용하는 모습을 보여준다. 무어의 법칙 Moore's Law이 예상했듯, 처리 능력과 메모리는 2년마다 두 배씩 증가하고 있다. 심지어 그 기간 동안 비용은 절반으로 떨어졌다. 이 법칙은 지금까지 아주 잘 지켜지고 있다. 그 결과 전 세계 대부분의 소비자가 한 손에 쏙 들어오고 주머니 사정에 맞는, 우주선 아폴로 11호보다 더 높은 컴퓨팅 성능을 지닌 스마트 모바일 기기를 보유하게 되었다.

셋째, 누구나 스마트 모바일 기기를 사용하면서 소셜미디어 플랫폼이 전 세계를 휩쓸었고 이로 인해 다른 사람과의 디지털 상호작용이 예전과는 차원이 다르게 발전했다. 졸업한 지 수십 년이 지나서 옛 동창들을 찾아내고 연결할 수 있게 되었다. 부모는 자식, 조부모는 손자, 손녀의 모습을 바로바로 볼 수 있게 되었다. 사람들은 사진, 단어, 이모티콘을 통해 자신의 감정과 느낌을 거리낌 없이, 다소 겁날 정도로 쏟아냈다. 브랜드가 대화에 참여하지 않은 환경에서도, 사람들은 자기들끼리 브랜드에 대해 이야기했고, 하나의 소셜미디어 게시물이 브랜드 이미지를 구축하기도 하고 반대로 파괴하기도 하는 일이 발생하고 있었다.

위에 언급한 모든 상황이 발생한 결과, 마케팅은 자질구레한 것들은 제거하고 핵심만을 골라내는, 소비자와 연결하고 소비자의 참여를 끌어들이고 자사의 브랜드 선호도에 힘을 실어줄 수 있는 새로운 방법을 찾아야만 했다. 이제는 전체 미디어에 사용하는 비용의 40~50퍼센트 이상을, 2000년 이전에는 존재하지도 않았던 채널에 사용할 정도로 마케팅은 완전히 바뀌었다.

제5의 패러다임에서는 훨씬 더 극적이고 폭발적인 일들이 일어날 것이다. 그림 4에서 볼 수 있듯이, 눈을 뗄 수 없을 정도로 매력적인 여러 기술이 급류를 이루며 우리를 향해 다가오고 있다.

5G가 디자인도 바꾼다?

5G는 초고속이다. 4G보다 50~100배 정도 빠르며, 초당 100기가비트의 빠른 다운로드 속도를 자랑한다. 간단히 말해서, 일반적인

그림 4

DVD급 영화 한 편을 4초 이내에 다운로드할 수 있다는 뜻이다.

이 기술이 어떤 점에서 그리 대단한가? 모든 점에서 그렇다. 5G는 한 번에 더 많은 장치와 연결할 수 있다. 덕분에 사물인터넷, 다양한 센서, 커넥티드 카, 자율주행차 등을 구동시키면서도 속도 저하가 발생하지 않는다. 또한 저지연low latency, 즉 대기/지연 시간이 매우 짧다. 네트워크 한쪽 끝의 명령이 다른 쪽 끝의 실행으로 나타나기까지 시간 지연이 발생하지 않는다는 뜻이다. 로스앤젤레스에 있는 외과의사가 손가락을 움직이면, 마이애미에 있는 수술실의 로봇 손가락이 거의 동시에 외과의사의 손가락 움직임을 정확하게 따라간다. 5G 환경에서는 의사가 안심하고 원격 수술을 할 수 있다.

이것이 마케팅에서는 어떤 의미로 다가올까? 다양한 네트워크를 통한 빠른 속도의 데이터 수집과 이동이 짧은 대기 시간 그리고 AI와 결합되면, 실시간 분석이 가능해지며 소비자들에게는 실시간 솔루션을 제공하고 개인별 특성에 최적화된, 상황에 따라 적절하고 관련성 있는 서비스를 제공할 수 있게 된다. 간단히 말해서, 소비자와의 상호작용과 참여 유도 전략이 실시간으로 이루어질 것이다. 예를 들어, 한 소비자가 마트에서 쇼핑을 하고 있다고 하자. 그 소비자의 허락을 받아 수집한 데이터를 바탕으로, 브랜드들은 그 소비자의 현재 위치와 활동을 고려해 가장 유용한 제안을 내놓을 수 있다. 이 정도는 지금도 불가능한 일이 아니지만, 5G와 AI를 활용하면 마케터는 소비자의 행동을 실시간으로 모델링할 수 있다. 휴대전화 덕분에 소비자의 위치는 서버에 계속 전송돼 실시간으로 소비자의 위치를 알 수 있다. 제5의 패러다임에서는 소비자의 위치 정보뿐 아니라 구매 내역이 실시간으로 데이터베이스에 업로드된다. 구매 내역을 아는 데서 끝나는 게 아니라, 신속한 분석과 모델링을 통해 소비자에게 가장 적합한 제안 또는 메시지를 결정하고 실행해야 한다. 이를 위해서는 컴퓨팅 성능뿐만 아니라 넓은 대역폭에서 초고속 데이터 전송이 필요하다. 얼핏 들으면 빅브라더Big Brother(정보의 독점으로 사회를 통제하는 관리 권력 — 옮긴이)를 연상할 수도 있다. 하지만 소비자의 사생활 보호 차원에서 그리고 소비자가 허락하는 한도 내에서 이 모든 것은 익명으로 처리될 수 있고 또 그렇게 될 것이다.

5G를 적용할 수 있는 또 다른 흥미로운 분야는 웹 디자인이다. 5G에서 사용 가능한 속도와 대역폭이라는 관점에서, 마케터는 웹 디자인을 다시 생각해봐야 한다. 현재 마케터들은 시각 및 청각 자료가 포함된 '다채로운' 페이지의 숫자보다는 더 빠른 다운로드를 가능하게 해줄 간결한 디자인을 원한다. 하지만 앞으로 그런 것은 문제가 되지 않을 것이다. 속도가 빨라지면서 기존의 틀이 무너지고, 마케터는 오히려 풍성하면서도 다채로운 디자인의 페이지를 원할 수도 있다.

이외에도 5G는 콜센터를 통한 고객 서비스 원격 제공에도 적용할 수 있다. 5G에서는 속도가 워낙 빨라서 소비자는 버퍼링이나 중단 없이 모바일 영상으로 실시간 상호작용을 할 수 있다. 따라서 기업은 이를 활용하여 소비자와 영상으로 실시간 상호작용을 할 수 있다. 이는 마케터가 고객 경험 설계를 다시 생각하고 고객 서비스 체제에 대해 재고해야 한다는 뜻이다. 모바일 가상현실과 증강현실은 고객 서비스와 판매 그리고 참여 공간에 엄청난 기회를 열어줄 것이다.

전반적으로 5G는 여타 기술과 플랫폼을 전례 없는 방식으로 활성화하고 변화시킬 중요한 기술적 발전이다. 그리고 마케팅은 5G의 큰 수혜자가 될 것이다.

증강현실, 소비자의 물리적 환경과 상호작용하다

증강현실은 아직 초기 단계에 있지만, 거대하게 그것도 아주 빠른 시간 내에 성장할 것이다. 증강현실은 물리적 환경에 디지털 정보를 더한 것이다. 예를 들어, 구글은 시각 위치 확인 서비스visual positioning system, VPS를 활용함으로써 구글 맵스Google Maps가 나아가야 할 새로운 방향을 제시했다. 스마트폰의 카메라가 거리를 가리키면, 구글 맵스 애플리케이션이 지도에다 전방 건물의 커피숍을 알려주는 라벨이나 깃발 같은 추가 정보를 겹친 거리 장면을 보여준다. 그러니까 소비자가 직접 걸어가서 확인하지 않아도 구글 맵스가 어떤 상점인지 알아서 보여주는 것이다.[1] 이런 기발한 아이디어는 소비자의 삶을 훨씬 더 편하게 만들어준다.

상점의 이름뿐만 아니라 사실상 거의 모든 정보를 눈으로 확인할 수 있다. 예를 들면, 이 가게에서는 세일 행사를 벌이고 있고, 다른 가게에서는 특별 이벤트를 하고 있으며, 이 술집에서는 지금 공짜 서비스를 제공한다는 것을 보여준다.

소비자의 물리적 환경과 상호작용하는 능력 측면에서 새로운 기회는 무궁무진하다. 이 기회는 경이로울 수도 있지만 매우 파괴적이기도 하다. 자, 외국의 어떤 마을로 휴가를 떠난다고 해보자. AR 앱으로 무장한 나는 더 이상 여행 가이드가 필요 없다. 내가 원하는 흥미로운 곳, 특별 할인 행사가 진행되는 곳을 바로 앱에서 확인하고 찾아갈 수 있다. 게다가 증강현실 앱은 지름길까지 보여준다. 내 눈 앞에 보이는 것을 스크린 위에서 보게 된다는 말이다. 다른 점이라면, 스크린에 펼쳐진 그림은 더욱 추가적인 정보, 내게 적절하고 유용한 정보가 겹쳐지며 한층 풍요로워질 것이다. 이런 기능을 활용하는 마케팅에 어떤 가능성이 기다리고 있을지 상상해보라.

소비자가 우편으로 신용카드를 받을 때 우편물 안에는 여러 내용물도 함께 들어 있다. 그중에는 카드의 기능, 즉 혜택, 제안 사항 등을 설명하는 브로셔가 포함되어 있다. 일반적으로 소비자가 이런 브로셔를 대강 훑어보고 쓰레기통에 버리기까지는 1분도 채 걸리지 않는다. 이런 브로셔는 매우 정적인 의사소통 수단이다. 마케터가 소비자에게 언제 어디서든 카드 관련 최신 정보와 장점을 확인할 수 있도록 하려면 어떻게 해야 할까? 소비자가 AR 앱을 열고 카드에 들이대기만 하면 된다. 그러면 AR 앱이 카드를 식별하고 카드 회원들을 위한 특별 제공 행사와 혜택을 카드 주위에 즉시 나타내준다.

이는 서로에게 이로움을 전달하는 매우 강력하고 역동적인 방법이다. 카드 발급사는 브로셔 제작비용을 줄이는 동시에 회원 혜택의 핵심 내용을 언제든 앱으로 업데이트할 수 있다. 또한 소비자에게 그때그때 가장 중요하고 적절한 제공 사항 및 혜택만 골라서 알려줄 수 있다. 소비자 입장에서는 무분별하게 날아드는 아무 관련 없는 온갖 정보에 시달리지 않고 자신의 이웃, 현재 위치 또는 가까워진 목적지에 한정된 구체적인 정보만 받는다. 본질적으로, AR은 데이터의 과부하나 혼란을 발생시키지 않으면서 소비자의 참여도를 끌어올리는 아주 간단한 소통 방식을 가능하게 한다. 이런 방식은 카드를 넘어 가전제품에도 적용할 수 있다. 소비자가 AR 앱을 열고 전화기를 가리키면 사용 설명서가 나타난다. 또는 음식 포장에 갖다대면 영양 정보를 끄집어낼 수도 있고, 채소를 가리키면 조리법을 확인할 수도 있다.

또 다른 흥미로운 사례를 보자. 옷가게를 지나던 한 소비자가 창문 진열대에서 눈길을 사로잡는 셔츠를 발견한다. 소비자는 AR 앱을 꺼내 들고 셔츠를 가리킨다. 그러자 AR 앱이 셔츠에 대한 모든 정보를 제공한다. 가격, 제조업체, 해당 시점에 매장에서 구입할 수 있는 색상 및 사이즈, 옷의 소재, 온라인 주문 현황, 할인 또는 프로모션 내용 등을 보여준다. 이는 쇼윈도의 완전한 변신을 뜻한다. 가상의 상점 또는 보조 상점 역할을 하게 될 테니 말이다.

이케아IKEA처럼 이미 다른 방향으로 AR의 힘을 활용하기 시작한 회사도 있다. 이케아의 앱을 사용하면, 소비자는 거의 실제와 다름없이 이케아의 여러 제품을 자기 거실 여기저기에 배치해 비교해보고 어떤 제품이 어떤 장소에 얼마나 잘 들어맞고 어울리는지 알 수 있다.[2] AR이 환상적인 시각 도구가 되어주는 것이다. 소비자는 더 이상 머릿속으로만 상상하고 추측하지 않아도 된다.

이뿐만 아니라, 소비자들이 화장품 매장에서 마음에 드는 색상의 립스틱을 손으로 집어 들어 입술에 바르고 체험하기를 꺼리게 된 코로나19 이후의 세상에서도 AR은 활용된다. AR 앱을 당겨서 립스틱을 가리키면, 앱은 립스틱을 발랐을 때 입술에 어떤 색상과 질감이 표현되는지 보여주고 소비자는 마음에 드는 립스틱을 선택할 수 있다. 의류 역시 직접 입어보지 않아도 된다. 소비자가 거울 앞에 서면, 거울이 소비자가 특정 의상을 입은 모습을 보여준다. 소비자는 옷을 갈아입지 않고도 자기가 입어보고 싶은 옷을, 심지어 다양한 색상별로 걸친 자신의 모습을 볼 수 있다. 이런 묘기는 실제 환경에 가상의 사물이나 정보를 덧씌우는 기능^{AR} ^{layer} 덕분에 가능하다. 제5의 패러다임에서 이런 실험은 이어지고 확산될 것이다.

하지만 여전히 고려해야 할 문제들이 있다. 사람들이 길을 걸으면서 AR 앱을 사용하고 있다면, 사람들 앞의 물리적 공간 위에 층층이 쌓인 수많은 정보가 스크린에 나타난다. 그렇다면 브랜드는 어떻게 그런 의식의 흐름 속으로 들어가서 현명하게 자신을 부각시킬 것인가? 수백 개의 프로모션을 진행하는 수백 개의 브랜드가 있는데, 이 모든 브랜드가 서로 드러나면서 화면 공간을 어수선하게 만든다면 자사의 브랜드를 나타내는 효과는 떨어질 것이다. 그럼에도 마케터는 자신의 브랜드가 여전히 돋보이도록 해야 한다. 이런 상황에서 어떻게 마케터는 자신의 브랜드를 돋보이게 하고 소비자의 관심을 끌어 효과적으로 참여시킬 수 있을까? 이는 전체 모델, 즉 브랜드가 소비자의 관심, 참여 및 상거래의 전체적인 틀에 대해 다시 생각해보는 대단히 흥미로운 접근이 될 것이다.

가상현실, 효율성과 영향력을 극대화하다 _____

가상현실의 출발은 아주 떠들썩했지만 진행 속도는 더딘 편이다.

VR이란 모든 것을 360도 각도에서 몰입감 있게 볼 수 있도록 해주는 기술이다. 무엇을 보든, 사용자는 보이는 모든 것의 중심에 위치한 자신을 느낀다. 가상현실은 엄청난 잠재력을 지닌 기술이지만 시각 자료의 화질 선명도 측면에서 여전히 상당한 품질 개선이 필요하다. VR을 체험하는 사람들은 움직이는 것을 보면서 멀미 또는 어지러움을 느낀다. 게다가 헤드셋을 착용해야만 하는 것도 좋은 경험이라 할 수는 없다.

하지만 시작은 이제부터다. VR 기술이 마케팅에 충분한 가능성을 지니고 있다는 점이 입증되고 있다. VR은 단순히 시각적 품질 개선을 넘어 여러 측면에서 진화할 것이다. 관련 장치는 날렵해지고 편안해질 것이다. 최고 품질의 VR 동영상을 제작하는 데 드는 비용이 모든 과정에서 대폭 절감될 것이다. VR 환경 내에 AR 겹치기 기능이 더해질 것이다. 소비자가 보는 내용에 어울리도록 사운드도 달라지는 등 더욱 몰입감 있는 경험을 줄 수 있도록 발전할 것이다. VR을 경험하면서도 아주 쉽고 편하게 즉석 구매할 수 있는 지불 방식이 합쳐질 것이다.

샹들리에 제조업체를 예로 들어보자. 이 회사는 박물관 소장 가치가 있을 정도로 고품질의 값비싼 샹들리에를 생산한다. 이 샹들리에는 재고관리 비용이 많이 들고 이동 시 파손 위험이 있으며 매장 진열 시 많은 공간을 차지한다. 회사는 세계 각지에 여러 매장을 보유하고 있다. 따라서 샹들리에 판매 가능성이 높은 매장을 선택해 그곳에서만 진열하는 대신에 다른 매장에서는 진열을 포기해야 한다. 물론 모든 매장에 샹들리에 관련 비디오를 배치하고 포스터를 붙일 수는 있다. 하지만 그렇게 비싼 샹들리에를 비디오나 포스터만 보고 구입할 사람은 거의 없다.

이제 VR을 생각해보자. 이 회사는 샹들리에의 웅장함, 스타일, 느낌, 질감을 살리기 위해 모든 각도에서 몰입도가 높은, 소비자의 공감을 이끌어내는 인터랙티브 비디오interactive video를 제작할 것이다. 이 VR 비디오는 소비자들에게 샹들리에를 실제로 보는 것 같은 몰입감을 선사한다. 그러면 소비자는 구매에 관심을 가질 수 있다. 모든 상점에서는 VR 비디오를 배치해두었다가 잠재 고객에게 현실 같은 가상 환경을 제공할 수 있다. AR의 겹치기 기능과 합쳐진다면, 기술과 인간 사이의 상호작용이 생생하게 살아날 수 있다.

이 사례에서, 샹들리에 회사는 유통과 판촉에 따르는 엄청난 어려움을 깔끔하게 극복했다. 마케터는 모든 업계와 제품에 걸쳐 VR을 어떻게 적용할 수 있을지 생각해볼 수 있다. 예를 들어 항공사는 자사 항공기의 일등석이 얼마나 좋은지 선보일 수 있고, 호텔은 객실과 스위트룸을 멋지게 보여줄 수 있다. 어떤 의미에서 일종의 버추얼 샘플링virtual sampling을 하는 것이다. 고급호텔 체인업체 메리어트Marriott는 이미 일부 호텔에 이 기능을 사용하기 시작했다.[3] VR은 기업의 판촉과 샘플링 그리고 소비자 참여 전략에 지대한 영향을 미칠 수 있다.

콘서트나 스포츠 같은 라이브 이벤트 시청에도 VR의 적용 가능성은 엄청나다. 마케터라면, 몰입도가 높은 VR로 라이브 게임을 보는 시청자들에게 2D 광고를 보여주고 싶을까? 아니면 시청자의 시야를 방해하지 않으면서도 가장 좋은 위치에서 눈길을 끄는 광고를 만들 수 있는 최선의 방법을 찾고 싶을까?

코로나19가 전 세계로 확산되면서 스포츠, 콘서트, 콘퍼런스, 무역 박람회 등 수많은 라이브 행사가 취소되었다. 이에 많은 라이브 콘서트가 즉각 가상 콘서트로 변경되었다. 일반적으로 라이브 이벤트는 TV를 통해 주로 2D로 본다. 만약 VR이 전하는 생산 가치와 경험이 아주 크고 좋다면, 소비자는 자신이 현장 한가운데에 있는 듯한 느낌 속에서 온전히 몰입해서 이벤트를 즐길 수 있다. 풍부하고 매력적인 콘텐츠는 브랜드가 소비자와 연결될 수 있는 강력한 기회가 된다. 이제 많은 기업이 TV 광고를 디지털 채널로 옮기는 것만으로 결과가 좋아지지 않는다는 사실을 이미 안다. 마찬가지로, 2D 광고를 VR 환경에 때려넣을 수는 없다. 강력한 효과를 보려면 처음부터 VR의 특성에 어울리는 광고를 만들어야만 한다.

머지않은 미래에 효율성(비용과 시간)과 영향력 극대화라는 두 마리 토끼를 잡기 위해 VR 기반의 무역 박람회와 콘퍼런스가 출현할 것이다. 그리고 VR 기반의 행사들은 원격 참가자들에게 온전

한 몰입감과 실제 같은 생생한 경험을 제공하면서 급속도로 확장
될 것이다.

시각적 최적화, 음성 앞에서 무의미해지다 ────────

아마존과 구글을 비롯해 여러 기업에서는 스마트 스피커를 생산
하기 시작했다. 스마트 스피커는 인터넷에 연결된 스피커이며, 사
용자가 이 가상 비서에게 음성으로 질문하거나 명령을 내리면 스
마트 스피커가 음성으로 응답한다. 스마트 스피커와 사용자의 상
호작용은 사실상 음성을 통해서만 이루어진다고 할 수 있다. 예
를 들어, 사용자가 스마트 스피커에게 "알렉사" 또는 "헤이 구글
Hey Google"하고 부르면 원하는 답을 듣게 된다. 스마트 스피커는
검색하고 질문도 하며 심지어 구매도 한다. 모든 상호작용과 구
매 과정이 음성으로 이루어지기 때문에, 이를 음성 전자상거래를
뜻하는 보이스 커머스voice commerce라고도 한다. 검색부터 평가, 구
매에 이르기까지 모든 것이 음성으로 이루어진다.

　보이스 커머스는 큰 성장을 거두고 있다. 스마트 스피커의 인
터페이스는 점점 더 똑똑해지고 있으며, 음성은 인간의 실제 목
소리에 가까워지고 있다. 이런 스마트 스피커를 구입하는 사람들
이 점점 늘어나고 있다. 2019년 말 통계에서는 미국 전체 가구의

25퍼센트 이상이 스마트 스피커를 보유하고 있었다.[4]

회사는 전형적으로 자사 제품을 매력적으로 선보인 후 브랜드를 강화시킴으로써 전통적인 시각적 환경에 등장한다. 이 모든 것은 깊은 연구와 세심한 설계를 통해 이루어진다. 이런 접근 방식은 매우 과학적인 방식으로 발전했고, 여러 회사가 난립한 가운데서도 자사가 돋보이고 소비자의 관심을 끌어 결국에는 제품 구매 욕구를 불러일으키기까지 상당한 역할을 하고 있다. 하지만 스마트 스피커를 사용하면, 모든 것이 음성으로 이루어진다. 시각적인 물적 자산이 사라지는 셈이다. 그리고 시각적인 물적 형태가 사라지면, 지금까지 노력해온 모든 시각적 최적화는 단번에 무의미해진다.

따라서 브랜드 입장에서는 이런 음성 전용 환경에서 활동할 방법을 찾아내야 한다. 시각적으로는 소비자가 여러 가지를 동시에 볼 수 있다는 점에 유의해야 한다. 한 브랜드가 여러 다른 브랜드 또는 다른 콘텐츠와 같은 화면에 동시에 나타날 수 있다는 말이다. 하지만 오디오는 단계적이고 순차적이다. 한 번에 하나의 콘텐츠 또는 하나의 브랜드에 대해서만 이야기하거나 들을 수 있다. 마케터는 소비자가 검색할 때 어떻게 하면 자사의 브랜드가 첫 번째 추천으로 떠오를 수 있을지 알아내야만 할 것이다.

한 연구에 따르면, 전체 스마트 스피커 소유자의 70퍼센트가 이 장치로 최소 한 번 이상 구매를 했다는 사실은 흥미롭다.[5] 그러므로 이제 알렉스나 아마존이 관리자이자 인플루언서 겸 일종의 의사결정자라는 새로운 역할을 하는 셈이다. 이는 마케팅이 대처해야 할 완전히 새로운 역학관계의 발생을 뜻한다.

언제나 신기술을 활용할 기회를 파악하라 _____

몇 년 전에 있었던 일이다. 1996년에 사망한 힙합 가수 투팍 샤커 Tupac Shakur가 코첼라 밸리 뮤직 앤드 아츠 페스티벌Coachella Valley Music and Arts Festival 콘서트에서 마술처럼 무대에 등장했다. 사람들은 열광했다. 재생된 영상이 기울어진 거울에 반사되고 다시 무대 위에 투사되는 유사 홀로그래픽 효과quasi-holographic effect 덕분에 관객들에게 마치 살아 있는 가수가 공연을 펼치는 것 같은 환상을 선사했다. 그 이후 홀로그램이 많은 발전을 거듭하면서 몇몇 기획사들은 사망한 가수들을 부활시켜 콘서트 투어에 나서고 있다. 브랜드들은 이제 사망한 아티스트들의 3D 홀로그램 투어를 후원할 수 있게 되었다! 나도 로이 오비슨Roy Orbison, 마리아 칼라스Maria Callas의 홀로그램 콘서트 시범 영상을 보았는데 실제로 가수가 무대 공연을 하는 것처럼 느껴졌다. 무대 위에는 진짜 오케스트라가 있었고, 각 가수의 홀로그램, 실제처럼 보이는 홀로그램이 무대에서 오케스트라와 관객들과 상호교감하고 있었다. 멋진 경험이었다. 당시 나는 현실적인 효과를 맛보기 위해 무대 바로 앞에, 일정 각도 내에 자리를 잡아야 했다. 정말 실제나 다름없는 공연 그 자체였다!

이후 마이크로소프트는 애저Azure AI를 사용해 혼합현실을 구현해냈다. 시연회에서는 놀라운 장면을 볼 수 있었다. 라스베이거스에 있는 발표자가 일본으로 가상 이동을 하고 그곳에서 홀로그램으로 투사되어 기조연설을 했다. 게다가 AI 덕분에, 발표자는 일본어를 하지 않았는데도 마치 일본어로 연설하는 것처럼 보인 것은 물론이고 목소리 톤이나 억양 등 완벽한 일본어를 구사했다. 일본 관객들에게는, 여행이나 언어 연수 경험도 없는 여성이 일본어로 멋진 연설을 하는 것처럼 보였을 수 있다. 홀로그램은 의료와 엔터테인먼트 분야를 비롯해 가상 회의에 이르기까지 여러 분야에서 판도를 바꾸는 기술이 될 수 있다. 무엇보다도, 무궁무진한 마케팅 기회를 제공할 수 있다.[6]

살아 있는 가수들의 콘서트와 경쟁하면서 홀로그램 콘서트 역시 공급 과잉이 발생하고, 그러면 스폰서십 비용은 낮아지고 감당 가능한 수준이 될 수 있다. 하지만 소비자의 능력은? 소비자가 소비할 수 있는 콘서트는 몇 개나 될까? 이런 유형의 엔터테인먼트 영역에서 활동하는 혹은 활동할 계획이 있는 기업이라면 이 점을 면밀히 살펴본 후에 미래 전략을 세워야 한다.

판매나 제품을 시연할 때 홀로그램 프로젝션을 활용하면 효과가 높고 주목을 끌 수 있다. 마치 고객과 함께 있는 듯 제품을 선보이고 얼마나 정확하게 작동하는지를 자세하게 보여주는 효과를 발휘한다. 홀로그램 프로젝션은 강력한 B2B 마케팅 및 판매 도구로 발전할 수 있으며 그 밖에도 광고 공동참여 제작ad co-creation(광고기획 프로세스에 소비자들을 참여시키는 방법_옮긴이) 세션, 고객 서비스 세션, 가상 전시실, 판매 인력을 위한 제품 교육 세션 등에 적용할 수 있다.

그런가 하면 맞춤 제작이라는 환상적인 기회를 제공하는 3D 프린팅은 어떤가. 3D 프린팅은 자동차, 산업, 금융 등 다양한 업계 특히 의료 서비스 부문에서 빠르게 자리 잡을 것이다. 예를 들어, 평발 때문에 수술을 받으려고 병원을 찾았다고 하자. 외과의사는 보철물을 제안했고 여기저기 치수를 측정했다. 그리고 보철물을 완성하기까지 몇 주가 걸릴 것이라고 말했다. 만약 그 의사가 바로 3D 프린터로 보철물을 만들어 그 자리에서 환자에게 전달했다면?

모든 종류의 진열 상품이나 샘플은 3D 프린팅으로 제작 가능하다. 자동차를 사려는 고객은 부품을 교환할 때 현장에서 3D 프린터로 제작한 부품을 바로 받을 수 있다. 3D 프린팅은 기존의 제작 방법보다 속도가 빠르고 비용이 훨씬 덜 들기 때문에 샴푸병이나 산업용 제품 등의 시제품 제작에도 도움을 줄 수 있다.

자기 영역에서 앞서가고자 한다면, 마케터는 이런 새로운 발전 상황을 훤히 들여다보면서 활용할 기회를 파악한 다음에 테스트하고 학습하고 개선해서 내놓을 수 있는 전략을 마련해야 한다.

모든 연결이 마케팅 매체가 된다 _____

제5의 패러다임에서는 가정과 직장에 있는 모든 기기 그리고 이동 중에 마주치는 모든 기기가 서로 연결되는 사물인터넷 시대가 열린다. 연결된 기기는 모두 마케팅 매체가 될 수 있다. 가전제품, 온도조절기, 가정용 잠금장치, 자동차, 체중계, 여행가방 등 모든 것이 데이터를 수집하게 될 것이며, 그중에는 음성과 시각 둘 중 하나 또는 둘 다로 상호작용하는 인터페이스를 제공하는 기기도 많아질 것이다. 연결된 모든 기기가 데이터를 수집하기 때문에, 마케터는 이 모든 데이터를 취합하고 이해하며 실행 가능한 통찰력을 얻어내서 그에 따라 행동으로 옮길 수 있어야 한다. 아주 간단한 적용 사례를 들자면, 냉장고 화면(삼성은 이미 스크린이 장착된 냉장고가 있음)이나[7] 커넥티드 카의 대시보드나 스피커를 통해 개인별로 최적화된 광고를 제공할 수 있다.

　이는 마케터가 인프라와 기능을 구성하고 준비하는 방식에 상당한 영향을 미친다. 광고계는 사물인터넷 환경에서 경쟁력을 갖추고 게재할 수 있는 광고 제작에 대한 모든 것을, 전체 시스템을 다시 생각해야 한다. 아직은 이를 지원할 만한 생태계나 인프라가 없는 것이 현실이다.

마케터는 소비자 여정에 대해 생각하고 실시간으로 문제점이나 판매 기회를 파악하면서 조치해야 한다. 그러려면 현재의 마케팅 및 광고 접근 방식, 프로세스, 기술 지원에 대해 완전히 새로운 사고가 필요하다.

시계, 운동화, 헤드밴드, 암밴드, 반지, 옷에 이르기까지 웨어러블은 비록 매우 단편적이기는 하지만 이미 우리 곁에 와 있다. 사람들은 자신과 관련된 모든 것을 측정할 수 있는 웨어러블의 능력에 매료되고 있다. 그리고 수치로 표현된 자신을 확인하고자 하는 시도가 빠르게 확산되고 있다. 실시간이든 클라우드에 일괄 업로드되든, 웨어러블 장치는 소비자가 신경 쓰는 부분에 관해 중요한 정보를 수집한다. (애초부터 웨어러블을 착용하는 이유가 이 때문이다!) 그렇다면, 마케터가 실제로 이런 데이터에 접근할 수 있게 되면 무엇을 할 수 있을 것인가?

웨어러블이 미칠 영향은 사물인터넷과 매우 유사하다. 단, 웨어러블이 수집하는 데이터는 소비자가 자신에 대해 알고 싶어 하는 부분에 초점을 맞춘다는 점에서 개인에 대한 그 어느 때보다 심층적이고 새로운 인사이트를 제공할 수 있다. 나는 마케터들에게 소비자의 사생활을 깊이 존중하면서 간섭이 발생하지 않도록 항상 조심해야 한다고 말한다. 소비자의 분명한 허락 없이는 어떤 것도 하지 말아야 하고, 법을 내세우기보다는 소비자 자신이 어떤 것을 허락하는지 이해할 수 있도록 그들의 눈높이에 맞는 언어를 사용해야 한다. 웨어러블이 수집하는 데이터는 제품이나 제안을 개발하는 데 더없이 유용한 정보를 제공할 수 있다.

이외에도, 로봇이나 드론 같은 기술들이 빠른 속도로 발전하고 있다. 기업들은 이러한 모든 기술 변화가 미치는 영향과 기회를 이해하고 앞으로 다가올 멋지고 새로운 미래에 대비해야 할 것이다. 다양한 형태로 변화하는 미디어 환경에서 마케터는 어떻게 소비자 참여를 끌어내는 방법과 소재를 구체화할 수 있을까? AI와 5G가 이끌고 있는 이러한 기술을 통해 개인에게 최적화되고 상황별로 적절하며 소비자의 관심을 끌고 상호교류하면서 몰입감을 줄 수 있는 솔루션과 경험을 제공할 수 있다. 마케터는 소비자에게 두려움이나 분노를 유발하지 않고도 소비자의 탄성을 이끌어낼 수 있다. 우리 앞에는 경이로운 가능성의 세계가 놓여 있다.

요약

- 5G 기술은 더 많은 장치를, 더 빠른 속도로 연결한다. 소비자와의 상호작용은 실시간으로 이루어질 것이며, 이는 마케터가 소비자의 관심, 참여를 이끄는 틀을 다시 생각해봐야 한다는 의미다.

- 증강현실 기술은 아직 초기 단계에 있지만, 아주 빠른 시간 내 성장할 것이다. 이는 물리적 환경에 디지털 정보를 더한 것이다. 소비자는 자신의 현재 위치에 한정된 구체적인 정보만 받으며, 기업들은 데이터 과부하를 발생시키지 않으면서 소비자의 참여도를 끌어올릴 수 있다.

- 가상현실 기술은 아직 상당한 개선이 필요하나, 코로나 이후 엄청난 가능성을 보여주고 있다. 현실감 있는 제품 영상 제작은 물론, 콘서트나 스포츠 같은 라이브 이벤트 시청에도 적용할 수 있다. TV광고를 디지털 채널로 옮기는 것만으로 결과가 좋아지지 않는 것처럼, 이제는 애초 가상현실 특성에 어울리는 광고를 기획해야 할 것이다.

- 스마트 스피커는 점점 더 똑똑해지고 있으며, 보이스 커머스 시장은 이미 커다란 성장을 거두고 있다. 제품을 매력적으로 선보이기 위해 지금까지 시각적 최적화를 꾀했다면, 구매가 음성으로 이루어지는 환경에서는 어떻게 돋보일 것인지 생각해볼 일이다.

CHAPTER 07

블록체인의 기회

많은 사람이 블록체인과 비트코인을 같은 것으로 착각하기도 한다. 하지만 둘 사이에는 큰 차이가 있다.

비트코인은 통화다. 블록체인은 비트코인을 비롯해 여타 모든 암호화폐를 만들고 추적하며 관리하는 기술이다. 간단히 말하자면, 블록체인은 기록 보관을 위한 가상의 장부다. 회계에서는, 모든 거래 기록을 보관하는 장부를 '원장ledger'이라고 한다. 보통 회계사나 회계부서는 각종 거래를 원장에 기입하고 새로운 거래가 발생할 때마다 원장에 기입한다. 블록체인은 거래를 기록하는 디지털 원장으로, 그 안에는 관련 세부 사항이 모두 담겨 있다. 거래가 발생했는가? 얼마나? 언제? 가격은? 일반적인 장부와 근본적으로는 같으면서도 블록체인은 다른 점이 있다. 일반 원장은 한 개인이나 부서가 원장을 기록하고 관리하지만 블록체인은 커뮤니티에 배포되거나 공유되며, 커뮤니티의 구성원은 이러한 거래를 확인하고 시간을 기록, 즉 타임스탬프timestamp를 찍는다. 이를 '분산 원장distributed ledger'이라 한다.

블록체인 기술에는 여러 종류가 있지만 일반적으로 말하면, 거래가 일어날 때마다 커뮤니티 전체가 이를 보게 된다. 그 거래를 블록block이라고 한다. 일단 블록체인에 블록이 생성되면 변조할 수 없다. 이를 변경불가성immutability이라 하며, 아무도 기록된 데이터의 세부 사항을 변경하거나 삭제할 수 없다. 누군가가 거래에 데이터 또는 콘텐츠를 추가하면, 모든 참가자가 볼 수 있는 새 블록으로 표시된다. 따라서 커뮤니티의 모든 사람이 거래의 모든 블록을 보기 때문에 신뢰도가 높고 거래의 증거가 영구적으로 기록된다. 거래 증거는 반박 불가하고, 거래 내역은 변경 불가하다.

블록체인은 많은 업계에 투명성을 높이고 거래의 복잡성을 줄이는 데 큰 도움을 줄 수 있다. 예를 들어, 농산물 공급 과정을 추적하는 데 매우 유용할 수 있다. 어떤 농장에서 생산된 채소가 오염되었고, 이 채소를 상점 선반에서 골라내 폐기해야 한다고 해보자. 기존 시스템을 사용하면 추적에 며칠이 걸릴 수 있다. 그러나 블록체인을 사용하면 농장에서 지역 보관소, 농산물을 싣고 도시로 이동한 차량, 도시 집하장, 그리고 최종목적지인 상점 선반에 이르기까지 채소의 모든 단계를 명확하게 추적할 수 있다. 각 단계가 블록이다. 이러한 블록(또는 기록)은 변경할 수 없다. 블록체인 덕분에 이동 경로 추적은 단 몇 초밖에 걸리지 않는다.

비트코인은 가장 널리 알려진 암호화폐의 한 종류다. 암호화폐는 정부가 발행도, 지원도 하지 않는다. 암호화폐는 공급이 제한적으로 유지된다. 수요에 따라, 사람들은 자국 정부가 지원하는 통화로, 정도의 차이는 있으나, 일정 단위의 암호화폐를 구입한다. 암호화폐의 가치는 변동성이 크고, 현재로서는 도박이나 다름없다. 일반적으로 암호화폐는 블록체인 기술에 의해 활성화된다. 아직은 너무 깊이 들어갈 필요까지는 없고 다음의 사항만 알아도 충분하다.

- 비트코인은 암호화폐의 한 종류이고, 블록체인은 기술의 한 종류이다.
- 블록체인은 암호화폐를 실행하기 위한 기반 기술이다.
- 암호화폐는 블록체인을 응용할 수 있는 여러 유형 중 하나일 뿐이다.
- 블록체인은 중앙 당국이나 단일 통제 기관 없이 이루어지는 기록 보관 시스템이다. 기록은 모든 참가자에게 배포되고, 참가자들은 이루어진 모든 거래를 확인하며, 그렇기 때문에 기록을 수정하거나 변경할 수 없다.

마케팅업계에서 블록체인을 응용한 사례를 살펴보기 전에, 블록체인과 관련해서 자주 사용하는 용어, 스마트 계약^{smart contract}에 대해 알아보자. 자, 두 명의 이해 당사자가 있다고 하자. 이 두 사람이 계약이나 거래에 동의한다. 즉, 계약 조건을 두 사람 모두 받아들인다. 그러면 이 조건이 소프트웨어 프로그램으로 인코딩되고, 프로그램이 자동으로 실행되면서 계약 내용의 이행을 보장한다. 이를 스마트 계약이라 한다. 스마트 계약은 '땜질'이 불가능하므로 내용을 변경할 수 없다. 따라서 이해 당사자들은 중개인의 확인이나 검증을 받지 않아도 거래 내용과 결과를 신뢰할 수 있다. 누군가가 나서서 합의된 약관에 따라 거래가 실제로 이루어졌다고 말할 필요도 없고, 숫자 하나도 바꿀 필요가 없다. 이것이 블록체인의 핵심 가치다.

블록체인, 비용의 투명성을 확보하다 ─────────

광고업계는 신뢰 문제, 리베이트 의혹, 데이터 유출 등으로 불투명하고 이해하기 힘든 생태계를 이루고 있다. 미국광고주협회는 몇년 전 K2 인텔리전스^{K2 Intelligence}에 광고업계 관행을 조사해달라고 했다. 연구 결과는 놀라웠다. 퍼블리셔, 즉 광고 게시자의 대행사 리베이트가 난무했다.[1] 광고 사기가 횡행했다. 또한 브랜드 소유주가 지불한 광고비의 60퍼센트만이 퍼블리셔에 돌아간다는 연구 결과가 나왔다. 나머지는 수치를 계산하고 확인하며 입증해서 조정하는 일을 하는 중개업자에게 돌아갔다.[2] 브랜드 소유주와 퍼블리셔 사이의 각 단계마다 존재하는 엄청난 수의 중개업자가 각자의 몫을 챙겨 가는 것이다. 아래 그림에서 볼 수 있듯이,그림 5 참조 중개인에는 광고대행사, 수요자 측 플랫폼DSP, 애드 서버ad server, 애드 익스체인지ad exchange, 사전 검증 플랫폼preverification platform, 공급자 측 플랫폼SSP, 데이터 검증/입증 플랫폼 등이 있다. 게다가 이 정도는 광고 생태계에서 활동하는 모든 이들을 따져볼 때 일부분에 불과하다.

광고비 중에서 광고 게시자인 퍼블리셔에 돌아가는 돈이 60퍼센트 미만에 불과하다는 현실은 가치사슬과 생태계를 손봐야 할 시기가 왔다는 점을 분명히 보여준다. 그 역할은 블록체인이 할

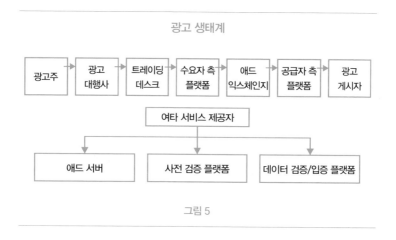

광고 생태계

그림 5

것이다.

　광고주는 합법적이고 적절하게 표현된 광고에 대해서만 돈을 지불해야 한다. 자신의 광고를 프로그램이 아닌 실제 인간이 보았다는 증명이 필요하다. 자신의 광고가 사기 사이트가 아닌 실제 사이트에 게재되었다는 것을 알 수 있어야 한다. 광고 지면이 유저에게 실제로 충분히 노출되었는지 알 수 있어야 한다. 자신이 지불한 돈에 관한 자료를 받을 수 있어야 한다. 신뢰 추락과 부정행위 확산을 비롯해 부정적인 관행이 벌어지고 있기 때문에 이제 광고주는 신뢰할 수 있는 시스템, 일부 중개업자를 배제함으로써 비용 대비 효율성을 높일 수 있는 시스템을 요구한다. 일부 중개업자는 여전히 필요하겠지만, 나머지는 잘라낼 수 있다.

　블록체인 기술을 사용해서 브랜드는 광고 게시자를 비롯해 반드시 필요한 중개업자들과만 스마트 계약을 맺을 수 있다. 각 당사자는 사전에 명확히 정하고 합의한 대로 실제 광고 노출이 이루어졌는지에 대한 정보를 확인할 수 있다. 모두가 현재 상황을 정확히 알 수 있다. 그러면 광고주는 정확히 전달된 내용에 대해서만 비용을 지불하면 되므로 상당한 비용을 절약할 수 있고, 중개업자에게 사기당할 수 있었던 돈을 사업에 재투입할 수 있다.

　블록체인을 사용하면, 마케터는 비용 절감뿐만 아니라 그토록 원하는 데이터의 투명성과 정확성도 얻을 수 있다. 게다가 무엇이 효과가 있고 얼마나 효과가 좋은지를 더욱 생생하게 이해할 수 있다. 따라서 다양한 미디어 채널이나 캠페인을 통해 광고 지출 배분을 최적화할 수 있다. 완전한 투명성이 확보되면, 올바른 결정을 내릴 수 있다. 투명성이 결여된 상황에서는, 잘못된 정보를 바탕으로 스스로 최적화하고 있다고 생각할 뿐이다.

블록체인은 기존 방식에 비해 더욱 안전하다. 기록이 모든 당사자에게 배포되기 때문이다. 참가자 중 한 사람의 시스템이 해킹을 당해도 나머지 참가자의 데이터는 그대로 남아 있다. 원장을 해킹하려면, 해커는 블록체인의 모든 참여자와 원장이 저장된 모든 곳을 해킹해야 한다. 따라서 데이터를 중앙 한곳에 유지하는 것보다 분산함으로써 데이터를 훨씬 더 안전하게 유지할 수 있다.

블록체인이 이렇게 좋고 효과적이라면 지금쯤 광고업계에서 블록체인을 채택해서 널리 사용해야 마땅하나 꼭 그렇지는 않다. 생태계의 모든 사람이 광고주와 퍼블리셔처럼 이익을 보는 것은 아니기 때문이다. 블록체인이 실제로 뿌리내리기 위해서는 규모가 필요하다. 퍼블리셔와 광고주가 블록체인 생태계를 구축하기 위해 함께 뭉쳐야 한다는 뜻이다. 둘의 결합이 모든 중개업자에게 좋은 일은 아니다. 중개업자의 역할과 더불어 수입도 사라지기 때문이다. 하지만 결국에는 일어날, 그리고 반드시 일어나야 할 일이다.

IBM은 유니레버Unilever, 미디어오션MediaOcean과 손잡고 온라인 광고 효율성 개선을 위해 파일럿 테스트를 진행했다. 그리고 앞으로 5년 내 큰 문제 없이 광고비용을 1달러당 15~20센트를 절약할 수 있다는 초기 결과를 얻었다. 해외 시장조사기관인 이마케터(eMarketer)에 따르면, 2019년 전 세계 온라인 광고 시장의 가치는 3,330억 달러에 이른다. 따라서 약 650억 달러의 절감 효과를 거둘 수 있다는 계산이 나온다.[3]

제5의 패러다임에서 마케터는 결과를 보고 싶어 하는 주위의 기대감을 해결하는 동시에 효율성 제고 방안을 찾아내야 한다는 더욱 큰 부담감을 느낄 것이다. 블록체인은 이 문제를 해결하는 핵심 역할을 할 것이다.

가치가 필요한 곳에 기회가 있다

마케팅 세계에는 광고 가치사슬뿐 아니라 후반작업(postproduction) 가치사슬, 포장 가치사슬, 프로모션 가치사슬, 인플루언서 가치사슬 등 여러 가치사슬이 있다. 그리고 각 영역에 기회가 존재한다. 경험과 상식에 비추어볼 때, 결론은 간단하다. 여러 단계로 이루어진 많은 중개업자가 활동해야만 하는 과정, 투명성이 의심되고 신뢰가 부족하며 부정행위가 만연한 과정, 거래의 검증이나 증명이 필요한 과정 그리고 비용과 결과의 일치가 필요한 과정에는 블록체인이 들어갈 수 있는 기회가 무르익고 있다.

블록체인 세상에서는 출처, 기원 또는 원산지라는 의미를 지닌 프로비넌스 provenance라는 용어가 자주 나온다. 프로비넌스는 제품의 출처까지 거슬러 올라가서 제품의 이동 경로를 추적할 수 있는 능력이다. 이는 명품, 제약, 예비 부품 분야에 종사하는 마케터에게 특히 중요한 요소다. 모조품이 시장에 유통될 수 있는 위험이 있는 곳이라면 진짜와 가짜를 가려낼 수 있는 능력이나 기능이 있어야만 한다. 프로비넌스 기능을 통해 한 제품의 제조 시점부터 구매자에게 도달하는 시점까지 추적이 가능하다. 모든 단계에서, 공급 사슬의 한 부분에서 다음 부분으로 넘어갈 때마다 진품 확인이 이루어진다. 시장에 나오는 가짜에는 이렇게 공식적으로 진위 여부를 검증받는 과정이 없다.

제3과 4의 패러다임에서는 명품 제조 기업들이 제품에 홀로그램을 부착해 정품임을 입증했다. 홀로그램 복제가 불가능하지는 않지만 매우 어렵다고 생각했기 때문이다. 따라서 홀로그램이 부착된 제품은 오리지널 제품이라고 믿어도 무방하다. 제5의 패러다임에서는 디지털 ID가 홀로그램의 역할을 한다. 제품마다 고유한 디지털 ID가 부착되며, 블록체인 기술을 통해서 공장부터 소매점까지 그리고 그 이후, 즉 처음부터 끝까지 제품을 추적할 수 있다.

신뢰가 하락하고 지속적으로 속임수가 발생하는 오늘날, 진품 확인 여부는 매우 중요한 브랜드 차별화 요소다. 그리고 그런 브랜드 차별화를 불러올 수 있는 것이 블록체인과 디지털 ID의 결합이다. 한 소비자가 파텍 필립Patek Philippe 시계 시장에 있다고 가정해보자. 소비자 입장에서는 시계가 진품임을 확실히 입증하려면 시계의 소유 이력을 추적할 필요가 있다. 프로비넌스 기능을 갖춘 블록체인은 이를 해결하는 데 유용할 것이다.

자기가 먹는 음식의 원산지와 유통 경로를 매우 중요하게 생각하는 사람들이 늘어나고 있다. 소비자는 상점 선반에 있는 유기농 제품을 보면서 그 제품이 언제, 어디서 생산되었는지, 상점에 오기 전에 어떤 경로를 거쳤는지 등을 알고 싶어 한다. 그것이 바로 프로비넌스다. 제품의 원산지와 유통 경로를 알고자 하는, 환경에 관심이 많거나 제조 과정에 민감한 이들에게 블록체인은 소중한 기술이 될 것이다. 앞으로 소비자의 민감도는 그 어느 때보다 올라갈 것이고, 자사 제품이 온전한 제품 또는 정품임을 증명해야 하는 브랜드의 부담은 더욱더 가중될 것이다.

마케팅 내에서 블록체인을 활용할 기회는 무궁무진하다. 제5의 패러다임에서 블록체인은 날개를 달고 전체 마케팅 생태계에서 상당히 핵심적인 역할을 할 것이다.

요약

- 블록체인은 비트코인을 비롯한 암호화폐와는 다른 개념이다. 블록체인은 암호화폐를 위한 기반 기술을 가리킨다.

- 블록체인은 스마트 계약을 통해 생태계에서 발생하는 처리 과정에 대한 신뢰, 투명성, 변경불가성 측면에서 상당한 가치를 제공한다.

- 블록체인은 광고 가치사슬에 효율성과 신뢰를 불러올 수 있다. 광고뿐만 아니라 다른 마케팅 가치사슬에도 적용할 수 있는 잠재력이 있다.

- 프로비넌스는 상품의 탄생과 이동 경로를 추적하는 데 도움을 주는 중요한 개념으로 제품의 진위 여부, 제품 이동 경로, 공급처의 신뢰도 등 다양한 부분에 적용할 수 있다.

CHAPTER 08

마케팅에 숨겨진 과학

해외 근무 기간 중, MBA 출신인 동료와 저녁을 먹으며 대화를 나눈 적이 있다. 사회생활 초기 마케팅 분야에 몸담았던 그는 나중에 총괄 관리자의 자리에까지 오르며 성공적인 경력을 쌓았다. 어쨌든 그날 저녁 그는 매우 흥미로운 주장을 펼쳤다. 마케팅의 4P만 제대로 실행하고 그럭저럭 괜찮은 광고 캠페인을 개발해서 제품 스토리를 전달하면 성공적으로 마케팅을 완수한 것이라며, 그런데 왜 마케팅을 지나칠 정도로 복잡하게 해야 하느냐는 것이다.

틀린 말은 아니다. 하지만 그 말에는 이런 중요한 질문이 따른다. 어떻게 하면 적절하고 효과적으로 마케팅 믹스를 구성할 수 있는가? 어떻게 올바른 특성과 이점을 갖춘 제대로 된 제품을 만들 수 있는가? 어떻게 하면 소비자와 회사 모두가 만족하는 가격을 책정할 수 있는가? 포장 유형에 따라 소비자에게 어떤 감정과 행동을 불러일으키는지 어떻게 알 수 있는가? 그럭저럭 괜찮든 아니면 완전히 끝내주든, 그런 광고 캠페인을 만드는 방법을 어떻게 알 수 있는가? 심지어 모든 4P를 섞어서 고객에게 전달하는 혜택이 한 번 반짝했다가 사라지지 않고 계속 사랑받을 수 있는지 어떻게 알 수 있단 말인가? 단지 직관에 근거해서 또는 어설픈 방법론을 적용해서는 성공적으로 만들어낼 수 없다. 마케터가 각 부분에서 성공적인 결과를 이끌어내도록 강력한 인사이트를 찾아내는 데 도움을 주는 것이 과학이다.

퀀텀 마케팅의 원리 중 하나가 예술과 기술과 과학의 힘을 통합해 소비자의 머리와 가슴에 파고드는 것이다. 소비자들이 어떻게 생각하고 왜 그렇게 느끼고 어떤 식으로 행동하는지 그리고 어떻게 하면 소비자의 선호도에 영향을 미칠 수 있는지를 배우는 것이 목표다.

과학계는 상당한 발전을 이루었다. 기술만큼 빠른 속도는 아니지만 그럼에도 과학의 발전은 마케팅에 지대한 영향을 미친다. 그동안 마케팅은 심리학, 사회학, 인류학, 수학 등 여러 과학에 항상 의존했다. 하지만 이제는 행동경제학, 신경과학, 감각과학(시각, 청각, 후각, 미각, 촉각의 연구)을 비롯해 그동안 관심을 끌지 못했던 과학의 영역이 전통 과학의 부족한 점을 보완하기 시작했다. 이런 과학은 마케팅을 완전히 다른 차원으로 이끌고 있다.

소비자는 왜 마케터의 의도와 다르게 행동하는가 _____

행동경제학behavioral economics은 새로운 과학이 아니다. 1970년대 초 반부터 존재했으며, 대니얼 카너먼Daniel Kahneman과 리처드 탈러 Richard Thaler 같은 유명 인사들을 통해 사람들의 관심과 상업적인 주목을 받게 되었다. 간단히 말하자면, 행동경제학은 심리적·정 서적·사회적 영향 등 다양한 요인들이 개인과 기관의 경제적 결 정에 어떤 영향을 미치는지 연구하는 학문이다. 정말 매력적인 분야로 흥미로운 내용을 배울 수 있다.

행동경제학을 활용하면, 소비자가 여러 대안과 마주했을 때 어 떻게 자신의 의도와는 다르게 행동하는지를 더 잘 이해하고 설명 할 수 있다. 전통적이고 합리적인 경제 모델이나 논리만으로는 소 비자의 결정을 설명할 수 없다. 왜 때때로 소비자들은 훨씬 더 나 은 대안을 앞에 두고도 경제적 매력이 떨어지는 조건을 선택하는 걸까?

이는 결국 개인이 처리하고 생각하고 느끼고 결정하는 방식으 로 귀결된다. 이 모든 과정이 심리적·정서적·사회적·문화적 요 인의 영향을 받는다. 이 모든 부분에서 얻은 통찰력을 결합하면 이전의 모델로는 설명이 불가능했던 이유들이 보인다. 행동경제 학은 선택을 앞둔 소비자에게 다양한 요인이 어떤 영향을 미치는 지 그리고 각 요인들 사이에 어떤 관계가 형성되는지를 이해하는 틀을 제공해준다. 행동경제학의 적용은 기업 대 소비자 마케팅뿐만 아니라 기업 대 기업 마케팅B2B에서도 주목을 받고 있다.

아주 간단한 예를 하나 들어보자. 한 명의 고객에게 두 가지 제안을 한다고 해보자. 100달러짜리 재킷이 두 벌 있다. 두 개를 함께 사면 150달러이고, 따로 사면 첫 번째 구입 재킷은 100달러, 두 번째 재킷은 50달러이다. 간단한 계산만으로도 둘 다 정확히 같은 가치를 제안한다는 것을 알 수 있다. 합리적 관점에서 보면, 소비자는 두 제안을 동일한 제안으로 받아들일 것이고, 사실 각 제안이 제공하는 내용은 정확히 똑같다. 하지만 실제로는 더 많은 사람이 두 번째 제안을 받아들일 가능성이 더 높다. 이는 마케터들의 가격 책정과 프로모션 계획에 큰 영향을 미친다.

마케터라면 당연히 프로모션과 캠페인을 최적화하고 구성하는 방법을 잘 이해해야 한다. 많은 프로모션은 실험 기술을 통해 검증될 수 있다. 하지만 이러한 연구 수행에는 많은 비용과 시간이 소요되며, 현실적으로 모든 프로모션을 테스트하기란 불가능하다. 실시간 마케팅 과정에서는 더더욱 그렇다.

행동경제학을 통해 우리는 제한된 테스트와 실험을 기반으로 소비자의 선택을 예측하는 견고한 프레임워크, 매개 변수와 패러다임을 생각해내게 된다. 그런 다음 진행 과정에서 이러한 가설과 모델을 실시간으로 수정할 수 있다. 또한 AI가 현장에 곧 투입되면 의사결정 역학에 대해 이전에 몰랐던 사항을 심층적으로 이해하게 해줘 예측을 정밀하게 할 수 있다.

또 다른 예를 들어보자. 마케터가 시계에 대한 가격 전략을 결정하는데, 여기에는 판촉 할인도 포함된다. 첫 번째 접근 방식에서는, 시계의 가격을 400달러로 책정하고 10퍼센트를 할인해준다. 소비자가 순수하게 지불하는 비용은 360달러. 두 번째 접근방식에서는, 가격을 500달러로 올리고 20퍼센트를 할인해준다. 이 경우 소비자가 지불하는 비용은 400달러로 첫 번째보다 40달러 더 많다. 주요 경쟁 브랜드가 내놓은 시계는 가격이 450달러이며 기능이나 품질 및 브랜드 가치 면에서는 모든 것이 완전히 동일하다고 가정한다. 어떤 방식이 더 나은가? 아니면 더 많은 이윤을 남길 수 있으니까 그냥 경쟁사와 동일하게 가격을 책정해야할까?

금전적인 면에서 그리고 논리적 관점에서 말하자면, 마케터는 첫 번째 방식이 소비자에게 더 매력적으로 다가갈 수 있기 때문에 시장점유율을 확보하고 판매 증가세를 이어나가는 데 유리하리라 생각할지도 모른다. 그렇지 않은가? 잠깐, 마케터라면 가격 테스트, A/B 테스트, 실험 설계, 요인 분석, 그게 아니라면 뭐라도 해야 하는 것 아닐까? 이 모든 실험과 테스트가 어느 수준까지는 이해를 높이는 데 도움을 주겠지만 아마도 '왜'라는 이유를 이해하는 데는 그 이상의 도움을 주지 못할 것이다. 행동경제학은 그 이유를 들여다보고, 선택에 영향을 미치는 요인 사이의 관계와 상호작용을 잘 이해할 수 있도록 해준다. 이번 시계 가격 책정 사례에서는, 절대적인 변화보다 상대적인 변화를 준거점으로 삼는다는 행동경제학의 이론에 따라, 사람들이 할인율이 큰 500달러가 400달러보다 더 싸다고 받아들인다. 그러므로 500달러 가격 책정이 더 성공적인 프로모션으로 끝날 가능성이 있다.

소스타인 베블런Thorstein Bunde Veblen의 이론을 비롯한 비교적 오래된 이론들 역시 가격 책정 및 홍보 전략에 대해 식견을 넓혀주고 사고의 깊이를 더한다. 예를 들어, 사치품은 구매자의 지위를 나타내기 위해 종종 다소 눈에 띄는 방식으로 구매와 진열이 이루어진다. 베블런 효과veblen effect에 따르면 이런 제품은 가격이 오르면 수요가 증가한다. 높은 가격이 소비자에게 더 뛰어난 내적 가치 또는 더 높은 지위를 유지하는 사람이라는 신호를 보내기 때문이다. 이는 가격과 수요는 반비례한다는 고전 미시경제학 이론과 완전 정반대라 할 수 있다.

예일대학교 교수이자 소비자 인사이트 센터Center for Customer Insights 책임자 라비 다르Ravi Dhar가 한 말에 동의하지 않을 수 없다. "대부분의 마케터는 소비자들을 얻는 것과 잃는 것을 따지면서 각 옵션을 세심하게 저울질하는 이성적인 존재라고 생각한다. 하지만 현실에서는 일부 옵션을 다른 옵션보다 더 매력적으로 보이도록 만드는 직관적인 과정을 통해 선택이 이루어진다."

서로 대립되는 선택에 마주칠 때마다 소비자는 어떻게 선택을 내릴까? 마케터는 소비자가 어떤 방식으로 그런 선택을 내리는 지 어떻게 알 수 있을까? 그리고 그렇게 얻어낸 이해와 통찰력을 앞으로 캠페인과 프로모션을 설계하는 데 어떻게 활용할까? 그 것이 가격 전략에 또는 심지어 브랜드와 제품의 포지셔닝에 어떤 영향을 미칠까? 다른 모든 요인이 같은 상태에서, 서로 다른 옵션을 마주한 소비자는 어떻게 그리고 왜 다른 반응을 보일까? 행동 경제학은 이에 대한 몇 가지 해답을 내놓는데, 이는 더 나은 전략을 수립하는 데 큰 도움이 된다.

광고를 효과적으로 만드는 유일한 요인, 기억 _____

지금까지 알려진 가장 오래된 의학 문헌에 나온, 뇌 손상을 묘사한 기원전 1600년의 기록은 우리가 오래전부터 뇌에 관심을 보였다는 사실을 말해준다.[1] 따라서 뇌를 이해하려는 우리의 욕망은 완전히 새로운 것이 아니다. 세상의 발전과 더불어, 제5의 패러다임에 다가가면서, 신경과학은 그 어느 때보다 힘을 얻어가고 있다.

우리는 새로운 광고, 포장 등에 대해 조사할 때 으레 소비자들에게 무엇을 좋아하고 왜 좋아하는지를 물어본다. 소비자들이 특정 제품, 포장 또는 광고를 좋아한다고 답하면 우리는 소비자가 관련된 모든 세부 사항을 관찰한 후에 마음에 들어 했다고 가정한다. 그뿐만 아니라, 소비자가 좋아하는 부분을 정확히 알고 말하며 왜 좋아하는지 진정으로 이해한다고 가정한다. 하지만 현실에서는, 어떤 점을 좋아하거나 좋아하지 않는 것 등을 포함해 소비자 감정의 많은 부분이 보다 무의식적으로 그리고 거의 즉흥적으로 발생한다. 다시 말해, 소비자는 자신이 무엇을 좋아하는지 모르며 왜 좋아하는지는 더더욱 모른다는 것이다.

의사결정의 90퍼센트는 잠재의식에서 이루어진다. 정의상, 잠재의식subconscious은 의식적 깨달음conscious awareness의 '아래sub'를 뜻한다. 사람들에게 질문하고 대답을 듣는 등 의식적인 도구에만 의존한다면, 우리는 소비자 행동을 이끄는 중요한 정보를 놓치고 만다. 이 의식할 수 없는 아래 부분을 이해하는 데 큰 도움을 주는 것이 신경과학이다.

연구 과정에서, 과학자가 사람에게 샤워 캡 모양의 헤드셋을 씌우는데, 이 헤드셋의 아래에는 비침습적 전극 또는 센서들이 달려 있다. 이 센서들은 뇌에서 일어나는 전기 자극을 감지한다. 뇌에서 발생하는 특정한 형태의 뇌 활동을 통해 감정을 파악한다. 예를 들어, 우측 전두엽 피질에 비해 좌측 전두엽 피질에서 더 큰 활동이 감지되면, 이는 소비자가 방금 본 것을 좋아한다는 확실한 긍정적인 신호로 볼 수 있다. 그리고 그 반대 현상이 일어난다면, 이는 소비자가 부정적으로 느낀다는 신호로 볼 수 있다.

이제 고객에게 비디오 광고를 보여준다. 광고가 나가면서, 고객의 신경세포들이 활동하고 뇌에서는 서로 다른 부분이 소통하면서 각기 다른 영역에서 빛을 내기 시작한다. 헤드셋은 뇌 활동을 시시각각 추적하고 광고의 각 부분에서 이루어지는 활동을 표시한다. 따라서 연구가 끝나면, 마케터는 고객이 특정 광고에서 정확히 어떤 부분을 흥미롭고 긍정적으로 생각했는지, 어떤 부분에 대해 무관심했는지, 어떤 부분에서 아예 신경을 끊었는지, 어떤 부분을 기억할 가능성이 큰지 등을 알게 된다. 잠재의식적 기억 측정은 기존의 의식적 회상conscious recall 및 유지 측정과 다르다. 이는 마케터가 광고의 전반적인 효과를 높이기 위해 대책을 세울 수 있도록 해주는 풍부하고 유익한 정보를 준다.

뉴로-인사이트Neuro-Insight 설립자이자 CEO 프라나브 야다브Pranav Yadav는 이렇게 말한다. "감정은 모든 스토리의 중요한 요소이지만, 광고를 효과적으로 만드는 유일한 요인은 광고에 대한 '장기 기억', 특히 브랜딩과 주요 메시지를 접하는 순간의 기억이다. 광고의 주요 메시지나 브랜딩 순간을 기억하지 못하는 사람은 시장에서 메시지에 따라 반응하지 않는다. 과거에 우리는 실질적인 '장기 기억'을 측정할 수도 없었고, 브랜드나 주요 메시지를 어떻게 받아들였는지 정확히 짚어낼 수 있는 상세한 측정도 할 수 없었다. 게다가 당연히 전후 사정이나 연결 관계(TV 프로그램, 인스타그램 피드)를 고려할 수도 없었다. 이 정도까지 세분화할 수 있는 수준에 이르렀다는 자체만으로도 브랜드를 위해 큰 돌파구를 찾은 셈이다.”

'생체 인식biometrics'의 범주에 속하는, 효과가 다른 여러 유사한 기술들도 있다. 안면 인코딩facial encoding, 시선 추적eye tracking, 피부 전도도skin conductivity 등이 그것이다. 이런 기법은 뇌를 직접 측정하지는 않지만, 질적으로나 양적으로 과거의 시장 조사 방식에 비해 더 깊은 정보와 통찰력을 전해준다.

익명성이 때론 소비자의 지갑을 연다 _____

소비자의 관심을 끌고 소비자의 참여를 이끌어내며 소비자의 선택과 구매 결정에 영향을 미친다는 점에서 오감 활용은 그 중요도가 점점 더 높아지고 있다. 물론 마케터에게는 큰 기회다. 감각들을 효과적으로 조종하면 뇌의 감각 담당 부분을 자극해서 관심 끌기, 참여 이끌어내기, 구매 결정에 영향 미치기, 이 모두를 달성하는 데 도움이 된다. 감각과학은 이제 떠오르는 분야이며 많은 의미 있는 작업이 시작되고 있다.

한편, 사람들은 혼자 있을 때의 행동과 그룹이나 사회적 환경에 있을 때의 행동이 다르다. 혼자 있을 때는 인색하게 구는 사람이 여러 사람과 있을 때는 집단의 일원이라는 점을 느끼기 위해서 지갑을 잘 열기도 한다. 그리고 익명성이 보장될 때 혼자든 집단이든 관계없이 또 다르게 행동할 수 있다. 익명성은 심리 작용의 억압감을 줄이거나 없애주며, 자신의 신분이 알려졌을 때는 감히 하지 못할 행동이나 말을 할 수 있는 자신감을 더해준다. 더욱이 익명성이 통하는 사회 환경에서는, 집단 사고 역시 힘을 발휘한다. 집단 사고에서는 대담성, 공격성을 비롯해 여러 행동이 증폭된다.

익명성은 소비자 행동에 어떤 영향을 미치며, 따라서 마케터에게는 어떤 영향을 미칠까? 다음 세 가지 중요한 부분에 대해 생각해보자.

첫째, 온라인 구매는 진정한 의미에서 익명성을 부여한다고 할 수는 없지만 적어도 소비자에게서 물리적 접촉은 없애준다. 그 점이 행동을 변화시킨다. 예를 들어, 보수적인 문화에서는 사람들이 성인용품이나 여성용 위생용품 구매를 매우 어색해하고 피할 수 있다. 하지만 온라인 구매가 가능해지면, 익명이 보장되지 않는데도 어느 정도 혼자 분리되어 있다는 느낌을 받으며 그런 용품을 구매한다. 따라서 온라인은 구매를 자극할 수 있는 첫 번째 분리 단계인 것이다.

마케터가 익명성의 역학관계를 더 깊이 이해한다면 소비자의 수요와 선호도를 끌어올릴 수 있을까? 그렇다. 단지 충동구매에 대한 저항을 없애는 것만을 말하는 게 아니다(물론 그렇게만 해도 수요를 증가시킨다).

둘째, 완전한 익명성이 제공되는, 분리의 두 번째 단계는 암호화폐의 이용이다. 소비자는 비트코인으로 물건을 구입하면서 아무도 자기가 구입하는 물건을 추적할 수 없다고 확신한다. 결과적으로, 마약 밀매나 포르노 유통이 암호화폐를 통해 많이 이루어진다. 실제로 암호화폐와 인터넷 암시장으로 악명 높은 다크넷 사이트 '실크로드Silk Road'의 결합은 치명적인 결과를 낳았다.

마케터는 자신의 제품 또는 서비스 범주에 대해 적절한 질문을 던지고 그에 대한 답을 검토해봐야 한다. 예를 들어, 사람들이 무언가를 합법적으로 사고 싶어 하면서도 어떤 개인적인 이유로 익명을 유지하고 싶어 한다면, 그때는 구매 행동이 어떤 식으로 나타날까? 마찬가지로, 암호화폐를 사용하는 가격 책정 전략은 어떻게 작동할까? 마케터가 암호화폐로 가격을 책정한다면 소비자들의 사랑을 받게 될까? 아니면 암호화폐의 변동성 위험을 생각한다면 큰 손해를 보게 되지 않을까?

셋째, 익명이 보장되는 사회 환경에서는 사람들이 심술궂고 부정적인 성향을 보인다. 게티즈버그대학교Gettysburg College의 크리스토퍼 바틀렛Christopher Bartlett이 2016년에 대학생들을 대상으로 실시한 설문 조사에 따르면, 한 학년 동안 자신의 신원을 온라인에 숨길 수 있다고 생각한 학생들은 사이버 괴롭힘에 가담하고, 사이버 괴롭힘에 대해 긍정적인 태도를 보이는 경우가 더 많았다. ("그럴 만한 사람에게는 그렇게 해도 괜찮다.")[2]

이름을 밝힐 필요가 없을 때 사람들은 별 머뭇거림 없이 과감하게 브랜드를 향해 돌을 던진다. 그렇다면 집단 사고와 공동체적 집단행동이 점점 늘어나는 상황에서, 마케터는 어떻게 자신의 브랜드를 방어할 수 있을까? 소셜미디어는 모두 소모적이 되어버리고, 기기 중독은 독이 되며, 대인관계가 변하고, 우리 사회의 문화적 구조가 바뀌고 있다. 그래서 이 모든 것의 이면에 있는 과학을 공부하는 것이 매우 중요하다. 왜냐하면 과학이, 자신의 브랜드를 소개하고 보호할 때 마케터가 어떤 역할을 해야 할지 알려주기 때문이다.

마케터가 기저에 깔린 심리와 역학을 이해하면 전략을 세우고 더 나은 준비를 할 수 있다. 이 익명성이라는 공간과 응용에 대한 연구는 아직 상당히 초기 단계에 불과하지만, 머지않은 미래에 중요한 인사이트를 많이 제공할 것이다.

마케터는 브랜드를 두고 벌어지는 부정적이고, 종종 불공정한 활동을 막기 위해 소셜미디어 플랫폼이 하는 역할을 평가해야만 한다. 소셜미디어 플랫폼이 브랜드의 안전이 유지되고 익명의 얼간이들에게 조종당하지 않는 곳이 되어야 한다고 마케터가 강력히 촉구라도 해야 하는 것일까? 아니면 어쨌든, 마케터는 자신의 광고 수익을 통해 소셜 플랫폼에 자금을 대는 입장이니 소셜미디어 플랫폼을 브랜드 따돌림과 괴롭힘 현상을 예방하고 완화하는 책임에서 풀어주어야 하는 것일까?

　모든 사항을 고려해볼 때, 우리는 급변하는 기술 지형에 집중하는 만큼이나 마케팅에 영향을 미치는 기초과학 그리고 최근의 기술 전개 상황을 놓치지 말아야 한다. 성공적인 마케팅은 과학에 대한 깊은 이해와 적극적인 기술 활용과 함께 시작된다.

요약

- 제5의 패러다임에서 과학은 소비자에 대한 중요한 부분을 이해할 수 있도록 해준다. 행동경제학, 신경과학, 감각과학은 고전적인 마케팅의 체제를 보완하기 시작했다. 다양한 분야의 과학이 마케팅을 완전히 다른 차원으로 이끌고 있다.

- 소비자의 결정을 단순히 전통적인 경제학이나 논리에 근거해서 설명할 수 없다. 행동경제학은 소비자가 여러 선택에 직면할 때 어떻게 행동할지를 알아낼 수 있는 더 나은 방법을 찾고 있다.

- 익명이 보장되는 환경에서 특히 심리학은 소셜미디어 역학과 직접적인 관련이 있다. 마케터가 익명성의 기저에 깔린 심리학과 행동의 역학을 더 잘 이해한다면, 천국과 지옥을 넘나드는 소셜미디어의 세계를 더욱 잘 활용할 수 있다.

CHAPTER 09

모든 감각을 총동원하라

수많은 새로운 장치, 화면, 호감도와 몰입도 높은 콘텐츠와 더불어 지나치게 많이 유입되는 정보는 이미 과부하가 걸린 소비자에게 훨씬 더 무거운 짐으로 다가온다. 소비자는 마구 쏟아져 들어오는 모든 광고를 처리할 능력이 없다. 그래서 광고를 거부하거나 차단하거나 아니면 광고 없는 유료 환경으로 피신하는 방법으로 이 문제를 해결한다. 소비자에게 접근하기는 쉬울지 몰라도, 소비자의 마음에 다가가기는 더욱 힘들어질 것이다. 그럼에도 마케터는 자신의 이야기를, 그게 제품이든 서비스든 아니면 브랜드든 소비자에게 들려주어야만 한다.

어떻게 그렇게 할 수 있을까? 한마디로 감각이다. 퀀텀 마케팅의 가장 혁신적인 발전이라 할 수 있는 다감각 마케팅multisensory marketing을 알아보기 전에 그 배경부터 먼저 살펴보자.

뇌는 광고를 어떻게 받아들이나 _____

인간의 오감은 끊임없이 뇌에 정보를 공급한다. 뇌는 들어오는 정보를 처리하면서 우리가 주변 세상을 이해하도록 도와준다. 그 중에서도 마케팅과 직접적이고 중요한 연관성을 지닌 두 영역 그 리고 정보 처리 과정에 대해 들여다보자.

먼저, 근원적 또는 원시적 두뇌primal brain라는 영역이 있다. 원시 적 두뇌는 신속하게 그리고 거의 특별한 노력을 하지 않은 상태 에서 작동한다. 예를 들어, 눈앞에 호랑이가 나타난다면 우리는 별 생각을 하지 않고 무작정 달린다. 이것은 반사 작용이다. 원시 적 뇌가 위험을 감지하고 강렬한 공포를 느끼면서 아드레날린이 솟구쳐 오르고 우리는 걸음아 날 살려라 하고 달아난다.

느낌feelings은 주로 원시적 두뇌에서 생겨난다. 원시적 두뇌는 신체적으로 나타나는 감각, 즉 감정emotions이 자리 잡은 곳이기도 하다. 원시적 두뇌처럼 재빠르게 별로 힘 들이지 않고 직관적으 로 사고하는 방식을 '시스템 1 사고system 1 thinking'라고 한다.

두 번째 영역인 인지적 뇌cognitive brain는 '시스템 2 사고system 2 thinking'라는 것과 관련이 있다. 인지적 뇌는 정보와 상황을 신중하 게 분석한다. 그리고 그 분석을 통해 나온 결과는 사람에게 특정 한 방식으로 행동하거나 반응하도록 만든다.

대부분의 결정은 우리가 무엇을 느끼느냐에 따라 이루어진다.

이는 시스템 1 사고이다. 인지적 두뇌가 결정에 영향을 미칠 수도 있지만, 결정은 느낌에 따라 좌우된다. 예를 들어보자. 소비자가 식품에 '단백질 6그램 함유'라고 적힌 라벨을 보는 순간, 그 정보는 시스템 2를 통해 보다 합리적으로 처리된다. 제품 가격도 시스템 2를 통해 처리된다. 하지만 시스템 1은 무의식적으로 '글의 행간과 그 너머'를 파악하는 작업을 수행한다. 라벨에 적힌 단어, 글꼴, 색상, 모양이나 이미지는 우리의 경험에 대한 기억을 끄집어내면서, 더 깊고 미묘한 의미를 유발하거나 전달하고 결국에는 구매 결정을 이끌어내는 것이다.

감히 주장하자면, 마케터는 이성적인 면보다 느낌과 비언어적면에 훨씬 더 초점을 맞춰야 한다. 해부학적으로, 냄새를 처리하는 부분은 뇌가 기억을 저장하는 해마 가까이에 있다. 그러므로 향기는 가장 강한 기억을 불러일으킨다. 메시지는 시각, 청각, 미각, 후각 또는 촉각으로 소비자에게 전달될 수 있다. 수백만 개의 감각적 기준이 우리의 기억 속에 의식적으로 깨닫지 못한 상태에서 저장된다. 마케터가 올바른 시각적 자료, 심벌, 음악과 리듬, 질감과 촉감, 향기와 맛을 사용한다면 단순히 합리적 주장을 펼칠 때보다 더 많은 공감을 이끌어낼 수 있다.

일반적으로, 마케터는 광고라는 말에서 이미지형 광고, 오디오 광고 또는 시청각 광고를 떠올린다. 어떤 방식을 택하느냐 또는 어떤 유형의 광고를 제작하느냐와 관계없이, 가장 영향력 있는 광고는 인지적 두뇌를 배제시키는 수준까지, 주로 시스템 1 사고를 통해 올바른 연관성을 유도하는 광고다. 마케터는 캠페인을 통해 적절한 잠재의식적 연관성(예를 들면, 신뢰, 일관성에 의한 확실성, 혁신)을 효과적으로 활용할 때 가장 좋은 결과를 얻을 수 있다. 여기에 이성적인 인지적 두뇌에 호소하는 요소를 추가하면 금상첨화의 결과를 얻을 수 있다.

감각적 요소로 브랜드를 인식시키다 ───────────

전통적인 마케팅에서는 마케터들이 주로 시각과 소리에 의존한다. 퀀텀 마케팅에서는 오감을 가능한 한 많이 다루고 활용해야 한다. 다섯 개의 감각을 종합적으로 활용하면 엄청난 영향력을 발휘할 수 있다. 이를 다감각 브랜딩 혹은 다감각 마케팅이라 한다.

소리, 특히 리듬과 음악은 뇌의 원초적인 부분을 다루는데, 여기서 소리는 즉시 느낌과 감정 그리고 때로는 행동으로 바뀐다. 게다가 생물학적으로, 소비자는 재생되는 어떤 소리든 들을 수밖에 없는 반면(특정 소리를 골라서 안 들을 수는 없다), 시각적 자극은 눈을 돌려 안 보면 그만이다. 귀를 무언가로 틀어막지 않는 한, 소리는 항상 소비자의 주의를 끌게 마련이며 따라서 소비자의 정신과 마음을 파고들 수 있는 매우 효과적인 방법이 되는 것이다.

이 소리는 음악, 내레이터와 등장인물의 목소리, 주변음 등 여러 형태로 나타날 수 있다. 제5의 패러다임에서는 소리를 활용하는 방법을 알아냄으로써 현재의 시각적 브랜드와 디자인 시스템을 청각적 공간에서 구현할 수 있게 될 것이다. 우리는 이를 '소닉 브랜딩'이라 한다. 그 브랜드만이 지닌 고유한 특성을 알려주고 다른 브랜드와 구별 짓는 여러 소리가 나타날 것이다.

브랜딩은 마케팅의 중요한 부분이며, 소닉 브랜딩은 전체 브랜딩의 중요한 확장을 뜻한다. 이는 단지 멋진 배경음악이나 CM송만을 말하는 게 아니다. 청각적 브랜드 아키텍처brand architecture(브랜드 간의 상관관계 및 상호 역학 관계 구조_옮긴이)를 창출해내는 것이다. 마치 오늘날 마케터들이 시각적 브랜드 아키텍처를 정립해놓았듯이. 브랜드라면 일반적으로 그 브랜드를 연상시키는 로고와 디자인 시스템이 있듯이, 마케터는 사람들이 즉시 인식할 수 있는 청각적 브랜드 정체성을 만들어내야 한다.

이전의 마케팅 패러다임에서는, 선율과 브랜드 사이에 강력한 연관성을 만들어내기 위한 광고 선전용 노래가 있었다. 비록 일차원적인 접근 방식이었지만 매우 효과적이었다. 대부분의 사람들이 어렸을 때 들었던 몇몇 브랜드의 CM송을 기억한다. 그중에는 좋아하는 브랜드도, 싫어하는 브랜드도 있겠지만 CM송이 주는 강력한 인지 효과만은 결코 무시할 수 없었다. 그러나 오늘날 마케터는 그 수준을 뛰어넘어야 한다.[1]

마스터카드가 만들어낸 소닉 브랜드 관련 사례 연구는 여러 면에서 유익하다.[2] 우리는 30초간 이어지는 멜로디를 만들어내는 일부터 시작해서 종합적인 소닉 브랜드 아키텍처를 만들어냈다. 가장 중요하게 여겼던 것은 아주 기분 좋은 멜로디를 만드는 일이었다. 즐거운 멜로디야말로 소닉 브랜드의 핵심 DNA라 할 수 있다. 당연히 기분을 나쁘게 만드는 멜로디를 만들 수는 없는 일 아닌가. 아래는 우리가 원하는 멜로디의 조건이다.

- 기억할 만한 멜로디가 기억나지 않으면 멜로디와 브랜드 사이의 연결 관계가 형성되지 않았기 때문이다.
- 흥얼거릴 수 있는 그래야 사람들의 기억 속에 더 깊이 박힌다. 자꾸 귓전에 맴도는 곡조로, 마음속에 호감이 가는 방향으로 자리 잡을 수 있는 소리나 멜로디여야 한다.
- 강하지 않은 멜로디는 다른 모든 것을 지배하고 묻어버리기보다 어떤 상황이나 메시지에도 도움을 주고 어울려야 하기 때문이다.
- 문화 전반에 걸쳐 어울리는 음악이 보편적이기는 하지만 그래도 나라, 지역, 문화에 따라 매우 다르게 표현된다. 따라서 우리는 모든 문화와 대륙에 걸쳐 아름답게 표현될 수 있는 멜로디를 원했다.
- 다른 장르와도 조화를 이룰 수 있는 사람들이 클래식 오페라를 들

든 일렉트로닉 댄스 음악을 듣든, 컨트리 음악 축제에 있든 록 콘서트에 있든, 멜로디는 어떤 환경에서든 조화를 이루고 어울려야만 한다.

- 어떤 상황에도 적절한 에너지 넘치는 축구 경기장에서도, 아름답고 감미로우며 낭만적인 저녁 시간에도, 귀청이 울리는 나이트클럽에서도, 엄숙해야 하는 곳이나 향수를 불러일으키는 장소에서도, 멜로디는 그 상황에 완벽하게 어울릴 수 있어야 한다.

이 조건을 전달받은 음악기획사 사람들의 표정이 지금도 기억난다. 이런 황당무계한 조건은 처음이라는 듯 멍한 표정이 어찌나 재미있던지!

뮤지션, 음악학자, 작곡가, 스튜디오를 비롯해 다양한 예술가들과 함께 2년 동안 집중적인 작업을 한 끝에, 우리의 조건을 충족시키는 멜로디가 탄생했다. 훌륭한 음악가이자 미국 밴드 린킨파크Linkin Park의 결성 멤버인 마이크 시노다Mike Shinoda의 말에 따르면, 이 멜로디는 매우 단순하면서도 아주 독특해서 템포나 악기를 조금만 조정하면 얼마든지 다른 문화에서도 그 느낌이 전달된다.

이 멜로디는 배경음악이나 전경음악으로 활용되며, 마스터카드가 제작하는 모든 광고에 포함된다. 모든 마스터카드 이벤트 및 포럼이 열리는 곳이면 어디서든 이 멜로디가 나온다. 마스터카드에 전화하면 대기 중에도 이 멜로디가 연주된다. 이 멜로디로 휴대전화 벨소리까지, 그것도 수십 가지를 만들어서 누구나 다운로드받을 수 있게 했다.

마스터카드의 멜로디가 좋은 감정이나 기억을 떠올린다는 사실도 신경학 연구를 통해서 충분히 검증받았다. 신경학 연구 결과에 따르면, 이 멜로디는 유쾌하고 쉽게 흥얼거릴 수 있고 기억하기 쉬우며 어떤 상황, 장르, 문화에도 잘 어울린다. 따라서 서로 다른 장소와 상황에 있는 사람들도 누구나 공감하고 좋아할 수 있다. 어떤 상황에서 들어도 자연스러운 느낌을 주는 그런 멜로디인 것이다.

이 멜로디가 브랜드 아키텍처의 첫 출발선이자 기본이라 할 수 있다. 거기서 한 단계 아래에 속하는 3초 길이의 멜로디가 시그니처이다.그림 6 참조 소리의 특성을 뜻하는 소닉 시그니처sonic signature의 가장 좋은 사례로 인텔Intel을 들 수 있다. 모든 광고가 끝날 때마다 너무나도 잘 알려진 그 소리가 나온다. 마스터카드의 소닉 시그니처가 지닌 고유한 특성은 기본 멜로디에서 찾을 수 있다. 소닉 시그니처는 기본 멜로디와 확실한 연결을 유지함으로써 그리고 그 덕분에 소닉 멜로디와 함께 어울림으로써, 마스터카드의 소닉 정체성을 강화한다.[3]

마스터카드의 모든 광고는 이 소닉 시그니처로 끝난다. 이것이 소닉 브랜딩의 두 번째 단계다. 우리는 소닉 시그니처를 확장시킬 수 있는 더 많은 기회를 찾아 나섰다. 예를 들어, 모든 회사 PC와 노트북이 켜질 때 소닉 시그니처를 재생하게 하는 것이다

그다음 세 번째 단계가 있다. 소닉 멜로디의 또 하나의 하위 단계인 1.3초 길이의 멜로디다. 마스터카드와 물리적 및 디지털 상호작용이 일어나는 모든 포인트에서 이 소리가 나오도록 되어 있다. 우리는 이를 승인 사운드acceptance sound라 한다. 결제 거래가 이루어질 때마다 나오는 1.3초짜리 멜로디는 결제가 안전하게 이루어졌음을 알리면서 소비자들의 마음을 편안하게 해줄 것이다. 이 글을 쓰는 순간에도, 마스터카드의 승인 사운드는 이미 전 세계적으로 5천만 곳이 넘는 상호작용 포인트에 설치되어 있으며 점

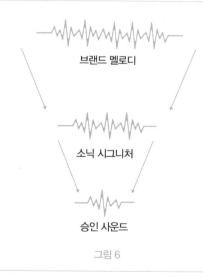

브랜드 멜로디

소닉 시그니처

승인 사운드

그림 6

점 세력을 확장해나가고 있다.

우리는 브랜드 로고를 세계적으로 인정받기 위해 50년이 넘는 기간 동안 지속적으로 브랜드 구축에 투자해왔다. 그 덕분에 마스터카드라는 이름이 없어도 빨간색과 노란색 원이 겹쳐진 우리의 로고를 전 세계가 알아볼 수 있게 되었다. 실제로, 마스터카드는 2019년 초에 로고에서 마스터카드라는 이름을 지웠고, 가장 상징적인 브랜드 중 하나로 성장했다.[4]

하지만 소닉 브랜드가 그 정도의 인지도를 얻기 위해서 앞으로 또 50년을 기다리는 일은 하고 싶지도 않고 할 수도 없다. 그렇다면 빠르게 세계적으로 소닉 브랜드에 대한 인식을 심어줄 방법은 무엇일까? 우리는 의식awareness, 연계association, 귀속attribution을 뜻하는 3A 전략을 발전시켰다. 먼저 멜로디에 대한 인식이 쌓여야 한다. 그런 다음, 사람들이 일단 인식한 후에는 마스터카드와 연관 짓기 시작해야 한다. 즉, 사람들이 사운드와 브랜드를 연결시키기 시작할 것이라는 뜻이다. 마지막으로, 시간이 흐르면서 사람들은 멜로디를 듣기만 해도 마스터카드의 소리라는 사실을 정확히 알게 될 것이다.

어떻게 하면 강력하게 인식시킬 수 있을까? 광고와 비디오에서 계속해서 멜로디가 흘러나오게만 한다고 될 일이 아니다. 우리는 우리만의 독창적인 음악, 마스터카드 멜로디가 은근히 스며든 음악을 만들기로 결정했다. 여기서 핵심은 은근해야 한다는 것이다. 만약 어떤 노래든 기업을 노골적으로 내세우는 분위기가 느껴지면 사람들은 노래를 들으면서 진저리를 칠 것이다. 섬세한 작업이 필요하다. 곡에는 브랜드 멜로디가 아름답고 자연스럽게 얽혀 들어가야 한다. 그렇게 우리의 작업은 시작되었고, 2020년 초에 〈회전목마 Merry Go Round〉[5]라는 첫 번째 팝송 싱글이 탄생했다. 우리는 세계적인 인재들과 함께 작업했다. 이제 두 번째는 정규 앨범을 출시하는 것이다. 당연히 새 앨범의 이름은 돈으로 살 수 없을 만큼 소중한 〈프라이스리스 Priceless〉!

출시 첫해 말, 마스터카드의 소닉 브랜드는 수십 년 동안 브랜드 사운드를 사용했던 다른 여러 브랜드를 뛰어넘어 세계 최고의 브랜드로 인정받았다.[6]

오직 그 브랜드만이 선사할 수 있는 경험 _____

마스터카드는 시각 및 소닉 브랜드 전략에 더해 미각을 이용하기 위한 여정에 착수했다. 미각은 원시적 뇌와 매우 밀접한 관련이 있다. 맛은 소비자들에게 즉각적으로 영향을 미친다. 대부분 사람들은 맛을 보는 순간 바로 좋다 또는 싫다는 판단을 내린다. 만약 즉각적으로 어떤 맛을 좋아하지 않는다면 그 맛을 깨닫고 즐기기까지 오랜 시간이 걸릴 수 있다.

식품이나 음료 관련 브랜드가 맛에 신경 쓰는 건 당연한 일이다. 하지만 맛과 아무런 관련도 없는 마스터카드 같은 브랜드는 어떤가? 글쎄, 먹을 수 있는 선불카드를 만들어낼 수도 있다. 현명한 아이디어는 아니겠지만 말이다. 대신 마스터카드는〈프라이스리스 테이블priceless table〉이라는 프로그램을 시작했다. 이 프로그램에서는, 맨해튼의 옥외 광고판 위나 시카고 박물관의 공룡 뼈대 옆 또는 야구장 필드 등 이국적이고 전혀 예상치 못한 장소에 둘만을 위한 테이블을 차려놓고 근사한 저녁식사를 제공한다.[7] 마스터카드는 전 세계에 이런 테이블을 수천 개 만들었으며 이를 통해 소비자들에게 엄청난 경험을 선사했다. 이는 소셜미디어에서 화젯거리로 떠오르면서 바로 브랜드 이미지 상승으로 이어졌다.

우리는 맨해튼을 비롯해 여러 곳에서 레스토랑도 시작했다. 이 레스토랑들 중 일부는 세계 각국의 이국적인 레스토랑을 의도적으로 충실히 재현해놓은 것이다. 그리고 레스토랑의 테마를 계속 바꿔주면서 신선한 분위기를 유지하고자 한다. 그중 하나를 예로 들자면, 탄자니아의 잔지바르 해안에는 바다 쪽으로 멀찍이 떨어져 있는 진짜 바위 위에 '더 록The Rock'이라는 매우 이국적인 레스토랑이 있다. 우리는 그 레스토랑을 그대로 복사해 옮겨놓았다. 맨해튼 레스토랑의 창문을 통해 보이는 풍경은 원래 잔지바르 해안의 레스토랑에서 식사를 하면서 보이는 풍경과 완전히 똑같다. 메뉴, 바닷바람, 향기, 우리의 소닉 멜로디를 활용해 특별히 작곡한 배경음악 등 레스토랑은 놀라운 다감각 경험을 만들어냈다. 돈으로 살 수 없는 건강한 경험, 다감각적인 경험을 만들어내자는 취지에서 시작한 일이었고, 이런 경험은 오직 마스터카드만이 고객들에게 선사할 수 있는 것이다.[8]

마스터카드는 프랑스 최고의 제과점 라뒤레Laduree와 손잡고 독특한 맛의 마카롱을 만들어내기도 했다. 하나는 낙천주의의 맛, 다른 하나는 정열의 맛이다. 각각의 맛은 마스터카드의 로고를 상징하는 빨강과 노랑, 두 가지 색상으로 표현된다. 마카롱은 엄선된 매장을 통해 판매되고 다양한 이벤트와 콘퍼런스에서도 마스터카드 고객에게 제공되면서, 미각을 자극해 브랜드를 강화한다는 전략이다.[9]

다감각 브랜딩의 또 다른 훌륭한 예는 007 제임스 본드를 떠올리게 하는, 영국의 상징적인 자동차 제조사 애스턴 마틴Aston Martin에서도 찾을 수 있다. 이 브랜드는 다감각 브랜딩 영역에서 놀라운 역할을 하고 있다. 럭셔리 브랜드이기 때문에 판매량은 당연히 제한적이고, 회사는 막대한 마케팅 예산을 쏟아붓지도 않는다. 그래서 애스턴 마틴은 전통적인 마케팅에 의존하기보다는 자사 브랜드의 영향력을 나타낼 수 있는 새로운 분야를 탐색했다. 그 중 하나가 소닉 브랜드를 포함한 감각 마케팅이다.

100년 넘게 이어온 브랜드인 만큼 애스턴 마틴의 소닉 아이덴티티 역시 수십 년에 걸쳐 구축되었으며, 그 중심에는 독특한 엔진 소리가 있다. 으르렁대는 배기음은 소음이 아니라 세심하게 설계된 음향으로, 부드러웠던 사운드가 가속 페달을 밟으면 세차고 사나운 사운드로 바뀐다. 안전벨트 미착용과 연료 부족을 알리는 소리에서부터 기어 변속 시 들리는 특유의 딸깍하는 소리, 가죽 받침대의 부드러운 삐걱거림까지 차량의 모든 소리가 엔진 소리와 조화를 이루도록 세심한 계획에 따라 디자인되었다.

애스턴 마틴 소닉 아이덴티티의 각 요소는 아무리 사소한 부분에도 상당히 고심한 흔적이 엿보인다. 안전벨트 착용을 예로 들자면, 애스턴 마틴은 안전벨트 미착용 시 다그치는 경고음보다는 암시적인 멜로디를 사용하기로 결정했다. 운전자가 이를 무시하면 긴급성을 전달하기 위해 두 단계에 걸쳐 소리의 강도가 달라진다. 소닉 아이덴티티의 기본은 자동차가 내는 소리와 브랜드의 시각적 아이덴티티의 연결이다. 브랜드의 장인 정신, 세련미, 독특한 개성을 표현하고 압축해 담아내는 사운드가 필요하다.

애스턴 마틴은 또한 촉각과 후각도 활용한다. 애스턴 마틴의 인테리어를 완성하는 데는 100시간 이상이 소요되는데, 인테리어 가죽에 손이 닿았을 때 전해지는 독특한 느낌에서 가죽의 향까지 모든 것이 감각적 경험을 전달한다. 애스턴 마틴 웍스Aston Martin Works는 빈티지 애스턴 마틴 차량을 복원할 때, 그 차량이 출고될 당시의 향을 그대로 살리기 위해 첫 출고 때 받은 업체로부터 가죽을 공급받는다. 브랜드를 표현할 수 있는 모든 면에 충실하고 일관성을 유지하려는 애스턴 마틴을 보면 집착이라는 단어가 멋지게 어울린다.

애스턴 마틴의 마케팅 및 브랜드 전략 담당 이사 게르하르트 푸리Gerhard Fourie는 이렇게 말한다. "우리 브랜드의 정체성은 수십 년에 걸쳐 발전해왔으며, 마케팅의 새로운 분야에 진출할 때도 브랜드의 본질은 반드시 유지합니다. 그러기 위해서 우리는 엄청난 노력을 기울이지요."

이제 막 시작 단계이긴 하지만, 많은 회사가 다감각 브랜딩 작업을 진행하고 있다. 특히 호텔 체인 메리어트Marriott는 수년간 브랜드 캠페인의 일환으로 '시그니처 향signature scents'을 활용해왔다.[10] 많은 소매업체들도 향을 사용하여 뇌 변연계(기억 및 행동과 가장 밀접한 관련이 있는 부분)를 사로잡기 위해 유사한 접근 방식을 취하고 있다.

나이키는 매장에 향을 추가했을 때 고객의 구매 의향이 최대 80퍼센트까지 높아진다는 사실을 알아냈다. 이와 유사한 내용을 담은 보고서에서는, 영국의 한 주유소에 있는 소규모 마트는 커피 냄새가 퍼지면서 매출이 300퍼센트 증가했다고 한다.[11] 하지만 이걸 소닉 브랜드와 혼동해서는 안 된다. 단지 소비자 경험을 증진시키거나 소비자의 뇌를 자극하거나 감정을 환기시키기 위해 향을 추가하는 것은 감각 브랜딩이 아니다. 이는 감각 자극일 뿐이다.

감각 브랜딩은 소리, 냄새, 맛, 촉감 등 모든 것이 해당 브랜드만의 고유한 속성으로, 소비자가 그 속성을 인식하고 브랜드를 연상할 수 있어야 한다. 이것이 여러 감각을 아우르는 브랜드 아이덴티티 창출이다. 오감을 통해 소비자들을 방해하지 않으면서도 관련성, 진정성, 설득력을 전해주는 방식으로 다가가서, 수많은 유사 브랜드를 헤치고 나아가 소비자의 감성과 지성을 사로잡는 것이 감각 브랜딩이다.

요약

- 마케팅은 이성적인 면보다 느낌 그리고 비언어적인 면에 훨씬 더 초점을 맞춰야 한다. 메시지는 시각, 청각, 미각, 후각 또는 촉각으로 소비자에게 전달될 수 있으며 올바른 시각적 자료, 심벌, 음악과 리듬, 질감과 촉감, 향기와 맛을 사용한다면 단순히 합리적 주장을 펼칠 때보다 더 많은 공감을 이끌어낼 수 있다.

- 스마트 스피커, 사물인터넷, 웨어러블의 세계에서는 시각적으로 확인할 수 있는 형체가 없기 때문에 브랜드는 소리를 통해 모습을 드러내야 한다.

- 소닉 브랜딩은 단순한 CM송이나 쉽게 기억하도록 도와주는 도구가 아니라 확실한 구조를 지닌 포괄적인 브랜드 아이덴티티다.

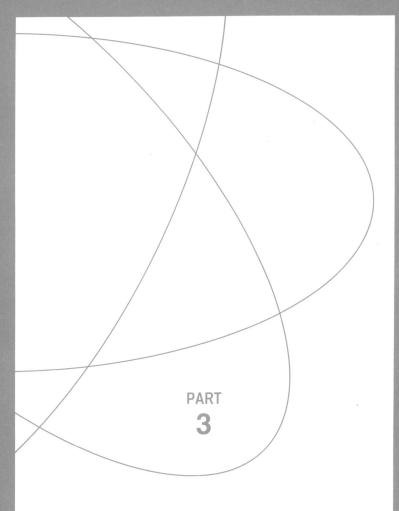

PART
3

앞으로의 마케팅

Quantum
Marketing

CHAPTER **10**

충성심은 없다

최근에 BBC.com의 기사를 읽다가 깜짝 놀란 적이 있다. 그 기사에 따르면, 남성의 75퍼센트 그리고 여성의 68퍼센트가 상대방과 관계를 유지하는 동안 어떤 식으로든 바람을 피웠다고 인정했다.[1] 30 혹은 아무리 많아야 50퍼센트 정도 되지 않을까 예상했는데 75퍼센트나 된다니!

일부 연구 결과를 보니 결혼 생활 중 부정행위를 저지르는 사람은 30~60퍼센트가 된다고 한다. 또 이혼으로 끝나는 확률도 50~60퍼센트가 된다고 한다. 사람들은 "죽음이 우리를 갈라놓을 때까지 함께하겠다"고 서약한다. 종교인이라면 신 앞에서 맹세하기도 한다. 또 어떤 문화권에서는 주문을 외우면서 신성한 결혼식을 올린다. 이렇게 진지하게 결혼 서약을 한 만큼 부정행위가 발각될 경우 심각한 결과를 초래한다는 사실을 알면서도 전 세계에 걸쳐 이 수치는 큰 차이를 보이지 않는다.

사람들은 바람을 피우다 걸리면 엄청난 대가를 치른다는 것을 알고 있다. 체면이나 명예가 추락하는 것은 물론이고 금전적으로도 큰 타격을 받을 수 있다. 자신은 물론이고 주위 사람들도 정신적으로 상당한 충격을 받는다. 충실하지 못한 행동을 저지르면 엄청난 대가가 따른다. 이 모든 것을 알면서도 충실함을 유지하지 않는 사람이 상당한 것 같다. 사람은 원래부터 충성심 또는 충실함이 부족한 상태로 태어나기 때문일까?

이를 바꿔서 질문하자면, 사람들이 애초부터 상대방에게 헌신하는 관계에 충실하지 않다면, 마케터와 비즈니스맨의 입장에서 우리가 소비자들에게 충성심을 기대하는 것은 과연 현실적일까? 우리가 사생활에 충실하지 않은 사람들에게서 충성심을 불러일으킬 수 있다는 환상에 빠져 있는 것은 아닐까? 따지고 보면, 사람들의 관심의 먹이사슬 측면에서 마케터는 최하위에 속해 있는 게 사실이다. 우리가 뭔가 잘못 이해하고 있는 것일까? 충성도에 대해 다시 생각해봐야 할까?

로열티란 무엇인가

개념부터 시작해보자. 로열티loyalty란 무엇인가? 웹스터Webster 사전에 따르면, 로열티는 포기하거나 저버리거나 또는 배신하고 싶은 어떠한 유혹에도 불구하고 변함없이 신뢰를 지키는 것을 의미한다. 로열티의 동의어로는 신실piety, 신의fidelity, 충성allegiance, 충실fealty, 헌신devotion 등이 있다.

일반적으로, 우리는 이 단어들의 의미가 매우 유사해 섞어서 사용할 때가 많다. 하지만 모두 우리가 알고 있는 충성이라는 뜻을 멋지게 표현하고 있음에도 각 단어에는 미묘한 차이가 있다.

신실은 서약이나 의무로 맺어진 것을 믿음직하고 착실하게 지킨다는 뜻이다. 신의는 주로 책임, 신뢰 또는 의무에 대한 완전하고 지속적인 신뢰를 의미한다. 충성은 시민이 국가에 보이는 충성이라는 뜻을 담고 있다. 충실은 의무와 이행을 맹세한 서약을 굳게 믿어 지키는 신조나 신념을 뜻한다. 헌신은 자기 헌신에 해당하는 열정과 봉사를 강조한다.

종합적으로, 이 단어들은 누군가 또는 무언가에 대한 전념, 헌신, 변함없는 관계라는 개념을 내포한다. 예를 들어, 사람은 어떤 도시에 대해 시민이 국가에 보이는 충성심을 지니고 있으며, 콘서트에서 가수가 해당 도시 이름을 크게 외치면 기쁨에 겨워 소리를 지르며 화답할 수 있다. 하지만 그 사람은 다른 도시로 이사를 할 수도 있고 새로운 도시를 고향처럼 느낄 수도 있다. 그러고는 그 도시를 뜨겁게 지지하기 시작한다. 마찬가지로, 사람들은 도시보다 자기 나라에 대해 훨씬 더 강한 애착심을 지닐 수 있다.

하지만 더 나은 기회를 찾아 다른 나라로 이주해서 그 나라의 시민권을 취득하고 새롭게 친밀감과 충성심을 구축하기도 한다.

사람들은 살면서 저마다 특정 대상에 더 강한 소속감과 충성심을 느낀다. 예를 들어, 어떤 사람들은 스포츠 팀이나 정당을 포함해 깊은 관심이 가는 대상에 열렬히 충성한다. 본질적으로, 이는 사람들의 열정이다. 한 사람이 음악, 스포츠, 자선사업, 예술, 문화 등 여러 분야에 열정적일 수 있다. 이렇게 자신이 열정을 느끼는 영역에서, 사람들은 강한 소속감 또는 충성심을 나타낸다. 그리고 이는 전적으로 자발적이다. 하지만 충성의 대상이 바뀌면 예전의 대상에는 거의 신경 쓰지 않는다.

이제 다시 결혼으로 가보자. 결혼 생활이나 연애는 자발적이지만 헌신이 요구된다. 결혼 또는 부부 관계에서는 배우자를 제외한 모든 경쟁적 대상을 거부하고 밀쳐내야 한다. 스포츠 같은 영역에서는, 사람들이 특정 팀의 충실한 팬이면서 동시에 다른 종류의 여러 스포츠와 여러 팀을 따를 수도 있다. 스포츠에서는 묵시적 또는 감정적 독점권이 전혀 없다. 하지만 결혼은 그렇지 않다.

여기서의 가설은 인간이 특별히 충성스러운 존재가 아니라는 것이다. 그리고 로열티는 위계에 따라 작동한다는 멋진 이론도 있는데, 이에 대해서는 나중에 다루겠다.

이제 브랜드 입장에서 이 문제를 생각해보자. 앞서 언급했듯이, 만약 사람들이 자신의 배우자에게 충실하지 않다면, 우리는 그런 사람들이 왜 브랜드에는 충성할 것이라고 생각하는지 자문해봐야 하지 않을까? 흥미롭게도, 소비자들은 멤버십, 마일리지 등 평균 15가지의 로열티 프로그램loyalty program(충성도가 높은 구매 행동을 보상함으로써 지속적인 재구매를 유도하는 마케팅 기법 – 옮긴이)에 가입되어 있지만 실제로 이들 서비스를 이용하는 사람은 25퍼센트에 불과하다. 그리고 22퍼센트만이 스스로 브랜드에 충성한다고 생각한다. 75퍼센트의 사람들이 인간관계에서 바람을 피우듯, 거의 그만큼의 사람들이 자신의 브랜드에 대해 지조를 지키지 못한다.[2]

그렇다면 이들 로열티 프로그램들이 죄다 무용지물이라는 뜻인가? 전혀 그렇지 않다. 실제로는 바로 그 반대이다. 사람들의 충성도가 낮기 때문에, 경쟁사에 속한 소비자를 당신 편으로 끌어들일 수도 있다는 말이 된다. 마찬가지로 분명한 건, 브랜드는 아무리 오랫동안 함께한 소비자라도 잃을 위험이 있다. 로열티 프로그램은 소비자의 심적 경향을 고려하고 거기서 얻은 통찰력을 활용하면서 진화해나가고 소비자 선택의 매 순간마다 핵심적인 역할을 해야 한다.

로열티 프로그램은 "소비자를 끌어들여서 지킨다"는 자세에서 이전의 승리를 기반으로 매 과정마다 승리를 이어가는 방향으로 진화할 필요가 있다. 자사의 브랜드에 대해 '더 높은 선호도 점유율'을 이끌어내는 것을 목표로 삼을 수 있다. 소비자들은 한 브랜드에 더 마음을 기울이는 것을 꺼리지는 않지만 유혹과 기회가 눈앞에 닥치면 길을 잃고 만다. 예를 들어, 마트와 관련된 로열티 프로그램을 살펴보면, 소비자가 코스트코 멤버십을 소유하고 있을 수 있지만 그것이 다른 마트의 회원권이 없다거나 또는 아마존 프라임 Amazon Prime에서 식료품을 구독하지 않는다는 뜻은 아니다. 브랜드를 향한 충성도를 확보하는 것은 가치 있는 목표이지만, 브랜드가 독점권을 요구하거나 기대하거나 얻어낸다는 생각은 합리적이지 않다.

사실, 브랜드 충성도는 우리가 1960년대와 1970년대에 미국, 인도, 그리고 유럽에서 보았던 히피 공동체를 떠올리게 한다. 히피 공동체에 속한 사람들은 자유로운 사랑을 외쳤고 특정한 생활 방식에 대한 약속이나 헌신이 없었다. 그리고 그렇게 살았다. 약속이나 헌신이 없다는 말은 조건이나 결과를 생각하지 않는 관계를 의미했다. 이는 제5의 패러다임을 맞이한 오늘날의 소비자와 매우 흡사하다. 소비자 입장에서는 이것저것 시도해볼 수 있는 선택의 폭이 너무도 넓은데 왜 한곳에만 충성심을 보여야 한단 말인가?

각도를 달리해서 얘기해보자. 고객은 왕이라고 한다. 우리의 월급을 주는 대상은 고객이므로 그런 태도는 좋다. 많은 브랜드가 오랫동안 이 점을 인정하면서 "우리의 고객은 왕이다" 또는 "고객은 항상 옳다!"라고 자랑스럽게 외쳤다. 하지만 고객이 왕이나 왕비라면, 누가 누구에게 충성해야 할까? 왕이 신하에게 충성하는 게 맞을까 아니면 신하가 왕에게 충성하는 것이 당연할까? 〈왕좌의 게임(Game of Thrones)〉에 나온 대사를 빌리자면, '무릎을 꿇는' 쪽은 언제나 충성을 바쳐야 하는 주체(브랜드)이다. 이렇게 다른 방향에서 보면, 마케터와 기업은 충성도에 대한 접근 방식을 재고해야 한다.

충성도는 무엇으로 이루어지는가 _____

자, 그렇다고 브랜드가 이미지나 아이덴티티를 불문하고 천편일률적 할인 경쟁 혹은 너도나도 PB 상품 개발에 뛰어들어야 한다는 것은 아니다. 그럴 리가 없다. 우리는 마케팅이 빈번한 구매를 이끌어낼 뿐만 아니라 높은 가치를 창출해내도록 할 수 있다. 먼저, 충성도의 위계 구조를 알아야 한다.그림 7 참조

로열티는 네 계층으로 이루어진 구성체다.

목적 또는 대의 중심적

네 단계 중 가장 높은 곳에 속하는 것이 헌신이다. 소비자들이 기후 변화, 교육, 소득 평등 또는 의학 연구 같은 대의를 지지할 때는 이기적인 태도나 대가를 바라는 기대감을 초월하는 마음으로 그렇게 할 것이다. 소비자는 무언가에 대해 깊은 관심을 나타

그림 7

내고 전적인 지지를 보낸다. 그리고 그 대의명분이나 목적을 위해 계속 전념한다.

열정 중심적

어떤 스포츠 행사든 가서 열정이 발현되는 모습을 보라. 사람들은 스포츠 또는 팀의 팬이 되고 그 대상에 말 그대로 열광한다. 지지를 이어가면서 열성 팬으로 남는다. 목적이 주도하는 로열티와 마찬가지로, 이 또한 일방적인 관계다. 개인은 스포츠 팀의 열렬한 팬이지만 스포츠 팀은 이 팬의 존재조차 알지 못한다. 하지만 개인은 이런 사실을 전혀 개의치 않는다. 팬들은 자랑스럽게 팀 컬러와 로고를 착용한다. 그리고 그러한 모습을 보여주면서 큰 자부심과 어느 정도 정체성을 얻는다.

관계 중심적

관계 속에서 양 당사자는 노골적으로 또는 은밀하게 서로에게 헌신한다. 이는 약속이기도 하지만 대부분은 상호 기대가 있음을 뜻한다. 위에 언급한 두 계층은 비교적 평생 이어지는 종속적 관계이지만, 이 관계는 유동적이며 강도 면에서 크게 달라질 수 있다.

거래 중심적

가장 낮은 등급이며 가장 사무적이다. 여기서는 가치의 교환이 발생한다. 소비자는 무언가를 얻기 위해 대가를 치르거나 또는 어떤 일을 하고 그 대가로 무언가를 얻는다. 가치 교환을 하면서 매력을 느끼고 공정하다고 생각하는 한, 소비자는 브랜드와 계속 관계를 맺을 것이다. 하지만 소비자는 또한 다른 가능성에도 매우 개방적인 태도를 보이며 쉽게 유혹에 빠져 길을 잃는다. 회사는 소비자들의 충성심을 불러일으키고 있다고 착각하면서, 소비자들과 계속 함께하기 위해 인센티브와 보상을 제공한다!

충성심 대신 친화력을 만들어내라 ─────────────

제5의 패러다임에서 마케터들은 전통적으로 사용해오던 장기적 로열티 프로그램을 효과적인 '친화력 플랫폼'으로 발전시켜야 한다. 친화력affinity은 '물질이나 입자가 서로 결합해서 화학 반응을 일으키도록 끌어당기는 힘'이다. 우연이라 할 수 없는 것이, 그 정의가 양자 화학의 정의와도 흡사하다. 우리는 제5의 패러다임에서 브랜드 화학작용을 만드는 데 집중할 것이다. 친화력은 브랜드가 무엇을 구축하고자 힘써야 하는지를 정확하게 설명해준다. 친화력은 브랜드와 소비자의 결합을 유지시켜주는 화학 반응이다. 그 화학 반응이 사그라지는 순간, 결혼 생활에서와 마찬가지로, 브랜드와 소비자 관계는 멀어질 것이다. 부부 관계보다 더 빠른 속도로. 그렇다면 이 친화력은 어떻게 만들어낼 수 있을까?

첫째, 로열티의 네 계층(목적, 열정, 관계 및 거래)을 마케팅 전략/믹스에 혼합하는 방식을 활용하라. 이는 무엇이 소비자로 하여금 관심을 갖게 만드는가(목적), 소비자가 무엇을 열광적으로 좋아하는가(열정), 소비자의 가족 또는 사회 관계망은 어떤가(관계), 소비자의 구매 행동은 어떤가(거래)라는 관점에서, 아주 세심하게 소비자의 사고방식을 이해해야 한다는 말이다. 이 네 가지 모두가 동시에 결합되어야 한다.

특정 소비자가 지구 살리기에 열심이라면, 환경을 마케팅 믹스와 결합시켜라. 마케터는 환경 친화적인 제품과 포장을 제공할 수도 있고 수익의 일부를 환경 보호를 위해 기부하거나 또는 소비자가 재활용을 위해 제품 포장을 반납할 경우 할인을 제공할 수 있다. 소비자가 골프에 열정을 보인다면, 적어도 정보 전달 매체에 골프 이미지를 올리거나 골프 관련 매체를 통해 소통하는 정도는 해야 한다. 설사 마케터가 골프 관련 브랜드에 종사하지 않는다고 해도, 소비자가 골프 이벤트나 프로 골프선수 또는 사인 기념품 등을 접할 수 있는 기회를 제공하는 등 골프를 중심으로 하는 혜택을 제공할 수 있다.

관계는 어떠한가. 가족 구성(혼자 사는지, 가족과 함께 사는지, 자녀가 함께 사는지 또는 떨어져 사는지), 소셜 네트워크(사람들은 공통 관심사를 가진 다른 사람에게 몰려드는 경향이 있음. 마케터는 자신의 소비자가 누구와 영향을 주고받는지 실마리를 얻을 수 있다), 갈아탈 수 있는 기질(브랜드 불충 점수라고 해두자) 등은 마케터가 제품 구성, 제공 구성, 정보 전달 형식, 콘텐츠 및 미디어 채널에 대해 생각할 때 소중한 역할을 할 것이다. 또한 소비자는 자신이 얻는 제품이나 서비스가 충분한 가치가 있는지 알고 싶어 한다. 심지어 저렴한 가격에 좋은 물건을 구입했다고 느끼고 싶어 하는 마음에 현재 사용 중인 브랜드를 바꾸기도 하고 계속 사용하기도 한다. 소비자는 저마다 가격 탄력성price elasticity, 즉 어느 정도까지는 가격에 관계없이 제품을 구매할 의향을 내보인다. 하지만 범위를 벗어난 가격대는 소비자의 수요와 선택에 영향을 미친다. 마케터는 가격 책정 및 판촉 전략을 수립할 때 이러한 요소를 고려하여 매번 소비자의 선호도를 확보해야 한다.

둘째, 상황별 선호도 관리contextual preference management, CPM 플랫폼을 개발하라. CPM을 통해 마케터는 소비자와 마케터 모두에게 적절하고 가치를 부여하는 일관된 계획에 로열티의 모든 계층을 녹여낼 수 있다.

셋째, 구매 데이터가 됐든 위치가 됐든, 소비자 관련 실시간 정보를 이용하라. 실시간 정보를 통해 언제 그리고 정확히 어느 장소에서 차선책이나 정보를 전달할지를 결정할 수 있다.

넷째, 상황별 커뮤니케이션을 가볍게 여기지 말라. 구매 전, 구매 중 그리고 구매 후에 소비자 참여를 유도하라. 이는 강력한 실시간 고객 관계 마케팅CRM(고객과 지속적으로 유대 관계를 형성함으로써 상호간 이익을 극대화하는 마케팅 활동_옮긴이)을 실시하는 것과 같다. 소비자에게 어떤 일이 일어나고 있는지 그리고 소비자 주변에서 무슨 일이 일어나고 있는지 둘 다 아는 것은 대단히 중요하다. 핵심은 소비자의 선호도를 매번 확보해야 한다는 것이다.

선호도 확보는 한 번 하고 나면 계속 이어지는 것이 아니다. 소비자가 구매 결정을 내리는 매 순간 선호도를 확보하려면, 마케터는 결정이 일어나는 순간의 상황을 알아야 한다. 소비자가 구매 결정의 순간을 앞두고 특정 장소에서 무슨 일로 왜 구매를 하는지를 마케터는 파악해야 한다. 그렇게 해야 소비자에게 호감을 얻고 설득해서 구매로 전환시키고 만족감을 줄 수 있으며, 이 과정을 반복한다.

다섯째, 기존 로열티 플랫폼을 활용하라. 이를 통해 마케터는 소비자들의 마음속에 긍정적인 성향을 지속적으로 형성하며, 소비자들에게 해당 브랜드와 계속 함께할 수 있는 가시적인 이유와 감정을 제공할 수 있다. 프로그램 사용 빈도에 관계없이, 소비자는 자신이 매력적인 선택권을 가지고 있다는 사실 자체에 매우 만족해한다. 이는 마치 보험을 들어놓았을 때의 마음과 같다. 사용할 수도 있고 그렇지 않을 수도 있지만, 소비자는 그러한 프로그램이 자신에게 있다는 사실에 안심과 만족감을 느낀다.

여섯째, 소비자를 기쁘게 하라. 소비자를 붙잡아두려면, 소비자가 제품을 구매하고 사용한 후 다시 구매를 위해 돌아오는 구매 라이프 사이클 전체에 걸쳐 직관적이고 즐거운 경험을 제공하는 것만큼 효과적인 것은 없다.

퀀텀 마케팅에서는 로열티 관리가 영구적인 선호도 관리 플랫폼으로 바뀌면서, 브랜드에 대한 긍정적인 성향을 유지시킬 수 있는 프로그램을 만들고 소비자들에게 즐거움을 주는 경험을 제공해야 한다. 이것들이 함께 어우러져야 소비자를 끌어들이고 유지할 수 있다. 그리고 이 모든 것들은 브랜드를 연상시켜야 하는데, 이때가 바로 브랜드 친화력이 생겨나고 강화되는 시점이다. 소비자들이 트위터에 올리는 글 하나로 브랜드를 웃겼다 울렸다 하는 세상에서, 그런 소비자들이 오랜 기간에 걸쳐 우리 브랜드만 계속 사용할 것이라는 기대는 전혀 현실적이지 않다. 달리 말하면, 마케터는 상황, 경험, 감정이라는 매개체를 통해서 선호도 관리를 위한 예술과 과학을 혼합해놓은 체계적인 프로그램과 플

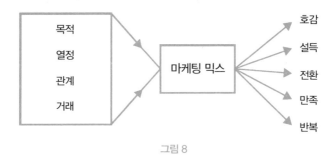

선호도 관리

목적
열정
관계
거래

마케팅 믹스

호감
설득
전환
만족
반복

그림 8

랫폼을 만들어야 한다는 뜻이다. ^{그림 8 참조}

친화력을 이끌어내라. 화학 반응을 일으켜라. 상황을 파악하라. 연관성을 부여하라. 경험을 선사하라. 그러면 수익성 기반의 성장과 지속 가능한 점유율을 확보할 수 있다. 이런 것들이 앞으로 브랜드를 올바른 방향으로 이끌어줄 것이다.

요약

- 대다수 사람들은 결혼 생활에서 그리고 개인 관계에서 충실한 태도를 보이지 않는다. 따라서 마케터는 사람들이 브랜드에 충성해야 할 이유가 무엇인지를 생각해봐야 한다.

- 브랜드 독점은 비현실적 열망이다. 기업들은 소비자들이 브랜드에 충성하기보다 브랜드가 자신들에게 충성하기를 기대한다는 점을 인식해야 한다.

- 브랜드 친화력은 브랜드와 소비자의 결합을 유지시켜주는 화학 반응이다. 마케터들은 전통적인 로열티 프로그램 대신, 이를 만드는 데 집중해야 한다.

- 마케터는 네 가지 로열티 계층의 구성체 전부를 이해하고 그들 모두 친화력 구축 전략에 녹아들도록 하는 상황별 선호도 관리 플랫폼CPM을 개발해야 한다.

CHAPTER 11

광고는 죽었다

사람들의 생활방식에서 뭔가 심오한 일이 일어나고 있다. 모든 이들이 태블릿, 스마트폰, 전자책 단말기에다가 항상 곁을 지켜주는 오래된 TV나 영화를 볼 수 있는 스크린 등 다양한 화면을 지니고 그 안에 빠져 산다. 그리고 화면을 통해 비디오를 보고 채팅하며 책을 읽고 이메일을 보내고 게임을 하며 새로운 것을 배운다. 이 모든 과정에서, 상업적인 메시지를 포함해 엄청난 양의 콘텐츠가 쏟아져 나온다. 이렇게 모든 화면에 지속적으로 융단 폭격을 가하는 정보가 사람들의 관심을 끌기 위해 경쟁하면서 사람들의 주의를 흐트러뜨리고 산만하게 만든다. 이런 현상은 인간의 뇌에 생리적 변화를 발생시키고 사람들의 주의력을 감소시키고 있다. 오늘날, 평균적으로 인간이 집중할 수 있는 시간은 8초가 채 되지 않는 것으로 추정하는데, 이는 금붕어에도 미치지 못하는 수준이다![1]

한 사람이 평균 하루에 3천 내지 5천 개의 광고 메시지에 노출된다.[2] 단 하루도 빠짐없이! 이는 천문학적 수준의 정보 과부하이며 인간의 능력으로는 이 모든 정보를 처리할 수가 없다. 따라서 마케터는 소비자의 관심을 얻기 위해 매일 3천에서 5천 개의 다른 메시지들과 경쟁해야 하며, 이런 아수라장을 뚫고 나아가 자사 브랜드와 제품 또는 서비스를 알리고 소비자들이 그 브랜드에 호감을 느끼도록 유도해야 한다. 이 얼마나 힘든 일인가!

게다가 현실은 이보다 더 복잡하다. 사람들은 일상생활에서 부드럽고 매끄러우며 중단 없는 경험을 원한다. 삐걱거리는 경험을 싫어한다. 사람들이 멋진 영화, 연속극, 뉴스 프로그램, 고양이를 주제로 한 비디오를 한창 시청하며 간접 경험 세상에 빠져들어 있는데 갑자기 멍청한 광고가 무례하게 침입한다. 사람들은 이런 식의 침입을 엄청 싫어한다. 그래도 이런 광고를 참고 넘어가는 이유는 사람들이 무료 정보, 무료 오락 또는 무료 콘텐츠를 찾고 있기 때문이다. 하지만 세상에 공짜는 없다. 사람들은 자신이 한 곳에 관심을 기울이고 집중하는 주의attention를 자기가 원하는 오락이나 정보와 교환하는 것이다. 다시 말해, 사람들의 주의가 화폐인 셈이다.

소비자들은 이렇게 성가시고 짜증나는 광고에 어떻게 대처하는가? 광고가 나오는 시간을 이용해 보통 화장실에 가거나 이메일을 확인하는 등 주의를 돌려 기분을 전환하는 일을 찾는다.

사람들은 당연히 점점 영리해지고 있다. 광고 차단 소프트웨어를 찾아낸 것이다. 이 프로그램을 작동시키면 화면에 광고가 나타나지 않는다. 다시 말해, 마케터는 적어도 광고 차단 프로그램이 작동하는 화면에서는 소비자들을 완전히 잃고 완벽하게 차단당한다. 이러한 광고 차단 프로그램은 기술에 정통한 사람들 일부만 알고 사용하는 게 아니다. 오늘날, 광고 차단 소프트웨어를 사용하는 소비자가 6억 명 정도,[3] 많게는 20억 명에 이를 것으로 추정하는데, 이는 세계 인구의 약 4분의 1에 해당하는 숫자다.[4] 그리고 그 수는 매년 증가하고 있다. 마케터는 더 이상 이런 사람들에게, 적어도 광고 차단 프로그램이 작동하는 화면에서는, 접근할수가 없게 되었다.

소비자의 고충을 들여다보고 이를 효과적으로 해결하기 위해 일부, 특히 아시아의 휴대전화 제조업체들은 자사 브라우저에서 광고 차단 소프트웨어를 사용할 수 있도록 지원하고 있다.[5] 소비자는 스마트폰 구입 후 광고 차단 프로그램을 작동시키고 마케터들을 차단할 수 있다.

광고가 나오면 딴 곳으로 주의를 돌리는 소비자 외에도, 아예 광고에서 자유로운 건전한 환경에서 살고 싶어 하는 소비자들도 있다. 이들은 자신의 주의를 무료 콘텐츠와 맞바꾸는 대신 아예 광고 없는 경험을 얻기 위해 돈을 낸다. 매달 12달러를 내면, 유튜브 프리미엄을 통해 중단 없이 매끄러운 비디오 시청 경험을 얻을 수 있다. 훌루Hulu에서도 이와 유사하게 광고 없는 프리미엄 서비스를 제공한다.

소비자들은 넷플릭스, 아마존 프라임을 비롯해 여러 소규모 업체의 광고 없는 플랫폼으로 몰려들고 있다. 소비자들에게 이곳은 광고에서 완전히 해방된 천국이다! 광고의 방해와 전방위 폭격에 노출된 지옥에서 벗어나 자유를 찾았다고 생각하는 것 같다. 뮤직비디오를 한창 보는 도중에 광고가 나와 분위기를 깬다면? 너무 짜증이 난 나머지 그 플랫폼을 외면하거나 아니면 광고를 없애기 위해 유료 구독 옵션을 찾을 것이다. 나 역시 광고 차단 소프트웨어를 환영하며 성가신 마케터들을 물리치고 광고 없는 환경에서 지낼 수 있다면 돈을 낼 의향이 있다!

이는 모든 마케터에게 악몽이 아닐 수 없다. 마케터는 전통적인 광고 모델이 변화할 수밖에 없다는 사실을 깨달아야만 한다. 소비자들이 적극적으로 지갑을 열고 광고 없는 환경으로 뛰어 들어가 엄청난 규모의 광고 차단 프로그램을 작동시키고 있기 때문이다. 우리가 어떻게 이런 추세를 무시하고 전통적인 광고 방식을 고수할 수 있겠는가.

내가 팀원들의 관심을 자극하기 위해 자주 하는 말이 있다. "광고는 죽었다." 글쎄, 아직 완전히 죽었다고 할 수는 없지만, 오늘날 우리가 알고 있는 바로는, 광고가 죽음의 골짜기를 향해 가고 있는 것은 틀림없다.

스토리텔링에서 스토리 메이킹으로 _____

그렇다면 소비자들을 끌어들이고 관심을 사로잡을 수 있는 다른 방법은 있을까?

아주 효과적인 방법 중 하나는 모두가 익히 알고 있는 입소문이다. 마케터는 사람들이 자사 브랜드와 제품에 대해 이야기하기를 원한다. 입소문은 새로운 방식이 아니다. 입소문 홍보는 제품, 서비스 또는 브랜드에 대한 메시지를 전파할 수 있는 가장 든든하고 믿음직스러우며 확실하고 효과적인 방법 중 하나로 여겨졌다. 그 기본 원칙은 여전히 유효하다. 어떤 면에서는, '미래로의 회귀'라고나 할까. 사람들은 자신의 물리적 네트워크나 디지털 네트워크에 있는 다른 사람들과 소식을 듣거나 전하고 싶어 하기 때문에 상대방의 정보 전달을 차단하지 않는다. 그러니까 내 말은, 판매를 강요하지 않는 선에서 사람들이 브랜드의 대변인, 홍보대사, 기획자 또는 옹호자가 되도록 만들라는 것이다. 핵심 과제는 어떻게 이 작전을 경제적으로 그리고 대규모로 펼칠 수 있느냐는 것이다.

퀀텀 체험 마케팅quantum experiential marketing, QEM을 시작하라. 체험 마케팅 자체는 새로운 방식이 아니다. 수십 년 동안 효과를 인정받은 방식이다. 하지만 우리가 할 일은 전통적 그리고 디지털 및 사회적 커뮤니케이션 전술의 결합과 결부된, 물리적 환경과 디지털 환경의 결합을 만들어내고 큐레이션하는 것이다. 이는 브랜드 차별화, 소비자 참여 및 선호도 관리의 잠재력을 발휘할 수 있는 매우 강력한 방법이 될 수 있다.

나는 전통적인 광고 주도적 마케팅 전략에서 체험 마케팅 전략으로 옮겨가는 이 변화를 이렇게 표현하고 싶다. 스토리텔링에서 스토리 메이킹story making으로의 이동이라고.

이 방식에서는, 먼저 영향력이 큰 소비자나 오피니언 리더 또는 프로슈머prosumer(제품의 설계 및 개발에 직간접적으로 참여하는 잠재 소비자)에게 접근한다. 이들의 시선을 사로잡고 독특한 경험으로 이들의 상상력을 사로잡도록 하라. 이들에게 제공하는 경험은 완벽해야 하며, 정신과 마음에 지속적인 인상을 남겨야 한다. 그렇게 되면, 이들은 다른 사람들에게 자신의 경험담을 전하려는 강한 성향을 보인다. 그 이야기에 특정 브랜드 덕분에 그런 경험이 가능했다는 사실을 티 나지 않고 설득력 있으며 적절한 방식으로 엮어 넣게 해야 한다. 그런 다음에는 그 이야기를 확대시키도록 하라.

여기서 중요한 질문을 하지 않을 수 없다. 사람들이 브랜드에 관한 이야기를 친구나 친척을 비롯해 자신의 관계망 안에 있는 사람 누구에게든 할까? 말할 것도 없이 당연하다! 브랜드를 둘러싼 대화는 긍정적이든 부정적이든, 상업의 영역뿐만 아니라 일상적인 사회활동에서도 발생한다. 예를 들면, 인스타그램 사용자의 92퍼센트가 브랜드 또는 브랜드에 관한 내용을 팔로우한다는 조사 결과가 있다.[6] 브랜드는 영향력 있는 게시물 하나 때문에 하루 아침에 우뚝 설 수도 있고 반대로 무너질 수도 있다!

또한, 조사 결과 74퍼센트의 사람들은 자신의 관계망 안에 있는 사람들이 브랜드나 제품을 경험하고 올리는 추천에 근거해서 브랜드 선택과 선호도를 결정하는 것으로 나타났다.[7] 입소문은 개인의 사회적 관계망 밖에서도 효과를 거둘 수 있다. 나와 관계 없는 다른 소비자들이 아마존이나 월마트닷컴Walmart.com에 올린 의견 또는 우버Uber와 리프트Lyft의 운전자들에게 매긴 등급을 생각해보라. 이는 특정 브랜드 또는 제품에 대한 선호도와 구매를 결집시키는 데 중요한 역할을 하는 채널이 될 수 있다. 다음에 소개하는 요점을 명심하자.

첫째, 경험은 굳이 호화로움과 고가로 관심을 끌지 않아도 되지만 독특함과 창의성 면에서 두드러져야 한다. 경험은 고객에게 그리고 브랜드에게도 의미와 흥미를 줄 수 있어야 한다.

둘째, 이 경험은 프로슈머, 인플루언서, 오피니언 리더를 타깃으로 삼아야 한다.

셋째, 이러한 소비자들에게 강렬한 인상과 장기 기억을 남기기 위해서 경험은 완벽하고 매끄러우며 특별해야 한다.

넷째, 경험을 통해 자연스러운 방식으로 브랜드 연상 이미지brand association가 떠오르도록 해야 한다. 소비자들이 멋진 경험과 그것을 가능하게 한 브랜드 사이에 강한 연관성을 만들도록 해야 한다. 아무리 훌륭하고 멋들어진 경험이라도 적절하게 브랜드 이미지를 연상시키지 못한다면, 마케터에 입장에서는 무의미할 뿐이다.

다섯째, 너무 티 나지 않게, 소비자들이 자신의 커뮤니케이션 채널을 통해 자신의 경험과 이야기를 공유할 수 있도록 해야 한다. 기억하라, 만약 경험이 형편없으면 소비자들은 부정적인 이야기를 더 공격적으로 퍼뜨릴 것이다.

여섯째, 이야기가 확실히 도달할 수 있도록 전통적인 채널과 디지털 및 소셜 채널을 통해 이런 이야기를 확대시켜라.

일곱째, 경험의 규모 변환이 가능하도록 하라. 소수의 사람만이 경험할 수 있는 일회성 체험은 흥미로움과 참신함을 느끼게 해준다. 이는 마치 소수의 사람들만이 경험할 수 있는 값비싼 작품을 만들어내는 것과 같다. 더 이상 천편일률적이고 무의미한 경험은 존재할 수 없다.

여덟째, 제공하는 경험이 경제적으로 실행 가능한지 그리고 지속 가능한지 확인하라.

에어비앤비Airbnb, 렉서스Lexus, 월 스트리트 저널Wall Street Journal을 비롯해 많은 회사가 이미 경험적 공간에 뛰어들어 소비자들에게 진정한 관심을 끌어내는 경험을 만들어내고 큐레이션하고 있다.

에어비앤비는 박물관 경험을 제공한다. 일반인을 위한 루브르 박물관 관람 시간이 종료된 이후에도, 에어비앤비 소비자들은 박물관에 가서 여유 있게 관람할 수 있다. 또한 레오나르도 다빈치의 모나리자 초상화 앞에 앉아 식사를 하게 된다.[8] 모나리자와 함께하는 식사라니 정말 멋지지 않은가! 그리고 식사가 끝나면, 박물관 건물 앞의 유리 피라미드 안에 특별히 준비된 침대에서 밤하늘의 별을 보다 잠들 수 있다. 전반적으로 소비자들은 이루 말할 수 없는 만족감을 느낀다. 물론, 소비자들의 경험은 모두 사진에 담기기 때문에 두고두고 꺼내보며 기억할 수도 있다. 자, 당신은 소비자들이 집으로 돌아오는 길이나 집에 도착해서 무슨 일을 하리라 생각하는가? 그 멋진 경험을 자랑하고 싶어서 참을 수 있을까? 자신의 이야기를 온라인에 게시하지 않고 배길 수 있을까? 그리고 누군가가 어떻게 그런 멋지고 특별한 경험을 하게 됐는지 물을 때, 소비자들은 뭐라고 대답할까?

이것은 너무나도 멋진, 에어비앤비와도 딱 들어맞는 경험이다. 여행객들에게 숙박시설을 제공하는 에어비앤비는 소비자의 관심을 끌고 브랜드 관련 긍정적인 평가를 이끌어내기 위해서 환상적인 경험을 활용한다. 이는 사람들에게 상당한 만족감을 선사하면서 경쟁자들과는 강력한 차별화를 이루게 한다.

마스터카드에서도 이런 예를 찾을 수 있다. 우리는 전통적인 광고 방식에서 급선회하면서, 프라이스리스 Priceless 프로그램을 체험 플랫폼으로 만들어냈다. 프라이스리스 광고 캠페인을 경험적 플랫폼으로 전환하면서 돈으로 살 수 없는, 오로지 마스터카드를 통해서만 얻을 수 있는 경험을 만들어내고 큐레이션한다. 이 캠페인은 프라이스리스 프로그램의 가치와 재미를 실체로 만들어 낸다. 소비자에게 멋진 경험을 선사하기 위해 필요한 모든 사항을 열심히 실행하고 있다. 이것이 회사의 브랜드와 사업에 도움이 되었을까? 당연하다! 불과 몇 년 전만 해도 브랜드 순위에서 87위에 머물렀던 마스터카드는 오늘날 전 세계를 통틀어 10대 브랜드 중 하나로 성장했다.[9] 마스터카드는 전 세계에 걸쳐 수천 가지의 경험을 큐레이션한다. 마스터카드의 체험 마케팅 엔진은 한시도 꺼지지 않고 힘차게 돌아가고 있다!

일부 브랜드는 자신의 활동 범주에서 좀 더 쉽게 적절한 관련 경험을 만들어낼 수 있다. 반면에 관련 경험을 만들어내기 힘든 브랜드도 있다. 이 부분에서 바로 창의성이 필요하다. 혁신적인 체험 마케팅을 만들어내고 매끄럽게 실행하는 브랜드는 남들이 쉽게 따라 할 수 없는 장점, 경쟁사의 침입을 막아주는 견고한 방어벽을 갖출 수 있다.

광고계에서 중요한 역할을 하는 또 다른 부분인 광고대행사로 가보자. 에이전시들은 제5의 패러다임에 접근해가면서 지각변동을 겪고 있다. 일부 회사는 에이전시 활동의 모든 부분 또는 일부를 내부에서 조달하고 해결하는 모습을 보이고 있다. 딜로이트 Deloitte와 액센추어 Accenture 같은 컨설팅 회사들이 전통적인 에이전시의 영역에 발을 들이고 있다. 이들은 역량을 강화하기 위해 독립 광고대행사들을 끌어들이면서, 과거의 컨설팅 서비스에 더해 온갖 추가 서비스까지 제공한다. 종합 광고대행사의 역할을 하면서 실행 서비스까지 제공하는 것이다.

반면에 광고대행사나 기획사들은 전통적인 에이전시 영역을 넘어서 새로운 분야로 진출하고 있다. 예를 들면, 글로벌 광고대행사 맥켄McCann은 데이터업계의 강자로 알려진 액시엄Acxiom을 인수했다. 광고대행사란 무엇이고 어떤 서비스를 제공하는 곳이 될지, 미래의 광고대행사는 오늘날과 사뭇 다른 모습을 갖추게 될 것이다.

이렇게 경계가 모호해지는 상황과 더불어, 소셜미디어 대기업들 중 일부는 마케터들에게 부가가치가 높은 창의적인 서비스를 제공하기 시작했다. 그리고 긱 경제gig economy(기업에서 정규직을 고용하기보다 필요에 따라 임시직이나 계약직을 고용하여 시장의 수요에 대응하는 경향 - 옮긴이)가 호황을 누리면서 프리랜서와 부업에 뛰어든 사람들이 마케터들에게 고품질의 창조적인 서비스를 제공하고 있다. 물론 앞장에서 언급했듯이, AI 지원을 통한 창의성 그리고 메시지를 소개하는 새로운 형태들(가상현실, 홀로그램 프로젝션, 가상 전시회 등)이 프로세스를 지속적으로 변화시키면서 생태계 전체가 큰 변화를 맞이할 채비를 갖추고 있다. 이렇듯 종잡을 수 없는 상황에서 광고 에이전시들은 자사의 모델을 재창조해야 한다.

광고 생태계 전반이 제5의 패러다임에서는 너무나 달라질 것이다. 우리가 알고 있듯이, 광고는 이미 죽었거나 그게 아니라면 죽어가고 있다고 해도 과언이 아니다.

요약

- 소비자의 관심을 받기란 힘들다. 그리고 상황은 날이 갈수록 악화되고 있다.

- 데이터, AI 그리고 여러 기술들이 광고 제작에서 새로운 메시징 형식, 미디어 최적화에 이르기까지 모든 것을 획기적으로 재구성할 것이다.

- 마케터는 자신의 창조적인 면을 기술적 지식으로 보완할 때 성공할 수 있다.

- 광고대행사들은 훨씬 더 획기적으로 비즈니스 모델을 재창조해야 한다.

CHAPTER 12

소비자가 아니라 사람이다

공식·비공식 연구를 통해 광고를 알리기 시작하면서, 마케터들은 소비자를 이해하고 그들의 이용 행태, 태도, 습관, 구매 이력을 알아내고자 전념했다. 마케터의 주요 목표는 언제나 전통적인 구매 깔때기를 통해 소비자들을 효과적이고 빠르게 이동시키는 것이었다.

마케터들은 행동의 발판으로 삼을 수 있는 인사이트 개발을 목적으로 소비자들을 조사했다. 인구통계학적·심리학적·행동적 특성을 통해 소비자들을 깊이 이해하고 싶어 했다. 그러면 소비자를 특성별로 묶어서 효과적으로 타기팅할 수 있었다. 마케터는 소비자의 니즈, 니즈 충족에서 발생하는 격차, 소비자가 불평 또는 열정을 느끼는 지점을 연구하고자 했다. 그리고 이러한 문제점을 직접 해결하고 격차를 해소해서 소비자의 표출된 니즈와 잠재된 니즈 모두를 충족시킬 수 있는 제품이나 솔루션을 내놓으려 했다.

마케터는 구매 행위와 사용 행위 모두를 축약해 모델로 만들려 했다. 초기에 만들어진 구매 행동 모델의 예로는, 인지awareness, 관심interest, 욕망desire, 행동action, 만족satisfaction의 앞 글자를 따서 만든 AIDAS 모델을 들 수 있다. 이 이론에 따르면, 잠재 고객은 다음과 같이 여러 단계를 순차적으로 거쳤다. 먼저 제품이나 서비스를 알게 되고, 그다음에 관심을 갖게 되며, 그다음에는 구매하고 싶은 욕구를 느낀다. 그리고 그 욕구를 행동에 옮겨 제품을 구매하고 소비한다. 일단 제품이나 서비스를 경험한 소비자들은, 바라건대, 만족감을 느낀다. 소비자에 대한 연구는 이런 식으로 진행되었고, 소비자의 구매 행태가 낱낱이 상세하게 드러났다.

물론, 그 이후로 상황은 달라졌다. 제품 및 서비스는 고객의 니즈 충족 그리고 고충 해소 측면에서 어느 정도 성과를 달성했다. 그래서 마케터들은 자신의 제품이나 서비스를 이용해서 소비자들에게 즐거움을 주기 위해 노력했다. 하지만 언제나 그랬듯이, 자신의 제품 또는 범주 안에서 경험을 설계했다. 평소 같으면 그리고 제품의 범주와 소비자가 기존의 관계를 그대로 유지한다면 문제될 일은 아니었다. 그러나 서로 다른 제품 범주 사이에 겹치는 부분이 상당히 많다. 그런 상황에서는 정확하게 영역의 경계를 구분하는 접근 방식은 심각한 위협을 받을 수 있다.

애플은 이 점을 충분히 이해했다. 애플은 2000년대 초반에 아이팟을 출시하면서 인간 중심 경험으로의 이동을 가장 먼저 시작한 대기업이다. 아이팟은 소비자들에게 주머니에서 나오는 천여 곡의 음악을 들을 수 있게 했다. 애플에 찬사를 보내는 바이다. 그 이후로 애플은 소비자들이 예상하지 못했던 건 물론이고 자신이 그런 걸 필요로 하는지조차 몰랐던 제품들을 만들어냈다. 어쨌든 결론적으로 소비자들은 애플 기기에 푹 빠져 살고 있다. 그중에서도 가장 내 마음에 드는 기기는 아이패드다. 사용자 인터페이스가 얼마나 훌륭한지 아기들도 바로 사용할 수 있다. 신기술에 쉽게 익숙해지지 못하고 고생하는 어르신들도 아이패드는 어려움 없이 사용한다.

이와 관련해서 지금도 기억나는 일이 있다. 당시 90세였던 아버지와 있었던 일이다. 어느 날, 아버지가 DVD 리모컨을 뚫어져라 쳐다보고 있었다. 아버지는 장치에 기능이 하도 많아서 뭐가 뭔지 모르겠다고 하셨고, 나 역시 이리저리 살펴보았지만 아버지보다 나은 게 전혀 없었다. 설명서를 찾아들고 매달린 결과 마침내 아버지에게 사용법을 알려드릴 수 있었지만, 아버지는 전혀 이해하지 못하셨다. 몇 년 후, 나는 아버지에게 아이패드를 선물했다. 그런데 이번에는 오히려 재미있어하며 기기를 사용하시는 것이 아닌가! 그리고 아이패드로 바로 독서를 시작하셨다.

내게 그 일은 고객 경험CX과 사용자 경험UX의 차이 같은 것이었다. 애플은 특정 제품군에서 소비자의 니즈를 충족시켰을 뿐만 아니라 사람들에 대한 전체적인 이해를 누구보다 잘하고 있는 것 같았다. 그 결과 제품 범주를 넘나들며 사람들의 삶을 쉽고 재미있게 하는 제품을 만들어냈다. 유니레버Unilever의 인사이트 담당 전무이사 스탠 스타누나탄Stan Sthanunathan은 이와 관련해서 귀에 쏙 들어오는 설명을 내놓았다. "제품 범주는 목적을 위한 수단입니다. 최종 목적은 사람들의 요구를 충족시키는 것이죠. 그러려면 사람들의 전체적인 삶을 이해하는 것이 중요합니다. 제품의 점진적인 개선을 원한다면 소비자에 대해 조사하면 됩니다. 하지만 만약 획기적인 돌파구를 찾으려 한다면, 소비자가 아니라 사람에 대해 조사해야 합니다. 판을 바꾸는 혁신적인 아이디어와 개념을 제공하는 것은 사람들의 보편적인 삶에 대한 이해입니다!" 이에 대해서는 조금 뒤에 더 알아보기로 하자.

누구에게나 소비는 전체 삶의 작은 부분에 불과하다. 마치 피자의 작은 조각처럼. 하지만 현실에서는 그 작은 부분의 내부에서 발생하는 일보다 외부에서 발생하는 일이 소비에 훨씬 더 큰 영향을 끼친다. 따라서 마케터가 브랜드 관련 소비자 경험이나 소비자 선호도 최적화에 초점을 맞춘다는 말은, 인간 행동에 초점을 맞춤으로써 실질적인 새로운 지평을 얻는 것과는 반대로 소비자 행동의 점진적이고 작은 기회에만 초점을 맞춘다는 뜻이다. 스탠의 말이 전적으로 옳다. 우리는 사람들의 생활 전체에서 일어나는 일들이 소비 행동에 큰 영향을 미친다는 점을 깨달아야만 한다. 사람들 삶의 다양한 측면은 서로서로 중첩되어 있고 고도로 연결되어 있으며 깊이 의존하는 관계다.

도브 Dove 비누를 예로 들어보자. 이 제품은 비누의 4분의 1을 보습 성분으로 채운다는 특징이 있다. 만약 제조사인 유니레버가 전통적인 소비자 조사에만 매달렸다면 제품의 우수성을 향상시키고 그 내용을 더욱 설득력 있게 전달하느라 무한 반복적인 노력을 기울였을 터다.

이런 활동은 당연히 중요할뿐더러 일상 업무에서 핵심적인 부분이기도 하다. 하지만 소비자가 아닌 사람의 희망, 열망, 불안이라는 관점에서 바라본다면 얘기는 달라진다. 젊은 여성들은 아름다움 앞에서 상당한 압박감을 느낀다. 젊은 여성들은 달성할 수 없는 수준의, 고정관념으로 만들어진 아름다움을 따를 수밖에 없다는 압박감을 심하게 느끼고 있으며, 이런 압박감이 여성의 자존감과 자신감에 영향을 미치고 있다는 사실을 알 수 있다는 말이다. 그래서 이런 통찰력을 바탕으로, 유니레버는 "만들어진 아름다움이 아니라 진정한 아름다움에 대한 모든 것"이라는 한 차원 높은 목표를 내세우며 브랜드 수준을 끌어올렸다. 아름다움은 진정하고 독특하며 실질적이고 당신에게 가장 어울리는 모습이다. 유니레버가 내놓은 이 공약은 인기를 끌었고, 이를 계기로 도브는 경쟁이 치열한 제품군에서 매년 성장을 거듭하고 있다.

이번에는 이런 상황을 가정해보자. 어떤 회사에서 여행 상품을 마케팅하려고 한다. 그러면 회사는 일반적으로 사람들의 여행 행태를 살펴보면서 사람들이 언제, 어떻게, 왜 여행하는지 이해하려고 노력한다. 마케터는 사람들이 어떤 방식으로 목적지, 여행 옵션, 가격 비교, 숙박시설 등을 조사하는지 연구한다. 그렇게 알아낸 정보에 근거해, 마케터는 사람들이 여행사를 통해 또는 직접, 자신의 여행 관련 니즈, 예산, 일자, 시간에 가장 적합한 상품을 구매한다고 본다. 이런 사항들을 알아내려면 과도한 수준의 조사가 필요하다. 이게 중요한가? 이 정도면 충분한가? 전혀 그렇지 않다.

과거에는 열 살 혹은 열두 살 자녀가 있는 가정에서는 부모가 여행을 갈 거라는 결정을 내린다. 이 가정은 디즈니월드에 갈 계획이며, 애들 방학 기간에 가서 며칠 묵다 돌아오려고 한다. 부모는 이런저런 조사를 한 후에 모든 준비에 나선다. 입장권, 호텔, 렌터카 등등을 예약한다. 그런 다음 자녀들에게 통보하고, 아이들은 좋아서 어쩔 줄 모른다.

오늘날의 현실은 사뭇 달라졌다. 먼저, 아이들이 결정 과정에서 중요한 역할을 한다. 태어나면서부터 디지털 기기를 자연스럽게 접한 디지털 원주민인 아이들은 부모가 그 나이였을 때보다 훨씬 영리하며 바로 조사 과정에 뛰어들어 인터넷과 영상을 누비고 다닌다. 가족의 연구개발 담당자인 아이들이 옵션, 비교, 선호도를 찾아낸다. 따라서 아이들은 가족의 의사결정 과정에서 핵심적인 인플루언서 역할을 한다. 마케터는 가족 구조 그리고 구성원 간의 역학관계를 알아야 한다. 방대한 양의 데이터가 활용 가능하다는 점에서 마케터는 놀라운 인사이트를 얻을 수 있고, 이에 따라 기존과 다른 방식으로 전략을 이끌어낼 수 있다. 이렇게 새로운 구매 역학을 탐색해갈 때 진실성, 책임성, 적절성이 무엇보다 중요하다.

일생에 걸쳐 사람의 소비 행동은 다른 사람, 장소, 행동의 영향을 받는다. 그 사람 주위에는 인플루언서도 있고 자기 의견을 선택해주거나 거부하는 사람도 있으며 돈을 대주는 사람도 있고 의사결정을 하는 사람도 있다. 퀀텀 마케터는 이렇게 한 사람 주위의 관계자들을 모두 알아야 하며 이들의 호감을 얻도록 적절한 영향력을 끼칠 수 있어야 한다. 이런 일이 과거에는 가능하지 않았고 지금도 크게 변하지는 않았다. 하지만 도래하는 제5의 패러다임에서는 이것이 실제로 가능한 일이자 반드시 필요한 일이 될 것이다. 사람들이 우리에게 사용을 허락해주는 데이터가 넘쳐날 것이고, AI를 통한 분석은 전체 마케팅 라이프 사이클에 걸쳐 인사이트를 제공할 것이다.

다시 여행 얘기로 돌아가자. 마케터가 개인 삶의 전체적인 면을 이해하면, 전체적인 캠페인 및 의사소통 방식은 더 이상 여행의 목적지 또는 도착 방법에만 집중하지 않아도 된다. 제품이나 서비스에서 개인 또는 가족에게 더 나은 경험 선사로 초점이 옮겨가면서, 눈앞에 닥친 이번 여행이 아니라 전체적으로 더 나은 삶에 집중하게 된다.

퀀텀 마케터들은 소비자의 전체 수명을 살펴보고 그 과정에서 어떻게 가치를 더해줄 수 있는지를 이해하려고 노력한다. 일단 이러한 접근 방식을 취해서 인사이트를 좀 얻으면, 제품이나 서비스를 살펴보고 자신이 제안할 수 있는 적합한 상품이 있는지 아니면 새로운 상품을 만들거나 또는 기존 상품을 수정해야 하는지 평가한다. 마케터는 이런 질문을 던져야 한다. "이 사람의 상황에서 확실하고 현실적이며 정직하게 대처할 수 있는 방안, 그래서 비즈니스 기회를 창출할 방안이 내게 있는가?" 그런 다음에야 마케터는 자기 제품이나 서비스를 효과적으로 소비자에게 홍보할 수 있다.

사람들은 브랜드에서 브랜드로 또는 이 카테고리에서 저 카테고리로 너무 많이 옮겨 다니기 때문에 아마도 전통적인 연구만으로 중요한 인사이트를 얻기는 힘들 것이다. 마케터들은 지금 엉뚱한 곳에서 해답을 찾고 있다. 제품이 특정 범주 내에서 개인의 요구를 만족시키기보다 훨씬 더 큰 역할을 한다는 점이 매우 중요하다. 실제로, 제품은 개인의 전반적인 삶에 연결되어야 한다. 감히 장담하건대, 제품 마케팅이 라이프 마케팅life marketing에 완전히 통합되지 않는 한 다음 패러다임에서 사라질 것이다.

구매 과정이 사라진다?

역사적으로, 마케터들은 구매 전, 구매 중 그리고 구매 후에 소비자의 사고방식 그리고 구매 깔때기를 이해하고자 노력했다. 하지만 제5의 패러다임에서 마케터들은 모든 노력을 기울여 구매 과정이 완전히 사라지도록 할 것이다. 무슨 말일까?

이미, 아마존이 아마존 고Amazon Go 매장에서 그랬던 것처럼, 기업들은 계산대를 없애고 있다. 고객은 선반에서 원하는 물건을 고르고 쇼핑 카트에 넣은 다음에 상점을 나가면 그만이다. 돈을 지불하기 위해 계산대에 서서 기다릴 필요가 없다. 이렇게 구매 과정에서 중요했던 부분이 제거되었다. 이 기업들에게 찬사를!

온라인 쇼핑에서는 꽤 오래전부터 파일에 카드를 넣어두는 현상이 자리 잡았다. 카드 정보와 배송 주소를 한 번만 입력하면 된다. 이후에는 한 번의 클릭만으로 결제가 이루어진다. 결제 절차가 상당히 단축된 것이다.

구매 과정이 뒤집어지고 있는 또 다른 부분을 보자. 말로 쇼핑하는 보이스 커머스에서는, 제품 정보를 요청받은 알렉사나 구글이 명시적 또는 암시적으로 제품이나 브랜드를 추천한다. 그리고 알렉사나 구글 홈의 추천을 받은 사람들 중 70퍼센트 이상은 그 추천을 그대로 받아들여 더는 검색하지 않는다.[1] 그냥 "그거 사줘"라는 한마디로 끝낸다. 그렇게 구매 종료! 검색, 비교, 결정이라는 지루한 과정을 스마트 스피커 덕분에 건너뛸 수 있다. 눈 깜박할 시간이면 추천을 내놓는다. 또한 질문과 답을 주고받는 과정이 반복될 때마다 그 사람의 선호도를 학습하면서 점점 더 설득력 있고 매력적인 추천을 내놓는다.

제품을 보내주는 구독 서비스subscription service 역시 구매 과정의 와해에 한몫하고 있다. 가입자는 자신이 한 번 내린 선택을 그대로 유지하는 한 재주문 과정을 기억할 필요도, 주문 과정을 처음부터 다시 거칠 필요도 없다. 이러한 접근 방식은 고객의 관성을 활용하고 선택을 자동화하며 소비를 강제한다. 나는 개인적으로 프록터 앤드 갬블Proctor & Gamble이 최근 출시한 커넥티드 칫솔에 상당히 흥미를 느꼈고 감명받았다. 스마트폰에 연결된 이 칫솔은 사용자에게 양치질 방법, 칫솔이 닿지 않은 부위 등을 알려준다. P&G가 프로그램을 입력하면 커넥티드 칫솔이 사용자의 양치 습관에 따라 치약, 치실, 구강청결제가 필요할 때마다 재주문하는 일을 과연 불가능하다고만 할 수 있을까? 이는 공상 과학 소설에 나오는 얘기가 아니다. 얼마든지 있을 수 있는 일이다.

커넥티드 가전제품을 통한 자동 주문도 구매 깔때기에 엄청난 큰 혼란을 불러온다. 예를 들어, 삼성은 집주인이 무엇을, 얼마나 소비하는지 파악하는 스마트 냉장고를 출시했다. 이 스마트 냉장고는 필요한 물품이 있으면 자기가 알아서 식료품점에 주문하면서 주인이 냉장고를 일일이 확인하고 주문하는 따분한 과정이 지닌 부담을 덜어준다.

구매 과정과 깔때기가 뒤죽박죽되는 상황에서 퀀텀 마케터는 소비자가 일상생활에서 겪게 될 상황을 어떻게 처리할지 알아내야 한다. 전략 수립에 필수적인 구성 요소 몇 가지를 소개하자면 다음과 같다.

첫째, 구매 과정이 자동화될수록 브랜드가 소비자에게 즉각적인 안심을 주고 즉각적인 동기부여를 자극하는 일은 전에 없이 중요해질 것이다. 브랜드 구축, 브랜드 평판, 브랜드 연관성, 브랜드 이미지 및 브랜드 자산, 브랜드 차별화의 역할 역시 더욱 중요해진다. 이는 사실상 기본으로 돌아가는 것을 의미한다.

둘째, 새로운 구매 과정에서 브랜드가 소외되지 않도록 구매 채널의 역학관계를 현명하게 활용하라. 그러려면 (사물인터넷, 스마트스피커 같은) 신흥 디지털 기술, 이러한 다양한 기기나 플랫폼의 추천 엔진 뒤에 숨겨진 알고리즘, 선호도를 이끌어내는 동인, AI를 통한 실시간 제안 최적화 방법론 등에 대한 깊은 지식이 필요하다. 이러한 것들은 퍼포먼스 마케팅의 새로운 원동력이 될 것이다.

셋째, 브랜드 연관성을 유지하고 경쟁 우위를 지켜나가기 위해서는 특별한 장점이 필요하다. 이는 제품 자체보다는 주변 시스템, 포장, 지적재산권, 감정 유발 요소emotional hooks 등을 말한다. 다양한 혁신가들이 시도하는 가장 큰 일 중 하나는 구매 과정 전체를 자동화해서 소비자에게 제품에 대해 생각하고 배우고 선택하고 구매해야 하는 부담을 주지 않는 것이다. 어떤 의미에서는, 사람이 구매 과정에서 배제되고 있다는 말이다! 알고리즘이나 기계가 개인의 부담을 덜어주고 구매를 완료한다. 이 얼마나 흥미진진한 일인가!

마케터들은 사람들이 제품과 서비스를 어떻게 소비하는지 반드시 연구하고 이해해야 한다. 하지만 미래에는 그것만으로는 충분하지 않다. 사람에 대한 모든 것 그리고 사람 주변의 모든 것이 변화하고 있으며, 이러한 변화들은 사람들의 소비 행동, 과정, 패턴을 주도할 것이다. 도처에서 일어나는 지각변동에 따라 많은 제품의 범주들이 제거되거나 변경될 것이다. 따라서 마케터는 자신의 마케팅 전략을, 인사이트에서부터 전체 라이프 사이클에 이르기까지 오로지 소비자 연구에만 고정하지 않는 것이 중요하다. 사람들을 전체적으로 연구하고, 소비자가 아닌 인간에게 마케팅하는 것이 퀀텀 마케팅 방식이다.

요약

- 어떤 개인에게든 소비는 전체 인생의 작은 부분에 불과하다. 마케터들이 소비자 경험이나 소비자 선호도의 최적화에 초점을 맞추면, 인간 행동에 집중하여 실질적인 새로운 기반을 마련하는 것이 아니라 소비자 행동의 점증적이고 작은 기회에 초점을 맞추게 된다.

- 마케터는 소비자의 전체 수명을 살펴보고 기존 제품 범주에 구애받지 않는 가치를 더해줄 수 있는 방법을 이해하려고 노력해야 한다. 그러고 나서 제품이나 서비스 또는 묶음 상품을 소비자가 처한 그때그때 상황에 따라 효과적으로 만들어내고 홍보해야 한다.

- 여러 붕괴 현상 중에서도, 구매 과정과 구매 깔때기 이론은 제5의 패러다임에서 완전히 와해될 것이다.

- 많은 일상적인 활동이 자동으로 진행되면서 사람은 지금처럼 구매 결정에 관여하지 않게 될 것이다. 마케터는 이러한 환경이 불러올 결과를 이해하고 자신이 활용할 수 있는 방식을 알아내야 한다.

CHAPTER **13**

AI로 팔고, AI에 판다

마케팅이 지닌 감성, 인센티브, 미학, 따스한 분위기 활용 측면에서, B2B 마케팅 분야는 소비자 마케팅에 비해 수십 년 이상 뒤처져 있다. 하지만 일부 프로세스와 ROI 측정에서는 소비자 마케팅을 크게 앞지른다. 기업 간 마케팅은 일반적으로 감성에 의존하기보다는 기술적 정보 전달에 초점을 맞춘다. 정보는 제품 관련 데이터와 기능을 강조하는 내용이 주를 이뤄서 흥미도 감동도 찾아보기 힘들다.

B2B 마케팅은 기업의 의사결정이 기술 사양, 논리적 사고 과정, 비용, 성능 보장에 바탕을 두고 이루어진다는 점을 전제로 출발한다. 왜 그런지는 모르겠지만, 모든 사람이 B2B 마케팅 영역에서 감정은 중요하지 않다고 생각하며, 감성이 웬 말이냐며 종종 비웃기까지 한다. 이는 잘못된 생각이다.

마케팅의 지킬 박사와 하이드 신드롬 _____

행동경제학은 B2B 마케팅에서도 중요한 역할을 한다. 감정이 결정을 좌우하는 시스템 1 사고(8장 참고)는 업무 상황에서도 제한받지 않는다. 시스템 1 사고는 사람이 어디 있고 무엇을 하는지와 관계없이 그 기능을 한다. B2B에서도 성공하려면 반드시 이 부분에 호소해야 한다.

대부분의 마케터들이 명백한 사실을 놓치고 있다. 기업은 혼자 돌아가는 게 아니라 사람에 의해 돌아간다는 사실이다. 기업을 운영하는 사람도, 설사 비즈니스 환경에 있을 때조차도 평소 일상적인 환경에 있을 때처럼 행동한다. 마케터는 인간 소비자에게 마케팅할 때 그 사람의 심리, 즉 열망, 두려움, 불안, 고충 등을 들여다본다. 그런데 B2B 마케팅에서 제품 이야기를 할 때면 왜 갑자기 태도를 바꿔 심리는 전혀 고려하지 않은 채 상대방에게 '사무적인' 어조로 정보를 전달할까? 나는 이런 현상을 마케팅의 '지킬 박사와 하이드 신드롬'이라고 부른다.

휴가 상품이나 비누를 마케팅하면서는 소비자의 모든 정신적 기능에 호소하는 특별한 방식으로 이야기한다. 그런데 기업을 상대로 제품을 홍보할 때는 냉정한 태도를 보이면서 이성에만 호소하는 방식을 택한다. 격식에 얽매여 지루하고 따분한 내용에 초점을 맞춘다. 많은 B2B 마케터가 이렇게 아주 잘못된 방식으로 기업 소비자에게 다가가는 실수를 저지른다.

우리는 사업을 운영하는 주체가, 적어도 아직까지는 사람이라는 사실을 깨달아야 한다. 그리고 우리 생각에는 이런 사람들이 오로지 이성과 논리에 근거해 결정을 내릴 것 같지만, 사실은 이들도 사생활에서와 똑같은 방식으로 결정을 내린다.

물론, 개인의 사업과 사사로운 일상생활에서 의사결정 과정에 들어가는 분석은 다를 수 있다. B2B에서 의사결정자는 결정에 대한 경제적 부담을 자기가 직접 부담하지 않는다. 결정을 내리기 전에 사실을 더 철저히 평가할 수 있도록 도와주는 팀이 있고, 각 회사마다 어떤 제품이나 서비스를 평가하기 위해 설정한 규칙(예를 들어, 최소 세 개의 견적서를 받아야 한다)이 있다. 이런 조언과 규정은 모두 중요하다. 하지만 최종 결정은 사생활에서 내릴 때와 정확히 같은 방식으로 이루어진다. 자신의 감정과 느낌 그리고 직감의 영향을 받아 결정한다. 마케터는 그렇게 믿고 싶지 않겠지만, 그것이 사실이고 현실이다.

B2B 마케팅의 타깃은 대기업, 정부, 비영리단체, 중소기업, 스타트업이라는 다섯 가지 매우 광범위한 범주로 생각할 수 있다. 이들은 규칙 중심 의사결정과 그와 관련된 감정 사이에서 발생하는 연속적 상호작용에 따라 각각 다른 행동 특성을 보인다.그림 9 참조

각 범주마다 규칙과 감정이 의사결정에 영향을 미치는 수준이 다르기 때문에 마케팅 역시 각 범주에 따라 달라져야 한다.

B2B 마케팅이든 소비자 마케팅이든, 결국에는 개인 대 개인, 사람 대 사람, 인간 대 인간인 P2P 마케팅이 되어야 한다. 퀀텀 마케팅에서 마케터들은 그렇게 한다. 퀀텀 마케팅의 마케터는 기업을 인간으로 바라본다. 왜냐하면 사람이 사업을 운영하기 때문이다. 퀀텀 마케팅의 마케터는 사업을 위해 결정을 내리는 사람들에게, 인간적인 방식으로 마케팅한다.

B2B 의사소통은 격식이 아니라 진정성을 갖추어야 한다. B2B 마케터들은 모든 정보 제공이나 설명을 인간화하기 위해 많은 노력을 기울여야 한다. B2B 마케팅의 접근법, 스타일, 감성은 소비자 마케팅의 접근법, 스타일, 감성과 융합해 하나가 되어야 한다.

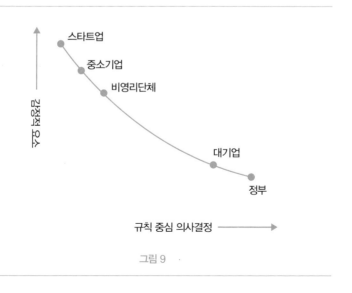

그림 9

이 모든 것이 P2P 마케팅이 될 것이다.

딜로이트의 글로벌 CMO 다이애나 오브라이언Diana O'Brien은 이렇게 말한다. "B2B 마케터는 고객의 열정을 이용하고 더 많은 참여, 협업 및 공동 창조를 지원하는 새로운 비즈니스 모델을 지렛대로 활용함으로써, 관계를 인간화할 수 있는 전례 없는 기회를 갖게 되었습니다."

현재는 기업의 인지도를 창출하고 가망 고객을 생성하기 위한 캠페인이 통상적으로 유통 채널trade channels을 통해 이루어진다. 유통 채널로는 거래 사이트 또는 출판물, 콘퍼런스, 박람회, 장소 기반 광고판(딜로이트와 액센추어가 아주 효과적으로 활용하는 공항 광고판), 정부 보고서white paper 및 기타 콘텐츠 출판물, 비즈니스 채널의 광고 등을 들 수 있다.

퀀텀 마케팅에서 마케터는 자신의 잠재 고객이 찾는 정보를 놓치지 않으면서도 이 모든 콘텐츠를 인간화할 뿐만 아니라 거기에 심리학·신경학·행동경제학·감각과학과 같은 분야에서 얻은 풍부한 통찰력을 입힌다. 예를 들면, 소비자 제품에 하듯이 비즈니스 제품에도 엄격한 사용자 경험을 설계해 넣는다. 제품의 장점을 부각시킬 뿐만 아니라 의사결정에 관여하는 사람들의 감정적인 측면에도 어필하면서 가능한 한 흥미롭고 매혹적인 광고를 만들 것이다. 퀀텀 마케팅의 마케터들은 소비자 제품에서 하듯이 인플루언서 마케팅을 전개할 것이다.

고객 관계 마케팅customer relationship marketing, CRM은 네 번째 패러다임에서 충분히 발전했다. 이제 제5의 패러다임에서는, 비즈니스 및 소비자 영역 전반에 걸쳐 실시간 데이터와 통합되고 위치 기반 타기팅을 활용하며 커뮤니케이션을 개인화하면서 한 단계 도약할 것이다. CRM은 상황별 성향 관리 플랫폼을 매우 고유하고 매력적인 방식으로 통합할 것이다.

기술 역시 변화를 불러오는 데 큰 역할을 할 것이다. 예를 들어, 코로나19는 우리가 원격으로 일해야 하고 그렇게 할 수 있다는 사실을 가르쳐주었다. 그리고 원격 근무는 그렇게 나쁘지 않았다. 일대일, 일대다, 다대다 등 화상회의는 모두 테스트를 거쳐 효과를 인정받았다. 생산성과 비용 효율성이 엄청나게 향상된다는 점을 감안할 때, 원격 화상회의 기술은 계속해서 발전할 것이다. 일단 맛을 보았고 괜찮다는 사실을 알았으니, 이제는 이러한 기능을 B2B 마케팅에 어떻게 접목할지 자문해봐야 한다.

예를 들어, 우리의 세미나와 콘퍼런스가 가상현실에서 이루어지고 나아가 VR을 통해서 몰입감을 전달할 수도 있을까? VR 전시회를 할 수 있을까? 증강현실까지 활용하는, VR 기반의 대화형 가상 제품 데모는 가능할까? 도래하는 5G 그리고 다양한 관련 분야에서의 지속적인 발전을 생각한다면, 이 모든 것은 현실이 될 뿐만 아니라 곧 보편적 대세로 자리 잡을 것이다.

이미 AI는 B2B 마케팅에 큰 영향을 미치고 있다. 예를 들면, 이미 AI를 사용해서 제안요청서request for proposal, RFP에 대한 응답을 수행하는 기업이 많다. AI 엔진이 RFP를 살펴보고 질문 내용을 이해한 후에 회사가 과거에 다른 RFP에 어떻게 대응했는지를 포함해 내부 데이터베이스를 조사한다. 그리고 조사 결과를 바탕으로, 많은 사람이 달라붙어 내놓은 응답만큼 좋은 혹은 그보다 더 설득력 있는 대응책을 내놓는다. 그것도 짧은 시간에, 더 정확하게, 가장 최신 정보를 활용해 작업을 수행한다.

드론 배송, 3D 프린팅 등 다양한 기술이 판도를 바꿀 것이다. 한편으로는 일정을 단축시키고 다른 한편으로는 재고량을 줄이면서, 고객의 비즈니스에 중대한 영향을 미칠 수 있다.

대부분의 사람들은 게임 플레이라고 하면 어린아이들 아니면 게임 덕후를 떠올린다. 놀랍게도, 게임은 이 두 부류를 위한 것만이 아니다. 게임의 요소를 활용하는 게이미피케이션gamification은 모든 이들에게, 자신이 상당히 성숙하고 고상하다고 생각하는 사람에게도 적용된다. B2B 공간에서도 적용이 가능하다.

나도 여러 B2B 상황에서 게이미피케이션을 적용한 멋진 시제품을 본 적이 있다. 그중 하나를 예로 들자면, 병원 CEO에게 재미있는 방식으로 자원을 할당하는 방법을 보여주는 게임 앱 데모였다. 실제로 이 게임을 하던 병원 CEO는 그동안 많은 마케터가 판매를 시도했음에도 시큰둥했던 제품에 관심을 보였다. 게임 앱을 하면서 그 제품의 가치를 은연중에 안 것이다. 게이미피케이션 영역은 이제 발전하기 시작했지만 활용은 그리 멀지 않았다. 이 방식이 고객 참여를 유도하는 주요 방법으로 자리 잡을 수 있을지는 아직 입증된 바가 없다. 하지만 모든 사람이 내면 아이inner child, 놀이에 대한 본능, 재미를 원하는 성향을 지니고 있다는 점을 무시하기는 힘들다. 게이미피케이션은 바로 이러한 사고방식을 활용하여 기존과는 다른 방식으로 커뮤니케이션하고 참여를 이끌어내며 마케팅 목적을 달성한다.

알고리즘에도 마케팅을 해야 한다 _____

네 번째 패러다임에서, 우리는 중요한 교훈을 배웠다. 기계가(사실은 그 뒤에 숨겨진 알고리즘이) 온라인 검색에서 어떤 브랜드를 보여줄지, 브랜드를 몇 순위로 매길지 결정한다면, 중요한 건 기계에 가장 먼저 마케팅을 해야 한다는 사실이다. 그래야 기계가 우리 브랜드를 고객들 앞에 소개할 테니까. 그래서 마케터는 기계에 영향을 미치는 방법, 즉 해당 알고리즘의 눈(논리)에 가장 잘 띄는 곳에 브랜드를 포지셔닝하는 법을 배워야만 했다. 이게 검색 엔진 최적화SEO와 검색 엔진 마케팅SEM이다.

이제는 AI 덕분에 기계들이 점점 정교해지고, 마케터들은 어떻게 그런 기계들을 대상으로 마케팅할 것인지 알아내야 한다. 즉 당신 편에 있는 기계들이 다른 편의 기계들에게 마케팅하는 것이다. 이것은 마케팅 프로세스에서 중요한 부분이며, 제대로 하지 않으면 다른 모든 노력마저 물거품이 될 수 있다.

다시 말해, 마케터는 새로운 현실을 직시하고 기계 마케팅 전략, 알고리즘, 콘텐츠에 대해 새롭게 생각해봐야 한다. 예를 들어, 소비자가 아마존의 인공지능 비서 알렉사에게 제품을 요청하면 알렉사는 누군가가 프로그래밍한 로직을 기반으로 브랜드를 소개한다. 마케터가 그때 바로 등장할 수 있는 방법을 알아내지 못하는 한, 알렉사는 그 브랜드를 언급조차 하지 않고 그러면 결국 해당 브랜드는 소비자의 구매 고려 대상에서 제외된다. 이는 곧 브랜드의 종말을 뜻한다.

앞 장에서도 언급했지만, 스마트 스피커는 빠르게 확산하고 있고, 사람들은 스마트 스피커를 구매 활동에 많이 사용한다. 그리고 열 번 중에 일곱 번은 알렉사의 추천을 그대로 따른다. 따라서 마케터들은 이 중요하고도 새로운 수단을 무시해서는 안 된다. 또한 이러한 스마트 스피커와 가상 비서를 비즈니스 대 비즈니스 상황에 접목시키는 방법도 흥미의 대상이 될 것이다.

이 모든 것은 스마트 냉장고 같은 사물인터넷의 출현과 함께 확장되고 있으며, 구매 상황에서 브랜드 선택에 영향을 미칠 수 있다. 효율적인 결과를 원하는 마케터라면 이런 기계들을 대상으로 어떻게 마케팅할지 그 방법을 알아내야 한다.

요약

- 기업 대상 마케팅은 여전히 소비자를 상대로 하는 마케팅만큼 발전하지 못하고 있다. 마케터들은 기업을 운영하는 주체가 기업이 아니라 정서적 존재로서 감정의 영향을 받아 자신이나 회사를 위해 결정을 내리는 '사람'이라는 사실을 깨달아야 한다.

- 새로운 기술은 기업 대상 마케팅을 획기적으로 발전시킬 것이다. 가상 콘퍼런스, 가상 무역 박람회, 몰입형 VR/AR 제품 데모, 게이미피케이션 등 모든 것이 새로운 차원과 가능성, 새로운 비용 효율성, 새로운 계층의 효과를 열어줄 것이다.

- 마케터들은 구매 프로세스의 새로운 중개자(기계 및 알고리즘)에게 어떻게 마케팅할 것인지 결정해야 한다. 스마트 스피커와 사물인터넷은 이러한 필요성을 더욱 부각시킬 것이다.

- 제5의 패러다임에서 마케터는 새로운 환경에 적응하기 위해 지식과 능력, 프로세스를 구축해야 하며, 이를 위해 자신만의 대응 지침서를 보유해야 한다.

CHAPTER 14

파트너십의 강력한 힘

복잡성과 역동성이 소용돌이치는 제5의 패러다임에서 대부분의 마케팅 계획은 다수의 출처로부터 얻은 정보와 조언을 활용하고 통합하며, 이를 여러 자원과 자산에 활용해 실행하는 작업이 필요하다. 마케터 혼자서는 이 모든 일을 할 수 없으며, 모든 측면과 단계에서 파트너십이 필요하다.

내부 파트너십을 먼저 구축하라 _____

마케팅은 조직에서 혼자 외떨어진 상태로 활동할 수 없다. CMO는 브랜드, 비즈니스, 경쟁력 향상에 초점을 맞추면서 마케팅 기능을 회사의 주류에 편입시켜야 한다. 그러려면 회사의 다른 모든 기능 및 부서와 연결되는 튼튼한 다리를 건설해야 한다. 회사에서 그렇지 않은 기능이 있느냐며 너무나 당연한 얘기를 한다고 할 수도 있겠지만, 사실 마케팅은 상황이 상당히 다르다.

일반적으로 CEO를 비롯해 고위 임원진은 재무, 법률 또는 IT와 같은 기능에 대해서는 잘 이해하면서도 마케팅에 대한 이해도는 낮다. 소비재 제품산업은 예외일 수 있지만, 앞서 논의한 바와 같이, 대부분의 산업에서는 이것이 현실이다. 따라서 마케터는 기능을 주류화하기 위해 금융에서부터 법률, IT, HR에 이르기까지 전반적으로 탄탄한 내부 파트너십을 구축해야 한다. 소규모 기업에서는 인원이 적고 한 사람이 여러 역할을 하기 때문에 이 목표를 달성하기가 더 수월하다. 그럼에도 불구하고, 성공을 위해서 내부 협력은 필수적이며, 협력 수준에 따라 마케팅의 기능은 살아날 수도 망가질 수도 있다. 내부 파트너십에 해당하는 각 관계를 살펴보자.

정보통신 기술

기술은 견실한 마케팅의 핵심 조력자이자 원동력이며, 마케팅 능력과 기술 역량 간의 협력 관계는 중요성을 더해가고 있다. 따라서 정보통신 담당 최고책임자CIO와 긴밀하고 강력한 파트너십을 맺는 일은 매우 중요하다. 이 중요한 파트너십이 형성되지 않는다면 마케팅 기능은 실패할 것이다. 내부 파트너십에서 CEO와의 협력 관계를 제외하면, IT와의 협력 관계는 마케팅 역할과 활동의 성공 여부를 결정하는 가장 중요한 관계다.

재무 담당 최고책임자CFO

마케팅은 ROI를 정확히 측정할 수 있어야 하며, 이에는 어떤 변명도 통하지 않는다. ROI 측정은 확실한 기준과 결과를 도출해야 하며 CFO가 요구하는 것을 제공할 수 있을 만큼 견고해야 한다. 더욱 원활한 관계를 원한다면, 마케팅 내에 자체 CFO를 두고 회사 전체 담당 CFO에게 보고하는 시스템을 갖추는 것이 좋다. CFO는 회사를 대표하는 입장에서 대규모 투자와 관련해 날카로운 질문을 던지고 꼼꼼히 따질 수밖에 없는데, 일반적으로 마케팅 활동에는 상당한 비용이 들어간다. 따라서 CFO와 CMO는 강력한 파트너십을 맺고 한배를 탔다는 마음으로 비즈니스의 파고를 함께 헤쳐 나가야만 한다.

인적 자원

마케팅 분야가 새로운 모습으로 변화하면서 마케팅 기능 안에 인재 관리가 매우 중요해질 것이다. 따라서 최고인사책임자CHRO와 끈끈한 관계를 유지해야만 한다. 퀀텀 마케팅이 요구하는 기술과 역량이 지금까지와는 크게 다르다는 점을 감안하면, 인재 확보와 개발은 매우 중요해질 것이다. CMO는 팀 전체가 확실히 준비하고 충분한 교육을 받으며 적절한 평가와 보상을 받을 수 있도록 해야 한다. 예를 들어, 팀 구성원, 특히 마케팅 외부 인력과의 직무 순환이 필요할 경우, 인적 자원부서와 마케팅의 파트너십은 매우 유용한 역할을 한다. 인적 자원 활용은 마케팅 비전, 전략 및 의제와 발맞추어 이루어져야 한다.

법률

내부 협력 관계의 핵심 부분 중 또 하나는 회사의 법률 고문 또는 최고법률책임자와의 파트너십이다. 중요한 소비자 보호 및 규제가 이전과는 다르게 속출하면서 마케터는 규제 환경의 현황뿐만 아니라 경계와 기회도 파악해야 한다. 또한 마케터는 정책 및 규제 업무를 담당하는 동료들과도 긴밀한 파트너십을 맺어야 한다. 이들은 소비자에게 공정하면서 동시에 마케터에게도 움직일 수 있는 공간을 주는 실용적인 방식으로 마케팅 규정을 수립하는 데 안내와 도움을 줄 사람들이기 때문이다.

CEO

마지막으로, 마케터는 CEO와 매우 좋은 협력 관계를 지녀야 한다. 마케터가 추진하는 마케팅 비전과 어젠다는 회사 전체를 위한 CEO의 비전과 방향이 일치해야 한다. 최고경영진의 승인을 얻는 것이 중요하다. 그렇지 않으면 마케팅 어젠다는 무너질 수 있다. 많은 최고경영진은 마케팅이 무슨 일을 하고, 또 할 수 있는 지, 마케팅이 회사를 위해 어떤 가치를 창출할 수 있는지에 대한 이해가 부족하기 때문에, CEO의 지지는 더더욱 필수적이다. 만약 CEO가 마케팅을 믿지 않는다면, 이는 마케터에게 큰 어려움을 안겨준다. 마케터는 시간과 노력을 들여 마케팅 기능이 얼마나 우수한지 보여주고 그 효과를 증명해야 한다. 마케터는 마케팅 기능이 소외되지 않도록 그 가치를 입증해야 한다. 그래도 상황이 바뀌지 않는다면, 회사를 위해 옳은 일을 한다는 마음으로 회사 내외부에서 격렬한 투쟁을 이어갈 자신이 있는지 판단해야 한다. 아니면 그냥 이직하거나.

이해관계자

회사의 전체적인 조직 구성에 따라, 마케팅은 제품관리(마케팅에 포함되지 않은 경우), 홍보(아직 독립적 기능을 유지하는 경우), 영업, 고객 서비스 같은 영역과도 파트너십을 맺어야 한다. 회사나 브랜드에 대한 소비자 참여에 대해 처음부터 끝까지 마케팅이 혼자 하는 일이 아니다. 마케팅 외에도, 소비자 경험과 브랜드 인식의 다양한 측면을 가능하게 하거나 제공하는 이해관계자들이 있다. 마케팅은 이들과 매우 밀접하게 연결되어 있어야 하며, 마케팅 기능을 통해 얻어낸 인사이트가 조직의 모든 측면에 분산되도록 해야 한다. 소비자가 회사와 만나는 접점 하나하나가 모두 브랜드 약속과 경험을 향상하고 강화하는 기회다. 그리고 소비자, 고객 또는 잠재 고객과 접촉하는 사람은 모두 브랜드 홍보대사의 역할을 하는 셈이다. 마케터는 브랜드 소유주가 아니라 브랜드 관리자다. 마케터들이 이러한 마음자세를 지닌다면, 회사 전체가 한마음으로 브랜드를 지지할 것이다. 따지고 보면, 브랜드는 회사 내 모든 사람의 것이다.

광고대행사는 공급업체가 아니다

광고대행사는 우리의 주변 상황이 어떻게 변하든 계속해서 중요한 역할을 할 것이다. 효과적이고 영향력 있는 커뮤니케이션을 위해서는 데이터와 기술이 중요하지만 그에 못지않게 중요한 차별화 요소로 작용하는 것이 창의성이다.

창의성은 고객, 소비자, 잠재 고객 등 사람들의 마음과 영혼을 연결할 수 있다. 회사 자체적으로 충분한 역량과 최고의 인재를 갖춘 회사는 극소수에 불과하다. 그러므로 일반적인 회사들은 대행사와 파트너십이 필요하다. 대행사에는 연구기관, 언론기관, 홍보기관 등이 포함되지만, 여기서는 창의성을 서비스할 수 있는 대행사에 중점을 둔다. 광고대행사라는 파트너는 마케터들에게 가장 큰 자산이다. 광고대행사는 회사가 어떤 비전, 전략, 우선순위를 지니고 있는지 그리고 어떤 제약조건이 있는지 완전히 이해해야 한다. 그래야 가장 적절한 방식으로 마케터를 지원할 수 있다. 마케터는 성공을 향한 여정에서 내내 자신과 조화를 이루고 발을 맞출 수 있는, 올바른 정신 자세를 지니고 뛰어난 창의력을 발휘하는, 제대로 된 광고대행사를 두어야 한다.

광고대행사와의 파트너십은 대행사가 존중받으며 대행사 사람들도 동등하게 대우받고 책임을 지는 관계로 이루어져야 한다. 그만큼 대행사의 운영도 투명해야 한다. 안타까운 일이지만, 광고대행사라는 파트너를 프로젝트가 있을 때만 그때그때 작품을 생산하는 공급업체로 생각하는 마케터들이 많다. 이런 경우 광고대행사는 무엇보다 중요한 회사의 비전과 전략을 이해하지 못해 최선의 노력을 기울일 수 없다.

끊임없이 비용을 절감해야 하는 환경에서 쉽지는 않겠지만, 광고대행사와의 협력 관계에는 장기적인 믿음과 책임 위임이 보장되어야 한다. 마케터는 대행사와 함께 만들어가고 싶은 그런 파트너십을 구축하기 위해 투자해야 한다. 파트너 대행사는 비즈니스를 이해할 뿐만 아니라 브랜드의 정신도 이해해야 한다. 하지만 브랜드 포지셔닝을 설명하는 문구만 읽는다고 이해할 수는 없다. 경험하고 점진적으로 범위를 넓혀가며 회사를 깊이 이해해야 브랜드의 영혼을 이해할 수 있다. 또 하나, 마케터에게 당부하고 싶은 부분은, 광고대행사 선정과 관리를 조달procurement 활동 하듯 해서는 안 된다. 공급시장 분석과 업체 탐색의 소싱 작업을 하는 조달은 최상의 계약 조건을 확보할 때 매우 중요한 지원 역할을 한다. 하지만 마케팅 팀이 아니라, 계약 조건을 따지는 조달 팀이 대행사 선정을 주도한다면, 과연 창의적 우수성을 향한 중요한 발걸음을 뗄 수 있을지 우려하지 않을 수 없다.

혁신을 위한 파트너십으로
브랜드의 가능성을 끌어올려라

혁신은 창의성과 더불어 항상 상당한 경쟁 우위를 가져온다. 대기업과의 파트너십을 배제하는 것은 아니지만, 혁신을 위한 파트너십이라면 스타트업 또는 확장하는 기업과 함께하는 것이 가장 효과적이다. 이런 기업들은 혁신적이고 인상적이며 성장에 굶주려 있어 매우 민첩하다. 이러한 기업과 강력한 파트너십을 맺어 브랜드의 가능성을 한 단계 끌어올리는 것이 중요하다. 내가 경험한 바로는, 훌륭한 창업자들이 시작한 소규모 스타트업들이 좋은 아이디어를 생각해낼 때가 많다. 이런 회사들과의 파트너십은 양쪽 모두에게 많은 혜택을 준다. 마케터는 신생 기업을 위해 엄청난 도약의 발판을 제공해주면서 동시에 신생 기업의 참신한 아이디어와 지적재산에 접근할 수 있다. 우리는 함께 성장한다.

또한 마케터는 혁신 파트너십을 관리하여 지적 자본과 모범적인 파트너십 사례가 유지되도록 해야 한다. 파트너십은 양 기업의 독점 계약 기간이 끝난 후에도 어떤 형태로든 경쟁 우위를 제공할 수 있어야 한다.

또한 기술의 힘을 효과적으로 활용하려면, 마케터가 자체적으로 강력한 도구와 자원을 보유하고 있거나 아니면 기술 공급업체와 효과적인 파트너십을 맺어야 한다. 변화의 속도를 감안할 때, 기업은 예전 컴퓨터 시스템에 얽매이지 말고 플랫폼 개발, 유지, 업데이트하는 기술 회사를 통해 다용도 및 모듈형 솔루션을 효과적으로 결합하는 것이 현명할 수도 있다.

대부분의 마케터는 기술에 대해 깊이 알지 못하므로 CIO나 외부 파트너가 적합한 솔루션을 만들 수 있게 해야 한다. 다양한 기술 솔루션을 측정하고 평가하는 중요 기준 사항으로는 모듈화, 다기능성, 상호 운용성, 확장성, 보안성 등을 들 수 있다. 또한 민첩성을 유지하기 위해서 기술 인터페이스가 간단해야 한다. 마케터는 IT나 공급업체에 도움을 요청하지 않고도 언제든 직접 기술 솔루션을 사용할 수 있어야 한다.

한편, 전통적으로 미디어는 마케팅의 핵심 영역이었다. 미디어 산업은 더욱더 붕괴될 것이고 따라서 중장기적인 협력 관계, 새로운 비즈니스 모델, 새로운 가격 구조를 모색할 것이다. 미디어에 상당한 비용을 지출하는 기업이라면, 마케터들이 전개되는 상황을 지켜보면서 전통적인 금전적 교환을 넘어서는 파트너십 기회가 있는지 파악한다. 자신의 마케팅과 미디어 전략에 어떤 일이 발생하고 어떤 영향을 끼치게 될지 이해하려고 노력하는 것이 중요하다.

내가 말하는 열정 파트너십은 스포츠, 음악, 식사 등과 협력 관계를 맺는 것이다. 이런 핵심 열정 분야에서는 고품질 자산이 매우 부족한 상태여서 당연히 가격 상승이 발생한다. 반면에, e-스포츠나 홀로그램 투어 같은 새로운 카테고리는 소비자의 관심을 끌어들이면서 마케팅 자금의 지원을 얻어낼 수도 있다. 경쟁자가 많아 소비자에게 다가가기가 어려울 때는, 스폰서십이 체험 마케팅과 소비자의 주의를 끄는 데 중요한 역할을 할 수 있다.

공공과 민간 그리고 지역사회 _____

예전부터 정부는 많은 영역을 독자적으로 관리해왔다. 하지만 스마트 시티, 의료, 지역사회 교육 같은 영역에서는 정부가 모든 일을 혼자서 할 수는 없다. 바로 이 부분에서 공공과 민간의 파트너십PPP이 지역사회 내에서 변화를 일으키는 큰 역할을 한다. 민관 파트너십이라고 해서 반드시 자선 활동이나 비영리 활동일 필요는 없다. 기업은 파트너십을 통해 이익을 추구할 수도 있고 지역

사회 개선에 도움을 주면서 동시에 투자 대비 적절한 수익을 얻는 모델을 구축할 수도 있다. 일반적으로 PPP는 정부 기관과 비정부기구 그리고 민간 또는 상장 기업이 하나가 되어 움직인다.

멀리 볼 필요 없이, 마스터카드에서 훌륭한 사례를 찾을 수 있다. 하나는 인구 증가에 따라 전 세계 대도시가 직면하는 어려움 해결에 도움을 주는 도시 가능성city possible 프로젝트다. 예를 들자면, 마스터카드는 큐빅Cubic과 파트너십을 통해 런던 지하철을 조사한 후에 완전히 새로운 결제 시스템을 설치했다. 런던 시민들 입장에서는 지하철 사용을 위해 끝도 없이 기다려야 했던 대기 시간이 줄어들었으니 좋을 수밖에 없다. 그리고 이 프로젝트는 마스터카드에도 이익이 된다. 참여자 모두에게 이익이 돌아가는 원윈 전략인 것이다.

산업 및 무역 기관과의 파트너십은 기업뿐만 아니라, 그 이름이 말해주듯이 산업 전체에 매우 유익하다. 산업 기관은 회원이나 파트너들에게 중요한 안건을 채택해서 정책 수립, 표준 설정, 이해관계자 교육 등의 업무를 진행하는데, 이는 단일 기업이 혼자서는 할 수 없는 일이다. 이렇게 충분한 기회가 눈앞에 있음에도 산업 기관의 활동에 참여하는 마케터가 극소수라는 사실이 놀라울 따름이다.

이토록 많은 변화가 일어나는 상황에서는 모든 사람의 이익을 위해 운용되는 일종의 기준이 있어야 한다. 만약 한 산업의 새로운 혁신이나 발전이 해당 산업만의 기준을 지니고 있고 생태계의 다른 부분들 역시 각자만의 기준이 있다면 일관성과 호환성이 사라지면서 생태계는 엉망이 될 것이다.

예를 들어, 다양한 소셜미디어 플랫폼을 살펴보라. 플랫폼마다 각자의 기준이 있다. 다른 플랫폼과는 상호 운용성이 없다. 따라서 마케터는 서로 기준이 다른 플랫폼에서 투자 수익을 일관된 방식으로 측정할 수 없고 향후 캠페인을 실행할 때 어떻게 투자를 최적화해야 하는지 알 수가 없다. 그래서 전미광고주협회의 협조와 세계광고주연맹World Federation of Advertisers의 후원을 통해, 많은 에이전시 지주회사와 주요 소셜미디어 플랫폼 그리고 많은 브랜드들이 이러한 불합리를 해결하기 위해 책임 있는 미디어를 위한 글로벌 연대Global Alliance for Responsible Media, GARM를 형성했다. 마케터는 이러한 업계 활동과 파트너십에 자신의 소중한 시간의 일부라도 적극적으로 할애해야 한다.

우리 세상은 진정한 세계화를 이루어 계속해서 다음 패러다임으로 진입할 것이다. 하지만 소비자들은 지역 커뮤니티에 점점 더 많은 눈길을 돌리고 있다. 지역에서 생산한 음식을 먹고 현지에서 만든 물건을 구입하며 활기찬 지역사회 활동을 벌이고 지역을 후원하는 사람들이 많아지고 있다. 브랜드와 제품과의 제휴가 투명하게 드러나고 진정한 차별화를 이룰 수 있는 지역사회와의 파트너십 구축이 대세를 이룰 것이다. 세계화라는 대우주와 지역

사회라는 소우주가 사이좋게 조화를 이루는 것이다.

지역사회에 가장 먼저 손을 내미는 브랜드는 해당 지역사회의 첫사랑이 되고 결국 더 많은 사람들의 사랑을 받을 수 있다. 이번 코로나19 사태는 지역사회에 다가가려는 노력이 얼마나 중요한지 보여주었다. 인스타그램의 라이브 기부live donations 기능 같은 사례를 보라. 이 프로그램을 통해 바이러스의 영향을 받은 지역사회를 돕기 위한 손길이 모이면서 인스타그램의 트래픽이 70퍼센트 급증하는 긍정적인 결과를 얻었다.[1]

빠르게 변화하는 또 다른 중요한 분야가 계약직 또는 프리랜서 노동자 경제다. 보통, 회사는 사람들을 고용하면서 직원으로 받아들이면 오랜 기간 회사와 함께 일할 것이라고 생각한다. 그래서 훈련과 장기적인 인센티브를 제공하면서 뛰어난 인재를 보유하기를 희망한다. 하지만 빠른 속도로 변화가 일어나고 신세대의 프리랜서 활동 선호 현상이 강해지는 상황에서, 마케터는 새로운 미래에 작업 방식이 어떻게 달라질지 주목하고 확인해야만 한다. 프리랜서 노동자를 받아들이려면 마케팅 기능은 어떤 구조를 갖춰야 하는가? 어떻게 해야 프리랜서와의 작업 과정이 원활하게 이루어질까? 여러 파트타임 직원 간에 어떤 식으로 역할을 분담할 수 있을까? 업무 관련 기밀 유출은 어떻게 막을 것인가? 호텔에서는 프론트 오피스 직원이 교대로 근무한다. 프로젝트마다 마케터들이 교대로 일하는 방식에는 어떤 기회나 이점이 있는가?

우수한 창의성과 실행력을 어떻게 보장할 수 있을까? 시간제나 프리랜서 노동자들은 일하고자 회사에 온다. 마케터는 직원 및 조직 모델에 대해 새로이 생각하고 이러한 상황을 맞이했을 때 최대한 활용할 수 있어야 한다.

요약

- 제5의 패러다임에서 마케팅은 지금과 같은 모습은 아닐 것이다.

- 새로운 기능, 새로운 인프라, 새로운 기회, 강력한 기술은 계속 등장할 것이다. 모든 측면에서 새롭고 실질적인 위험 발생을 예상하고 준비해야 하며, 이 모든 단계마다 파트너십은 필수다.

- 미래의 마케팅 기능 작동 방식에 대해 다시 한번 생각해보자. 마케터들은 수많은 정보와 조언을 활용하고 통합할 수 있는 조화로운 시스템을 갖추어야 한다. 그리고 그런 시스템을 강력하게 뒷받침하기 위해서는 파트너십이 반드시 필요하다.

- 먼저 내부 파트너십을 구축하라. 마케터는 시간과 노력을 들여 마케팅 기능이 얼마나 우수한지 보여주어야 하고, 마케팅을 통해 얻어낸 인사이트가 조직 내에 골고루 분산되도록 해야 한다. 또한 창의적인 광고대행사, 혁신적인 스타트업, 유능한 기술 솔루션 공급업체와의 협업을 통해 브랜드의 가능성을 한 단계 끌어올려라.

- 공공과 민간의 파트너십은 지역사회 내 변화를 일으키는 큰 역할을 한다. 기업은 지역사회 개선에 도움을 주면서 동시에 투자 대비 적절한 수익을 얻는 모델을 구축할 수도 있다.

CHAPTER 15

목적은 필수다

목적 지향purpose driven은 라이프 코치나 TV에 나오는 목사, 기업 고문들이 주로 내세우는 캐치프레이즈다. 기업계와 언론계에서 많은 사람이 이 말을 애용한다. 목적 지향이라는 말에 깔린 기본적인 생각은, 기업이 주주와 직원들에게 도움이 될 뿐만 아니라 사회 전반에 걸쳐 도움이 되는 좋은 일을 해야 한다는 것이다. 불행하게도 정치적 민감성 또는 올바름political correctness이라는 잣대를 들이대며 목적을 사용하다 보니, 기업은 진정한 목적이 무엇인지 그리고 '목적 지향'이 정말 회사 실적 향상에 도움이 되는지 정확하게 검토하지 못하고 있다.

많은 연구에서 목적이 뚜렷한, 즉 목적 지향적인 조직이 그렇지 않은 회사보다 더 나은 성과를 낸다는 점을 입증하고자 했다. 한 연구에 따르면, 목적 지향적인 기업이 그렇지 않은 기업보다

42퍼센트 더 나은 실적을 거두는 것으로 나타났다.[1] 나도 개인적으로 이런 연구 결과를 읽어보았다. 연구 결과가 사실이긴 한 것 같지만, 목적 지향과 회사 실적 사이에 연관성(두 가지가 함께 발생하지만 원인과 결과는 아닌 관계)만 있는 것인지, 인과성(한 가지가 다른 것을 야기하는 원인과 결과로 맺어지는 관계)이 있는 것인지 확실하게 판단할 수는 없을 것 같다. 당연히 명시적인 목적이 없는 기업은 실적이 떨어진다고 단정적으로 말할 수도 없다.

사람들은 목적을 모든 회사가 지녀야 하고 연례 보고서에 기술해야 하는 것쯤이라고 생각한다. 하지만 켈로그 경영대학원Kellogg School의 로버트 퀸Robert Quinn 교수는 2018년《하버드 비즈니스 리뷰Harvard Business Review》에 올린 글에서 이렇게 썼다. "기업이 목적과 가치를 발표하지만 그 말을 최고경영진이 행동으로 실천하지 않으면 공허하게 울릴 뿐이다. 모든 사람이 그 위선을 인식하고, 직원들은 더더욱 냉소적인 태도를 보인다. 오히려 조직에 해가 된다."[2] 언론은 이런 진실성의 결여, '목적 세탁purpose-washing'(속으로는 잇속만 챙기면서 겉으로는 더 큰 목적을 위해 노력하는 브랜드인 양 내세우는 행태)에 대해 정당한 의문을, 곤란한 질문을 던지고 있다. 과연 목적이 회사의 실적에 도움을 주는 게 맞는지 의문을 제기한다. 우리에게는 진실을 찾아야 할 공동의 책임이 있다.

환경 보호, 지속 가능성, 동물 복지, 다양성 및 포용성, 기아와 빈곤 퇴치, 성별 균형 등 기업은 저마다 다른 분야에 중점을 둔다. 하지만 많은 사람이 목적 지향을 갖는 것과 대의 마케팅^{cause} marketing을 헷갈려 한다. 그게 그거 아니냐고 생각하는 사람들이 많지만 사실 이 둘은 별개의 개념이다. 우리는 먼저 목적의 정의부터 시작해서, 대부분의 마케터가 집중하는 대의명분^{cause}과는 어떻게 구분되는지 알아보자.

목적은 기업이 존재하는 근본적인 이유다. 목적은 변하지 않는 북극성, 기업의 이행 지침이자 핵심 가치다. 회사의 윤리성을 말하는 것이 아니다. 윤리는 완전히 다른 것이다. 회사의 존재 이유는 주주 환원 극대화, 직원 만족도 극대화, 고객 만족도 등 통상적인 비즈니스 목표를 넘어서는 목적에 있다. 반면에, 대의 마케팅은 사회에 도움이 되는 특정한 일련의 캠페인 또는 활동을 말한다. 기업은 목적 없이도 사회에 도움을 주는 좋은 일을 하고 싶다는 광범위한 생각만으로도 대의명분을 살리는 활동을 펼칠 수 있다.

목적은 지향점인 북극성이고, 대의 마케팅은 종합적 계획인 로드맵이다. 이 두 가지를 묶어야 한다. 목적은 기업이 존재하는 이유가 되며 기업을 이끈다. 반면에 대의 마케팅은 사회에 도움이 되는 구체적인 활동이다.

회사를 표현하는 이야기나 기업의 사명 선언문 내용과 전혀 관계없이, 사회에 혜택을 준다는 명분만을 내세워 대의 마케팅을 실행한다면, 그건 목적이 결여된, 단순히 선한 활동에 지나지 않는다. 따라서 마케터들은 회사의 목적과 일치하고 목적에 이익을 줄 수 있는 대의명분을 찾아내야 한다.

자, 한번 생각해보자. 목적은 정말로 필요한 것인가 아니면 목적이란 그저 사회적 추세를 따르는 것일 뿐인가? 브랜드는 단지 회사가 더 나은 성과를 거두기 위해서 또는 주주 가치를 극대화하기 위해서만 목적을 추구하는 것이 아니다. 회사는 두 가지 중요한 이유로 목적을 추구해야 한다.

첫 번째는 철학이다. 마케터들이 사회를 위해 좋은 일을 할 수 있는 위치에 있다면, 하지 않을 이유가 없지 않은가? 이것은 근본적인 가치다. 마케터들은 단지 잇속을 차리고 싶어 할까, 아니면 선한 활동이란 중요하고 자신이 그 일을 할 수 있기 때문에 사회 전반에 도움이 되는 좋은 일을 하고 싶은 걸까?

두 번째는 신뢰 구축이다. 윤리를 다루는 장에서 언급하겠지만, 이미 신뢰 결여 상태가 심각한 데다 상황은 날로 악화되고 있다. 고객들은 사방에서 착취와 속임수를 보고 듣는다. 분명한 목적을 지니고 적절한 대의 마케팅 이니셔티브를 통해 그 목적을 성실히 뒷받침하는 기업, 회사에 관해 일관성과 설득력 있고 납득이 가며 흥미로운 메시지에 진정성을 담아 솔직하게 말하는 기업, 이러한 기업은 소비자의 눈에 잘 띄게 될 것이다.

목적은 브랜드를 차별화한다 _____

미래를 생각해보면, '목적 지향성'은 분명히 기업의 차별화 달성에 엄청난 역할을 할 것이다. 실제로 그렇든 아니면 그렇게 보이든 착취와 속임수가 만연한 세상에서 소비자에게 선한 활동을 펼치는 목적 지향적 기업이라고 인식된다면 대단히 긍정적인 일이아닐 수 없다.

기업이 목적을 추구하기 위해 사용하는 모델은 다양하다. 많은 기업이 재단을 보유한다. 기업은 재단에 돈을 넣고, 재단은 지속적으로 선한 활동을 한다. 기업은 좋은 일을 하면서 세금 혜택을 받을 수도 있다. 세금을 내는 대신에, 재단을 통해 지역사회를 위해 좋은 일을 하고 그 공로를 인정받는 것이 나을 수도 있다. 재단 활용이 한 가지 방법이 될 수 있다.

그다음으로는, 기업의 사회적 책임corporate social responsibility, CSR 모델이 있다. CSR 이니셔티브는 재단을 통해서 또는 기금 모금이나 캠페인을 통해서도 실행할 수 있다. 모든 기업에 사회적 책임이 있고 따라서 기업은 그 책임을 다하고 평가해서 연례 보고서에 기록해야 하는 것이 CSR 방식이다.

일반적으로 위의 두 방식 모두 자금 지원은 일정한 기준 없이 필요에 따라 그때그때 이루어진다. 실적이 좋은 해에는 재단이나 CSR 이니셔티브에 더 많은 자금이 투입된다. 그렇지 않은 해에는 적은 자금이 투입된다. 이는 자금 투입에 있어 일관성의 결여로 이어질 수 있다.

목적 지향적인 기업이라면 지속적으로 추진력을 키워가면서 일관성을 유지하는 것이 중요하다. 브랜드가 목적을 지속적으로 추구하지 않거나 명분을 위해 싸우지 않으면, 소비자들은 회사를 대의명분과 연관시키지 않거나 목적 지향적인 회사로 인식하지 않는다. 이 점을 반드시 기억해야 한다.

둘째, 재단과 CSR 활동이 일종의 곁들이 혹은 지엽적 행사가 되면, 소수의 사람들만이 그 활동에 집중한다. 회사의 나머지 사람들은 통상 업무에만 신경을 쓴다. 전체 조직이 아니라 소수의 제한적인 사람들만이 목적과 명분에 초점을 맞춘다면, 회사는 엄청난 기회를 놓치고 있는 것이다.

목적은 회사 비즈니스 모델의 핵심 가치에 완전히 녹아들어 갈 때 진정으로 실현된다. 마스터카드의 존재 이유와 지향점을 보여주는 목적 선언문purpose statement은 이렇게 되어 있다. '모든 이들을 돈으로 살 수 없는 가능성과 연결시켜주기.' 이러한 철학은 조직에 내재되어 있으며, 이 철학이 지원하는 대의명분은 마케팅 홍보와 캠페인 안으로, 조직의 비즈니스 중심부로 녹아들어 간다. 그렇게 되면 차원이 다른 영향력을 발휘한다. 몇 가지 예를 들어 보겠다.

마스터카드는 암의 위험에 관해 경각심을 일깨우고 치료법을 찾고 싶었다. 그래서 자선단체 스탠드 업 투 캔서Stand Up to Cancer와 파트너십 체결을 시작으로 활동을 펼쳐나갔다. 우리는 프로모션 기간 동안 카드 회원이 어떤 레스토랑에서든 마스터카드로 결제할 때마다 발생하는 수익의 일부를 스탠드 업 투 캔서에 기부하는 프로그램을 만들었다. 그러면 스탠드 업 투 캔서는 그 돈을 전 세계의 우수한 의학 연구원들이 함께하는 드림팀을 구성하는 데 투입하고, 이렇게 구성된 드림팀들은 함께 모여서 암 치료법을 찾아내는 작업을 하는 것이다. 하지만 이 모델이 진정으로 멋진 이유는 활동의 지속 가능성 때문이다. 이 프로모션을 실행할 때마다 요식업에서 마스터카드의 점유율이 올라가고, 이에 따라 증가하는 수익은 치료약품 개발 연구에 필요한 자금으로 사용된다. 핵심적인 비즈니스 활동에 대의 마케팅을 결합함으로써더욱 큰 목적을 지향하는 지속 가능한 모델이 되는 것이다.

또 다른 예로, 마이크로소프트는 특별한 도움이 필요한 사람들 people with special needs이 사용할 수 있는 도구를 만들어내는 훌륭한 작업을 하고 있다. 이는 마이크로소프트가 벌이는 자선 활동일 뿐만 아니라 실제로 사업의 핵심 부분이며 그들이 제품을 만드는 방법이다. 영국에서는 특별한 도움이 필요한 아이들이 게임 컨트롤러를 디자인했다. 장애가 있는 근로자들이 게임용 액세서리 포장을 설계했다. 그리고 마이크로소프트의 기술은 루게릭병 환자들이 눈으로 의사를 전달할 수 있도록 도움을 주었다.

한편, 다국적 소프트웨어 기업 에스에이피SAP는 자폐증을 지닌 젊은 성인들을 프로그래머로 고용한다. 이 회사는 자폐증을 앓는 사람들이 프로그램을 매우 잘 만든다는 사실을 깨닫고 이런 젊은 이들을 직장으로 끌어들이기 위해 채용 과정을 바꿨다. 그 결과는 놀라웠다. 에스에이피는 통합 고용 어드바이저Integrate Employment Advisors와 제휴를 맺어 자폐 증상을 보이는 사람들을 직원으로 고용하는 체계적인 시스템을 갖추고 있다.

그런가 하면 아웃도어 기업 파타고니아Patagonia는 회사의 비즈니스 관행에 목적을 완전히 통합시킨 훌륭한 사례를 보여주는 기업이다. 파타고니아가 선언한 사명은 다음과 같다. "파타고니아는 우리의 터전, 지구를 되살리기 위해 사업을 합니다." 이 회사는 매출의 1퍼센트를 풀뿌리 환경단체에 기부한다. 환경 보호를 위해 많은 시간과 노력을 들인다. 환경 보호를 하는 개인을 돕기도 한다.

목적 추구에는 데이터 자선이라는 흥미로운 방식도 있다. 데이터 자선이란 민간 기업들이 자사의 영업 비밀을 공공의 이익을 위해 기부하는 것을 말한다. 이렇게 기부한 데이터는 NGO, 학계 또는 정부가 지역사회에 영향을 미치는 문제들을 식별, 분석 또는 해결하는 데 사용된다. 예를 들어, 링크드인LinkedIn의 오픈 소스 데이터 프로젝트인 이코노믹 그래프Economic Graph는 6억 명 이상의 회원, 5만 가지 기술, 2천만 개의 기업, 1천 5백만 개의 개방형

일자리, 6만 개의 학교를 기반으로 해서 세계 경제를 디지털 방식으로 나타내는 프로젝트다. 모든 구성원, 회사, 경력, 학교를 지도 위에 보여줌으로써 어떤 능력을 가진 어떤 사람이 어디로 이주했는지, 채용률은 어떻게 되는지, 지역별로 어떤 기술에 대한 수요가 많은지 등 전체 동향을 파악할 수 있다. 이러한 인사이트는 사람들을 경제적 기회와 연결시켜주고, 정부와 NGO에는 사람들을 기회와 더 잘 연결시킬 수 있는 가능성을 열어준다.[3] 링크드인의 이 프로젝트는 종료되었지만, 이 책에 소개하는 이유는 이코노믹 그래프가 데이터 자선의 개념과 적용을 잘 보여주는 사례이기 때문이다.

전 세계 인구의 83퍼센트는 브랜드가 세상을 더 나은 곳으로 만들 수 있는 힘을 지니고 있다고 믿으며, 87퍼센트는 브랜드가 소신에 따라 당당히 행동해야 한다고 말한다. 84퍼센트는 기업에 사회 변화를 촉진하는 책임이 있다고 생각하며, 64퍼센트는 브랜드가 사회적 또는 정치적 이슈에 보이는 태도에 따라 해당 브랜드를 구입할 수도, 보이콧할 수도 있다고 응답했다.[4]

목적 지향성은 대의 마케팅과 비즈니스 성과를 연결한다. 목적은 속 빈 강정 같은 소리도 아니고 정치적 유리함이나 연례 보고서를 작성하기 위한 말도 아니다. 기업이 목적을 추구하는 이유는 그것이 옳은 일이기 때문이다. 소비자들이 목적이 이끄는 브랜드에 지갑을 열기 때문이고, 젊은 세대들이 목적 지향적 조직에서만 일하기를 원하기 때문이다. 젊은이들은 심지어 적은 급여를 받더라도 사회에 도움이 되는 회사, 목적 지향적이라고 믿는 회사에서 일하고 싶어 하기 때문에 이런 회사는 최고의 인재를 유치하고 보유할 수 있는 확실한 경쟁 우위를 확보할 수 있다.[5]

요약

- 목적에 대한 약속과 노력은 기업의 가장 위에서부터 실천되어야 한다. 마케터들은 이 목적의 형태를 잡고 빚어내서 설득력 있는 스토리로 전해야 한다.

- 사업의 핵심 모델에 목적을 포함시켜라. 목적을 지엽적 사안으로 만들지 말라.

- 회사의 목적에 부합하는 일련의 대의 마케팅 이니셔티브를 찾아내라.

- 너무 눈에 보이는 이익만을 이리저리 좇지 말라. 진정한 변화를 만들어내기 위해서는 일관성 유지와 장기적인 투자가 매우 중요하다.

- 마케터는 광고나 판매 형식을 사용하지 않고, 회사의 목적에 관한 스토리를 진정성 있게 전해야 한다. 그렇지 않으면, 자기 잇속만 차리는 기업으로 비칠 것이다.

- 각 대의 마케팅마다 브랜드 이름을 만들어 붙이지 말라. 그렇게 하면 오히려 고객이 전체적인 브랜드와 연결시키지 못한다. 이는 브랜드 영향력과 브랜드 자산을 분산시킬 뿐이다.

- 올바른 파트너십을 구축하라. 아주 훌륭한 평판을 지닌 파트너를 확보해서 장기적으로, 효과적으로 협력 관계를 맺도록 하라.

- 소비자들은 목적이 이끄는 브랜드에 지갑을 열며, 젊은 세대들은 목적 지향적 조직에서 일하기를 원한다.

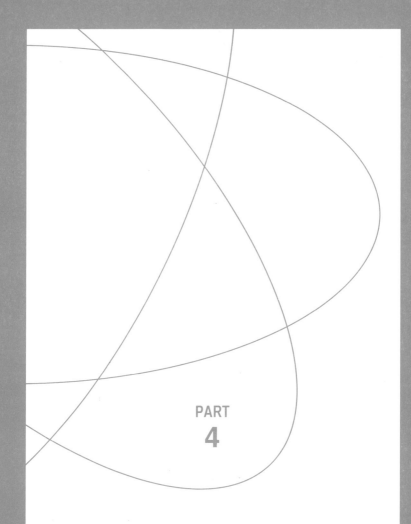

PART
4

기회와 대전환

Quantum
Marketing

CHAPTER 16

신뢰로 우위를 차지하라

최근에 어떤 분이 보내준 링크를 통해 코미디언 조지 칼린George Carlin이 스탠드업 코미디쇼에서 광고와 마케팅에 관해 농담을 던지는 부분을 본 적이 있다. 조지 칼린은 모든 마케터와 광고주가 말 그대로 수십 가지 '꼼수'를 부린다며 관객들에게 이렇게 말했다. "이 나라에선 광고에 노출될 때마다 다시 한번 깨닫게 됩니다. 미국을 변치 않고 이끌어가는 주도 산업은 역시 제조, 유통, 포장, 마케팅 같은 헛소리 산업이라는 사실을 말이죠."

웃기기도 했지만 마음이 아프기도 했다. 대중의 눈에 비친 마케팅은 양심이나 윤리 의식이 결여된 산업이라고 말하고 있으니 말이다.

윤리적 행동은 모든 문명사회에서 기본적인 필수조건일 뿐만 아니라 모든 개인이 일상생활에서 그리고 마케터가 직업 생활에서 따라야 하는 지침이 되어야 한다. 윤리적 행동이 결여되면 소비자의 신뢰를 잠식할 수 있고 실제로도 신뢰를 약화시킨다. 브랜드를 신뢰하는 소비자가 34퍼센트에 불과하다는 사실은 충격적이다.[1] 반대로 말하면, 소비자의 3분의 2는 자신이 구매하는 브랜드를 신뢰하지 않는다는 말이다. 우리는 이렇게 크게 벌어진 격차를 메워야 한다.

윤리를 최우선으로 삼는 회사는 그렇지 않은 회사보다 더 나은 결과를 낸다.[2] 글로벌 컨설팅업체 캡 제미니Cap Gemini가 내놓은 연구 결과 중에 이런 내용이 있다. "소비자가 중요하게 생각하는 가치에 집중함으로써, CP(소비자 제품) 기업은 당연히 회사의 가치를 높일 수 있다. 감성 마케팅을 통해 소비자들은 윤리적인 회사의 제품을 선택하는 쪽으로 기울게 된다."[3] 목적과 마찬가지로, 윤리와 회사 실적 사이에는 밀접한 인과 관계가 있을 수도 있고 아닐 수도 있다. 하지만 모든 마케터가 윤리적이어야 하고 윤리적으로 행동해야 한다는 건 기본이지 않을까?

기만적 전술 없이 성공할 수는 없을까 ─────────

안타깝게도, 많은 사람이 마케팅을 일종의 사기 행각으로 여긴다. 그리고 그럴 만한 이유도 충분하다. 이런 평판에 대한 책임은 대체로 마케팅에 있다. 수십 년 동안 관행으로 여기며 벌였던 사기성 행각에 대해 마케팅 커뮤니티의 책임이 크다.

이 중 몇 가지를 살펴보자. 정보에 입각해 주장을 펼치는 소비자의 입장에서 분석해보겠다.

내 아내는 꽤 비싼 수분크림을 사용한다. 패키지 디자인은 미적 감각이 뛰어나고 매우 실용적이며 상당히 매력적이다. 하지만 매우 기만적이기도 하다. 화장품 용기는 상당히 커 보이지만, 용기의 안쪽 바닥이 바깥쪽 바닥보다 훨씬 더 높다. 즉, 외부에서 보면 실제 용량보다 훨씬 더 많은 내용물이 들어 있는 것처럼 보인다. 이것은 공정한 관행인가 아니면 기만적인 행위인가? 아내는 그 제품은 좋아하면서도 그 회사와 브랜드는 싫어한다. 내가 물어보니 아내의 친구들은 이렇게 말한다. "이런 회사들은 우리가 멍청하다고 생각하나 봐요. 바닥이 올라가서 실제 용량이 훨씬 더 적다는 사실을 알게 되면 실망감이 들죠. 우리를 속였다는 생각에 회사가 싫어질 수밖에요. 다른 괜찮은 제품을 찾으면 바로 바꾸려고요." 내 아내와 친구들에게 그 수분크림은 부정직한 회사에서 나온 부정직한 브랜드인 것이다.

허위 주장도 문제다. 실제로는 들어 있지도 않은 성분이 포함되어 있다고 주장하는 식품보충제들이 엄청나게 많다는 사실이 밝혀졌다. 반대로, 건강에 좋지 않은 성분을 집어넣고도 밝히지 않은 제품이 많다. 정해진 규정에 따라 문제가 없다며 법망을 피할 수 있을지는 몰라도, 이는 고의적으로 잘못된 정보를 제공하는 행위다.

하나 더 예를 들어보자. 나는 신시내티에 살고 있는데 뉴욕을 자주 왔다 갔다 한다. 그런데 항공권을 예매할 때면, 뉴욕에서 LA까지 거리가 뉴욕에서 신시내티까지 거리보다 두 배하고도 반이 넘는데, 실제 가격은 뉴욕~신시내티 간 항로가 더 비쌀 때가 대부분이라는 사실에 소름이 끼친다. 마찬가지로, 뉴욕~신시내티 항공권이 뉴욕에서 런던, 뉴욕에서 파리, 뉴욕에서 로마까지 가는 항공권보다 비쌀 때도 종종 있다. 아니, 대륙을 가로지르는 국제 항공원이 얼마나 싼지를 얘기하는 게 아니다. 신시내티를 오가는 항공료가 너무 비싸다는 말이다. 이런 어이없는 가격 구조에는 그럴 만한 이유가 있겠지만, 소비자 입장에서는 불공평하고 비윤리적으로 보인다.

그래서 어떤 일이 발생한다고? 스킵래그드 Skiplagged 같은 사이트가 항공사 알고리즘의 허점을 알려주기 위해 등장했다. 위탁 수하물이 없는 사람이라면, 뉴욕을 출발해 신시내티를 경유해서 시카고 또는 LA 국제공항으로 가는 항공권을 예약한다. 그리고 비행기가 신시내티에 잠시 머무를 때 내려서 공항을 빠져나오면 된다. 우리는 어떤 시스템 속에 살고 있는가? 항공사가 시작한 게임에서 이기기 위해 앱이 필요하단 말인가? 이는 마치 필요에 의해 와해가 발생하고 현상을 변화시키는, 혼란과 가능성이 가득한 환경이라 할 수 있다.

우편환불제mail-in rebates를 보라. 우편환불제라는 비즈니스 모델은 소비자들이 타성과 망각을 잘한다는 점에 착안해 만들어졌다. 말인즉슨, 할인이나 환불을 받기 위해 우편을 보내는 사람은 전혀 또는 거의 없다. 이 모델은 처음부터 그런 점을 이용해서 만든 것이다. 소비자들이 환불 쿠폰을 깜박하거나 잃어버리거나 아니면 단순히 귀찮아서 보내지 않을 거라는 사실을 훤히 파악하고 있기에, 그걸 이용한다면 영리한 회사인가 아니면 그저 착취적인 회사일 뿐인가?

명백한 허위 주장은 물론이고 법적으로 문제는 없다지만 의도가 순수하지 못한 주장은 어떠한가? 법적 허점을 찾았다고 해서 소비자들을 속이는 것은 괜찮은가? 예를 들어, 내 친구 중에 유기농 식품과 천연 식품에 집착하는 친구가 있다. 어느 날 상점에서 유기농 천연 요구르트를 샀는데 내가 라벨에 적힌 내용물을 읽어 봤더니 그 안에는 농도를 높이기 위한 변성전분, 젤라틴, 카르민 색소, 펙틴 등의 성분이 들어 있었다. 내가 놀랄 정도였으니 내 친구는 충격 그 자체였다! 다른 첨가물이 전혀 들어가지 않은 순수 요구르트라고 믿었던 제품의 성분표를 보고는 크게 실망하는 눈치였다.

똑똑한 사업가와 사기꾼을 구분하는 기준은 무엇인가? 진실성 그리고 윤리 의식이 우리 업무의 핵심이 되어야 하지 않을까? 우리는 착취적이거나 기만적 전술 또는 오해의 소지가 있는 전술을 사용하지 않고는 성공할 수 없는 것일까?

지금까지 이 책에서 신뢰에 대해 많은 이야기를 했다. 그리고 데이터에 관해서도 많은 이야기를 했다. 신뢰와 데이터 사이에는 서로 통하는 중요한 지점이 있다. 퀀텀 마케팅이 적극적인 데이터 사용에 의존한다고 해서 데이터 수집과 사용이 무모하거나 착취적이어도 된다는 말은 아니다. 신뢰, 데이터, 윤리는 모두 한 지붕 아래 협력하며 살 수 있다. 산업적 측면에서 볼 때 데이터, 특히 데이터 윤리에 대해 우선순위를 재설정할 필요가 있다.

데이터 윤리란 책임감 있고 투명하며 공정한 데이터 사용을 말한다. 세계광고주연맹은 데이터 윤리에 대해 간결하면서도 멋진 설명을 내놓있다. "데이터로 할 수 있는 일과 데이터로 해야 하는 일 사이에 괴리가 있어서는 안 된다."[4]

슈테판 뢰르케Stephan Loerke 세계광고주연맹 대표는 나와 대화 중에 이렇게 말했다. "데이터 윤리는 마케터들이 먼저 데이터 중심에서 사람 중심으로 마음을 바꿔야만 해결할 수 있는 패러다임 전환 과제가 됐습니다. 그러려면 브랜드에서 광고 기술, 에이전시, 출판사에 이르기까지 마케팅 생태계의 모든 사람이 함께해야 하며 그래야 소비자가 보기에 올바른 일에 집중하는 지속 가능한 미래가 있을 것입니다."

윤리의 퇴색 그리고 브랜드의 업보 ────────────

윤리와 청렴성은 마케팅보다 우선한다. 반칙이 우리 삶의 모든 면에 스며들고 있다. 예를 들어, 내 차는 그리 오래되지도 않았고 주행거리도 짧은 편인데 차를 정비할 때면 정비소에서 필요한 부품과 수리해야 할 부분을 이것저것 불러준다. 차에 대한 지식이 없는 나는 반박할 수가 없다. 몇 가지 상식적인 질문을 던져보지만 정비소에서는 내가 그런 질문을 할 줄 미리 알았다는 듯 준비한 기술적인 대답을 늘어놓는다. 나는 마지못해 정비소의 요구를 수용하고 돈을 지불한다. 나는 무지 때문에 이용당하고 있다는 느낌을 받는다.

얼마나 많은 사람이 이런 경험을 했으면 픽스드FIXD라는 제품이 나왔다. 이 제품을 자동차와 연결하면 자동차에 어떤 문제가 있는지 알려주기 때문에 소비자는 정비소가 부정행위를 저지르는지 판단할 수 있다. 처음에 이 제품의 사이트에 들어갔을 때 이런 글귀가 보였다. "다시는 정비공의 말에 넘어가 바가지 쓰지 마세요."[5] 브랜드나 회사의 속임수로부터 소비자를 보호하는 제품들이 출시되고 있는 것이다.

이렇게 소비자들이 마음에 들어 하지 않는 관행, 소비자들이 브랜드에게 골탕 먹거나 속임수에 넘어가거나 착취당하거나 바가지 쓰고 있다고 느끼는 관행을 예로 들자면 끝도 없다. 이런 상황은 가짜 뉴스, 편파적인 언론, 부패한 정부 관료들에 의해 더욱 악화된다. 모든 곳에서 엄청난 신뢰 부족 현상이 나타나고 있어 이제 놀랍지도 않다.

마케터의 생계는 소비자들에게 달려 있다. 그런데 왜 우리는 소비자들을 속이는 것일까?

이걸 알아야 한다. 만약 소비자들이 무언가 잘못되었다고 느낀다면, 그건 회사와 마케터가 무언가를 잘못하고 있다는 말이다. 그렇다면 모델을 수정하거나 생각을 바꿔야 한다. 그렇지 않으면 누군가가 나타나 당신 회사에 지옥을 경험하게 해줄 것이다.

자, 변화에서 소비자는 잠시 제쳐두도록 하자. 그렇다면 우리 마케팅 산업 자체부터 들여다보는 건 어떨까? 전국광고주협회의 의뢰를 받아 K2 인텔리전스가 2016년에 발표한 보고서에는 광고 대행사가 미디어 퍼블리셔로부터 리베이트를 받았다는 의혹이 강하게 제기되어 있다.[6] 그 내용을 두고 이런저런 말들이 많았지만, 현재 미국 법무부가 이 혐의에 대해 상당히 적극적으로 조사를 진행하고 있다. 당연한 일이다.

오늘날, 사회는 불신으로 가득 차 있다. 동일한 내용의 데이터 한 조각을 가지고도 경쟁사끼리 서로 정반대의 해석과 결론을 내놓을 수 있다. 소비자들은 무엇을 믿고 무엇을 믿지 말아야 할지 갈팡질팡한다.

인공지능이 곳곳에서 힘을 발휘하기 시작하면 가짜 사진, 가짜

동영상, 가짜 목소리 등 온갖 가짜를 만들어내며 상황을 더욱 악화시킬 것이다. 예를 들어, 이미 인공지능이 만든 영상들이 돌아다니며, 그중에는 라이벌 정치인에 대해 칭찬을 쏟아내는 가짜 영상도 있다. AI는 실제와 똑같은 사람과 배경이 담긴 사진을 만들어내기 때문에 눈으로 봐서는 진짜인지 아닌지 알 수가 없다. 지금은 법정에서 중요한 역할을 하는 시각자료 증거도 신빙성이 사라진다. 목소리도 마찬가지다. 음색, 발음, 억양, 음조를 쉽게 복제해낼 수 있다.

이런 혼란 속에서 퀀텀 마케터들은 우선 신뢰를 통해 엄청난 경쟁 우위를 차지할 수 있다는 점을 깨달아야만 한다. 퀀텀 마케터는 부지런하게 그리고 일관성 있게 자신의 브랜드를 받쳐주는 신뢰를 쌓는 데 집중해야 한다. 그리고 신뢰를 잠식시키는 요인들을 걸러내야 한다. 사람들의 삶에서 브랜드의 목적은 그 중요성이 점점 줄어들고 있다. 이런 상황에서 신뢰를 얻는 브랜드는 어떤 일이든 당당하고 꿋꿋하게 헤쳐 나갈 수 있다. 그리고 그런 신뢰를 구축하는 일은 마케터의 몫이다.

우리는 생각과 말과 행동을 할 때 정직한 관행을 따라야 한다. 소비자는 광고든 가격이든 포장이든 기만적인 관행을 알아챌 것이다. 기만행위를 알아챈 소비자가 그래도 계속해서 그 브랜드를 찾아줄까? 설사 독점적인 지위를 누리며 안심하는 브랜드라 하더라도, 소비자는 언제나 대안을 찾아낼 것이다.

우리의 광고는 진정성 있고 진실해야 한다. 광고하고 소통할 수 있는 기회를 놓치지 말되 기회주의자가 되지는 말라. 어떤 음료 브랜드가 사회적 이슈에 대해 기회주의적 태도로 뛰어들었다가 혼쭐이 났다. 진정성은 없고 단지 사회적 이슈를 이용하는 브랜드로 비쳐진다면 이익이 될 것은 하나도 없다. 브랜드가 하나의 부정적인 인식을 사람들의 기억 속에서 지우고 용서받으려면 열 개의 긍정적인 인식을 심어야 한다. 왜 그런 상황을 자초한단 말인가?

소비자들은 진실성을 높이 평가한다. 대담하고 정직하게 제품 커뮤니케이션product communication을 하라. 그릇된 설명이나 허위 정보는 안 된다. 보이지도 않는 크기의 글씨로 소비자를 속이는 행위를 선략으로 삼지 말라.

마케터인 우리에게는 문화에 영향을 주고 문화를 형성할 수 있는 많은 힘이 있다. 그리고 올바른 역할 모델을 세울 수 있는 힘도 있다. 우리는 사회의 인식 그리고 사회가 나아가는 방향을 형성할 수 있다. 그 놀라운 힘에는 사회에 옳은 일을 해야 한다는 책임감이 따른다. 우리는 사회의 인식과 방향을 형성할 수 있다. 변화는 자신으로부터 시작된다. 마케터는 다른 사람에게 윤리적인 행동에 대해 조언하기 전에 자신이 먼저 윤리적으로 행동해야 한다.

마케터는 또한 모든 파트너를 살펴보고 모두가 책임을 나누도록 해야 한다. 광고대행사, 퍼블리셔를 비롯해 누가 됐든 자신의 일상적 업무 활동이 윤리적인지 확인해야 한다. 예를 들어, 스포츠 후원은 460억 달러 규모의 글로벌 비즈니스이지만,[7] 전 세계적으로 부패와 선수의 추악한 행동 때문에 골머리를 앓고 있는 종목들이 있다. 실제로, 인터폴은 스포츠 부패를 얼마나 많이 봐왔던지 스포츠 관련 부패를 찾아내고 처리하는 방식을 출판하기까지 했다.[8] 마케터의 입장에서, 우리는 이런 여러 조직을 압박해서라도 옳지 못한 행동을 저지해야 한다. 왜냐하면 결국, 스포츠의 성공을 위해 큰 자금을 대는 것이 우리의 마케팅 비용이니까.

우리는 투명해야 한다. 얄팍한 상술 같은 그릇된 관행에 의존해서는 안 된다. 약관으로 소비자들을 숨 막히게 만들지 말아야 한다. 소비자들이 그냥 어쩔 수 없어서 또는 번거로워서 계약 내용을 읽지도 않고 동의 버튼을 누르도록 만들지 말아야 한다. 우리는 모든 소비자 접촉과 상호작용을 단순히 판매나 선호도에 영향을 미치는 기회가 아니라 신뢰를 일으키는 기회로 봐야 한다.

퀀텀 마케터로서, 무엇보다도 소비자의 입장이 되고 품위 있는 인간이 되어라. 당신도 당하고 싶지 않은 일을 소비자에게 행하지 말라. 당신이 대접받고 싶은 방식으로 소비자를 대하라.

소비자의 프라이버시를 존중하라. 브랜드는 사생활을 엿볼 권리도, 소비자의 명시적인 허락 없이 판매할 권리도 없다. 나는 개인정보보호법을 간단한 수준부터 지켜가야 한다는 생각을 지지한다. 나는 미국 연방법 그리고 유럽연합의 일반개인정보보호규정을 지지한다. 하지만 스스로 자제하고 확실한 윤리 의식을 갖추는 것보다 더 좋은 방법은 없다.

마케터는 브랜드 약속을 천명하고 지켜야 한다. 우리는 즐거운 소비자 경험을 통해 메시지를 전달해야 한다. 우리는 제대로 구성한 제품을 주고 올바른 방법으로 청구해야 한다. 그리고 기만, 거짓말, 속임수, 착취가 없도록 해야 한다.

이게 안이한 생각인가? 절대 그렇지 않다. 제5의 패러다임은 다른 세계가 될 것이다. 예전 방식을 재탕 삼탕 우려먹는 것은 통하지 않을 것이다. 기대치도 기준도 완전히 다르다. 성공하고자 하는 마케터들은 이러한 기대 수준에 부응해야 한다. 예를 들어, 제품에 부정적인 점이 있다면 미리 솔직하게 밝히는 게 좋다. 만약 그렇게 하지 않는다면, 누군가가 소셜미디어에서 먼저 이야기를 꺼낼 것이고 결국 격렬한 불만과 항의에 직면할 것이다.

나는 다양한 제품 표시 내용을 들여다보고 허위사실을 정리해서 팩트를 들이밀며 브랜드를 공격하는, 웹 기반 제품들이 개발되는 것을 본 적이 있다. 이런 현상은 이제 시작에 불과하다.

윤리는 전염성이 있어야 한다. 마케터는 자기 팀에 윤리성과 정직성을 심어주어야 한다. 팀에 모든 것이 포함될 만큼 포괄적이어야 한다. 양성평등이 실현되고 있는지 확인해야만 한다. 다양성을 수용하고 활성화해야 한다.

다시 스포츠 영역을 살펴보자. 여성 스포츠와 남성 스포츠의 후원에는 엄청난 차이가 있다. 만약 브랜드가 후원을 맡는다면, 그 브랜드는 포괄성과 양성평등이 이루어지도록 주장해야 한다. 흥미로운 사실은, 건강관리에서 지불에 이르기까지 여러 범주에서 발생하는 모든 구매 결정의 75퍼센트 이상이 여성들에 의해 이루어지는데도 현실에서는 차별과 불균형이 전반에 걸쳐 존재한다는 점이다.

살다 보면, 부정행위가 중단기적으로는 오히려 이익을 줄 때가 많다. 하지만 장기적으로 보면 결과는 달라진다. 나는 이를 '브랜드 카르마brand karma'라 부른다. 즉, 브랜드의 업業이란 말이다. 윤리적인 접근 방식을 수용하고 온전한 방식으로 운용하면 팀과 브랜드는 느리지만 분명히 꽃을 피울 것이다.

요약

- 데이터 윤리란 책임감 있고 투명하며 공정한 데이터 사용을 말한다. 데이터로 할 수 있는 일과 데이터로 해야 하는 일 사이에 괴리가 있어서는 안 된다.

- 기업의 기만행위를 알아챈 소비자는 언제나 대안을 찾아 나선다.

- 데이터가 넘쳐나고 가짜 콘텐츠가 판치는 시대, 제5의 패러다임 마케터들은 신뢰를 통해 경쟁 우위를 차지할 수 있다는 점을 깨달아야 한다.

CHAPTER 17

위기가 현실이면, 위기관리도 마케팅이다

코로나 바이러스는 전 세계 모든 기업인과 마케터를 흔들어 깨우고 충격을 주었다. 지난 수십 년 동안 이만큼 전 세계적으로 피해와 혼란을 유발한 사건은 본 적이 없다. 모든 것이 갑자기 멈춰 섰다. 단순히 일부 기업이 아니라 산업 전체가 문을 닫는 상황이 벌어졌다.

수십만 명이 목숨을 잃었고, 수백만 명이 일자리를 잃었다. 또 수백만에 달하는 사람들이 일시 해고를 당했다. 많은 기업이 파산 신청을 했고, 적어도 수십만 곳이 넘는 소규모 기업들은 완전히 사업을 접었다. 기업의 수익 역시 심각한 타격을 입었다. 마케팅 예산 집행을 완전히 취소하거나 대폭 삭감하는 이사회의 결정은 어찌 보면 당연했다. 유가는 곤두박질쳤으며, 사람들은 격리되어 집에 머물렀다. 사회적 거리두기와 재택근무가 새로운 질서로 자리 잡았다. 아무리 초현실주의적인 작가라도 이렇게 혼란에 빠진 사람들의 삶은 상상하기 힘들었을 것이다.

그 어떤 인위적인 방법을 동원한들 규모와 비용 그리고 영향력 측면에서 이번 코로나 사태를 능가하는 위기를 만들어낼 수 있었을까. 위기관리 수업을 듣는 학생이라면, 전 세계 인류의 생태계를 구성하는 모든 면에 충격을 주고 있는 이 코로나 사태보다 더 나은 가르침을 얻기에 적합한 위기를 떠올리기 힘들 것이다. 어떤 면에서 보면, 코로나 사태 그리고 이번 사태가 전하는 교훈은 미래를 위한 대비가 얼마나 중요한지를 우리에게 알려주는 것이다.

사람들은 셧다운 기간 동안 생활방식을 바꿔야만 했고, 이러한 변화는 사람들의 삶을 송두리째 뒤흔들어놓을 것이다. 가족과 집에 머무르는 것이 새로운 행동양식이 될 것이며, 소비자들은 코로나 창궐 이전의 생활로 돌아갈 수 없을 것이다. 예를 들어, 온라인 쇼핑은 이전에 온라인에서 물건을 구매해본 적이 없었던 많은 사람에게도 새로운 소비 패턴으로 자리 잡았다. 사람들은 문자 그대로 새로운 방법(온라인 쇼핑, 영상 스트리밍 채널), 새로운 제품(손 세정제), 사회적 소통을 위한 새로운 방식(줌Zoom을 통한 파티), 새로운 근무 스타일(원격 근무), 건강과 웰빙에 대한 새로운 주목(요가, 명상, 건강식품 및 보충제), 럭셔리에 대한 새로운 해석(소유로서가 아니라 행동과 존재로서의 럭셔리) 따위를 시도해보라고 등을 떠밀리고 있다. 이 모든 것들이 사람들이 앞으로의 생활을 꾸려나가는 방식에 영원히 배어들 것이다. 물론 마케팅도 이 새로운 질서에 맞게 조정되어야 한다. 하지만 이것은 퀀텀 마케팅뿐만 아니라 제5의 패러다임을 규정짓는 대규모 변화와 변혁의 또 다른 징후이기도 하다. 코로나19는 유례가 없기도 하거니와 이에 대한 마땅한 대응책을 찾는 데 어려움이 있다.

많은 전문가가 이 같은 팬데믹이 이번 한 번으로 그치지 않을 거라고 진단한다. 지금의 유행병 또는 이와 비슷한 위기가 연이어 우리에게 닥쳐올 수 있다고 한다. 그러한 사태가 최근의 유행병과 비슷한 규모가 될지는 알 수 없는 일이지만, 분명한 것은 위기가 계속해서 발생하리라는 점이다. 위기는 보건상의 위기가 될 수도 있고, 경제 위기, 사이버 보안 위기, 정치적 위기, 인도주의적인 위기, 아니면 자연재해가 될 수도 있다. 위기는 온갖 형태로 발생할 수 있다. 중요한 점은 마케터들이 어떠한 위기에 맞닥뜨린다 하더라도 대응할 준비가 되어 있어야 한다는 것이다.

위기가 우리 생활에서 피할 수 없는 현실이라면, 위기관리 또한 마케팅의 일부가 되어야 한다. 다음에 닥쳐올 위기가 크든 작든, 마케터는 언제나 대응할 준비를 하고 있어야 한다. 단순히 발생 가능성만 따질 것이 아니라 위기가 정말로 그 모습을 드러냈을 때, 마케터는 어떤 피해도 발생하지 않게 전략과 전술 그리고 계획을 변경할 수 있도록 만반의 준비를 해야 한다. 따라서 마케터들은 적절한 대응·방법을 마련하면서 브랜드와 회사가 피해를 보지 않게 보호해야 한다.

위기가 닥치면 목적을 추구할 수 없다

이미 언급한 바와 같이, 마케팅은 수많은 위험에 대처해야만 한다. 역사적으로 마케터들에게 주요한 위기란 일반적으로 기획이 잘못된 캠페인이나 참담한 홍보 실패로 인한 역효과를 말했다. 그리고 마케터들은 그러한 일들이 발생해야 해결에 나섰다. 하지만 마케팅이 기술과 데이터에 크게 의존하면서, 새로운 형태의 위험이 등장하고 있다. 여기에는 평판과 관련된 위험이나 재정적 위험, 지적재산권과 관련된 위험, 규정 준수와 관련된 위험, 법률상 위험, 소비자 개인정보와 관련된 위험 등이 있으며, 이들 각각이 모두 크게 문제가 되어 회사를 완전히 문 닫게 만들어버릴 수도 있다.

마케터들이 위기관리에 책임감 있게 대응하는 것이 그 무엇보다 중요하다. 예를 들면, 위기관리 전문가를 마케팅 활동에 참여시키거나 외부 전문가로부터 충분한 도움을 구하는 것처럼 구조적인 해결책이 방법일 수 있다.

대부분의 대기업과 중간 규모 기업들은 이사회에 제출하기 위해 회사 차원에서 제작한 위험 가능성 도표risk matrix와 위험 열지도risk heat map를 보유하고 있다. 여기에는 회사에 닥쳐올 수도 있는 모든 위험, 각 위험이 발생할 확률, 실제로 위험 발생 시 미칠 영향 등을 식별하는 프로세스가 포함되어 있다. 모든 위험이 시각적으로 표시되어 있으며, 중요한 위험에 초점을 맞춰 살펴볼 수 있게 표시되어 있다. 그리고 대개는 이 위험들을 누그러뜨리거나 대처하는 데 필요한 행동 계획이 실려 있다.

마케터들은 위험 지도risk map를 작성해야 하고, 위기관리 계획은 업데이트를 통해 항상 새로운 정보를 유지해야 한다. 혹시라도 재앙이 닥친다면, 관리팀은 누가 무엇을 언제 해야 하는지를 정확히 숙지하고 있어야 한다.

그림 10은 위험 열지도 템플릿 견본이다. 이 열지도를 보면 위험이 구체화될 수 있는 가능성과 위험이 구체화되었을 때 발생 가능한 충격에 따라 위험들이 다르게 구분되어 있다.

가장 윗줄 오른쪽에 있는 위험들은 회사를 파산시킬 수도 있는 위험이므로 마케터들은 이 위험들을 면밀하게 주시해야 한다. 위험은 끊임없이 그 모습을 바꾸기까지 하므로 주의가 필요하다. 마케터들은 정기적으로 모든 파트너와 함께 위험을 재평가해야 하고 지도상에서 위험을 다른 위치로 이동시켜야 할지 여부도 결정해야 한다.

열지도 아이디어는 보기 좋으라고 화려한 차트를 만든 것이 아

위험 열지도 템플릿

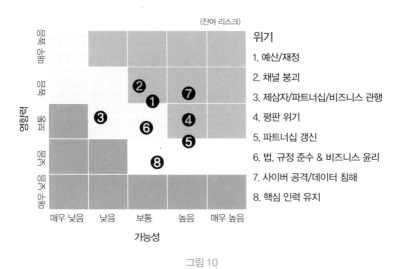

(잔여 리스크)

위기

1. 예산/재정

2. 채널 붕괴

3. 제삼자/파트너십/비즈니스 관행

4. 평판 위기

5. 파트너십 갱신

6. 법, 규정 준수 & 비즈니스 윤리

7. 사이버 공격/데이터 침해

8. 핵심 인력 유지

그림 10

니라, 모든 위험을 한눈에 파악하기 위한 것이다. 이로써 모든 관계자가 위험의 정체를 파악하고 처리해야 할 위험의 우선순위를 정하며 위험의 회피나 완화 혹은 방지를 위해 미리 계획을 세우도록 도움을 줄 수 있다. 각각의 위험에 대해 마케터들은 한편으로는 보다 선제적으로 위험을 완화시킬 계획을 세워야 하고, 다른 한편으로는 어떻게 피해를 최소화할 것인지 위험 방지 계획도 아울러 세워야 한다. 이러한 계획에는 위험의 발생 가능성 또는 실제 발생 여부를 알려주는 주요 지표들 그리고 대책 등을 책임지고 모니터링할 팀원이 누구인지 정하는 일도 포함한다.

모든 일이 잘 굴러갈 때는 목적 지향적인 조직을 만들겠다고 이런저런 의견을 제시하기가 어렵지 않다. 또 CEO도 회사가 북극성을 따라가기 위해 얼마나 노력하고 있는지 화려한 말로 늘어놓기도 쉽다. 하지만 위기가 닥치면, 이 목적을 계속 추구하기가 어려워지고 회사도 갈팡질팡하게 된다.

실제로 목적은 북극성이 되어야 한다. 북극성은 하늘에서 그 위치가 변하지 않기 때문에, 길을 잃었을 때 나아갈 방향을 알려준다. 비유적으로 말해서 (혹은 진짜로), 홍수나 태풍 또는 화재 같은 위기가 발생한다 하더라도 목적은 언제나 그 자리에 있다. 다만 마케터들이 조만간 당면할 위기 상황에 따라 각기 다르면서도 적절한 전략과 전술을 구사하여 활동하는 방법이 바뀔 따름이다.

어리석은 단기 전략은 절대 도움이 되지 않는다 _____

영업해야 할 때가 있는가 하면 봉사해야 할 때가 있다. 평상시라면 마케터는 공세적으로 계속해서 적절한 마케팅 활동을 펼치고 고객과 소비자들에게 회사의 제품과 서비스를 판매하려 할 것이다. 하지만 위기 상황이라면 판매할 때가 아니다. 고객에게 봉사할 때다.

당연히 위기 상황에서는 판매량을 늘리겠다는 야심을 품을 때가 아니다. '어려울 때 친구가 진정한 친구'라는 말은 참으로 옳은 말이다. 브랜드가 사람들에게 충실한 모습을 보이면서 어렵고 힘든 시기에 봉사한다면, 상황이 바뀌어 좋은 시기가 다시 찾아왔을 때 이번에는 사람들이 브랜드의 충실한 친구가 되어줄 것이다.

위기 시에는 기회주의적으로 행동할 때가 아니다. 위기는 신뢰를 공고히 할 수도 있고 무너뜨릴 수도 있는 때다. 브랜드가 자기 잇속만 차리거나, 기회주의적으로 행동하거나, 심지어는 위기를 틈타 소비자들을 착취하는 것처럼 보인다면 신뢰는 무너지고 만다. 위기 시에 소비자들에게 봉사하면서 쌓은 신뢰는 그 생명력이 길다. 그리고 그것이야말로 돈으로 살 수 없는 진정한 프라이스리스priceless인 것이다.

마케터와 기업은 어떤 경우에도 고객과 소비자들이 처한 상황을 부당하게 이용해서는 안 된다. 위기가 닥치면 어떤 제품은 공급이 부족해지기도 하고 또 어떤 제품은 수요가 급증할 수도 있다. 어쩌면 위기는 가격을 대폭 인상하고 소비자들에게 바가지를 씌우기 딱 좋은 기회일지도 모른다. 달리 선택의 여지가 없는 사람들은 계속해서 그 제품을 살 수밖에 없으니까 말이다. 하지만 사람들은 그 일을 잊지 않는다. 좋은 시기가 오거나 아니면 브랜드가 고객을 필요로 할 때, 사람들은 그 브랜드를 향해 사라지라고 할 것이다.

2020년에 발생한 코로나 사태 동안 나 역시 소비자로서 비슷한 일을 겪었다. 봉쇄 조치가 내려졌고, 나는 집에서 일하고 있었으므로 태블릿 거치대가 필요했다. 거치대 가격이 61달러라면 괜찮은 가격이었다. 하지만 배송비가 211달러인 것을 보고 나는 너무 놀라 의자에서 굴러떨어질 뻔했다. 평상시라면 25달러 이상 구매 시 무료로 배송해주던 제품이었다. 마찬가지로, 나는 평상시 가격의 여덟 배나 주고서야 손 세정제를 구입할 수 있었다! 이것이 부당한 착취와 바가지가 아니라면 무엇이겠는가. 내가 나중에 이 온라인 쇼핑몰을 다시 쳐다보기나 할까?

신뢰야말로 브랜드 구축과 성장에 필요한 중요한 요소다. 불공정하고 소비자들을 부당하게 착취하는 어리석은 단기적 전략은 절대로 브랜드에 도움이 되지 않는다.

전면적으로 나서서 지지자를 확보하라 _____

위기의 시대에 홍보나 커뮤니케이션 팀은 당연히 중요한 역할을 하게 될 것이다. 현재 무슨 일이 벌어지고 있는지 그리고 브랜드는 그런 상황에서 무얼 하고 있으며 브랜드가 통제 가능한 상태를 유지하며 옳은 방향으로 일하고 있으니 마음을 놓아도 된다는 점을 브랜드 내부와 외부의 모든 핵심 이해관계자들에게 정확히 알리는 것이야말로 무엇보다 중요하다. 이는 아무리 강조해도 부족할 정도로 중요한 일이다.

이러한 작업은 CEO와 경영위원회에서가 아니라 회사 내부의 모든 사람이 정보를 얻을 수 있는 내부 커뮤니케이션에서 출발한다. 이러한 커뮤니케이션을 통해 사람들이 혼란에 빠지지 않도록 하고 억측과 뜬소문의 확산을 막을 수 있다. 모든 사람은 자신과 관련 있는 모든 사실을 알아야 하며, 또 모든 사람이 일치하는 이해의 토대 위에서 업무를 수행해야 한다. 평상시에 직원들이 회사의 가장 강력한 지지자였다면 위기 시에는 더욱 그러하다.

외부 이해관계자를 위해서는, 명확한 전략을 수립해야 하고 선제적인 지원이 제공되어야 하며 또 적절한 정보를 공유해야 한다. 브랜드는 반드시 영향력 있는 인플루언서를 지지자로 확보해야 한다. 이는 다른 의미의 인플루언서 마케팅이 될 것이다.

많은 경우, 커뮤니케이션 전문가들은 SNS에서 벌어지는 논란에서 거리를 두려고 한다. 이런 태도도 일리는 있다. 브랜드가 자신의 입장을 방어하고 사실을 분명히 하겠다고 이 논란에 뛰어들어봐야 상황을 진정시키기보다 오히려 악화시킬 뿐이라고 여기기 때문이다. 그래서 이들은 상황에 개입하지 말고 SNS에서 다른 논란거리가 나타나 회사가 사람들의 관심 밖으로 멀어지기를 기다리라고 이야기한다.

하지만 종종 최선의 방책은 달아나 숨는 것이 아니라 회사가 입장을 확실히 밝히고 적극적으로 사실을 알리는 것이다. 브랜드는 당당히 전면에 나서야 한다. 회사가 실수를 저질렀다면, 이를 인정하고 사과해야 하며 상황을 바로잡기 위해 무슨 일을 하고 있는지 소비자들에게 알려야 한다. 회사가 침묵을 지킨다면, SNS 이용자들이 심판관이자 배심원이 되어 회사에 대한 평결을 내릴 것이다. 회사 잘못이 아니라면 이를 분명히 밝혀야 한다. 문제가 되는 사안을 장악하고 대화에 뛰어들어 사람들이 회사의 이야기를 듣도록 만드는 것이 현명한 방법이다. 평상시에 브랜드 지지층을 만들어두는 것도 중요하다. 그래야 이 지지자들이 위기 시에 브랜드를 위험에서 구해줄 것이기 때문이다.

동일성의 함정에 빠지지 말라

소비자나 고객의 감정을 민감하게 포착하면서 언제나 귀를 열어두는 것이 무엇보다 중요하다. 옛 격언에서 이르듯이, 같은 말을, 심지어 옳은 말을 할 때라도 올바른 방법을 택해 말하는 것이 중요하다. 메시지를 전달하는 올바른 전략, 올바른 이야기, 올바른 어조가 필수적이며 무엇보다도 중요한 것은 적절한 타이밍이다. 이 중 어느 하나라도 부족하면 원래 의도했던 메시지와는 전혀 다른 그림을 그리게 된다. 만약 브랜드가 거짓말을 하는 것처럼 보이거나 자기 잇속만 차리는 것처럼 보인다면 브랜드의 부고를 알리는 종소리가 울려 퍼질지도 모른다.

유머에 대해서 주의할 점 한 가지를 얘기하자면, 위기 상황에서 유머를 활용할 때 마케터는 매우 세심한 주의를 기울여야 한다. 제대로 하기만 한다면, 유머는 대체로 효과를 발휘하고 사람들의 마음을 상하게 할 일도 별로 없다. 하지만 유머는 조롱 또는 분위기도 파악 못 하는 발언으로 잘못 받아들여질 위험도 있다.

한 가지 더 주의해야 할 점은 동일성의 함정에 빠지지 말아야 한다는 것이다. 코로나 시국에서 볼 수 있었던 것처럼, 거의 모든 브랜드가 똑같은 테마와 무시무시할 정도로 비슷비슷한 메시지를 전달했다. 의료 종사자들에게 감사를 표하는 메시지들이 그 대표적인 예다. 브랜드가 시류에 편승한다면 나아갈 방향을 잃어버릴 위험이 있다. 어떤 브랜드가 됐건 모두가 고유의 색을 잃어버려 그 브랜드가 이 브랜드처럼 보여 구별이 불가능한 하나의 덩어리로 인식되는 위험 말이다.

위기는 반드시 마케팅 예산에 영향을 미친다. 사회가 혼란에 빠지면 소비는 영향을 받게 마련이고 수익 또한 감소한다. 수익이 내려가면 비용 삭감은 당연한 이치다. 마케팅은 대개 비용이 많이 들어가는 활동이므로 CEO와 CFO가 마케팅 예산 감축을 고려한다고 해서 놀랄 일은 아니다. 중요한 점은 마케터들이 자신을 희생자라 여기는 대신에 큰 그림을 봐야 하며 돈을 그저 비축하려고만 하지 않아야 한다는 점이다. 마케터가 나서서 한편으로는 성숙한 모습을 보이고 또 한편으로는 회사가 처한 상황을 인식하고 있음을 보이면서 회사를 위해 올바른 일을 할 때 CFO와 마케팅 사이에 신뢰가 구축된다.

위기가 닥치면, 마케터들은 혼란을 정리하고 어떤 일에 집중해야 할지, 즉 어떤 일을 우선순위에 두어야 하고 어떤 일을 후순위로 미뤄야 하는지 알려줘야 한다. 자금이 부족한 만큼 호시절에 하고 싶은 일을 모두 할 수는 없는 노릇이다.

하지만 사업을 멈추지 않는 것도 중요하다. 이럴 때는 브랜드 스스로가 존재감을 드러내고 소비자들의 시야에서 벗어나지 않도록 해야 한다.

마케터들은 위기 시에 자신의 팀과 파트너인 에이전시들과 긴밀하게 소통하기 어렵다. 중요한 점은 관리자와 회사 경영진이 마케팅 팀을 돕기 위해 옆에 있다는 사실을 알아야 한다는 것이다. 팀원들과 에이전시는 경영진이 언제나 눈앞에 있고 언제든 그들에게 다가갈 수 있다고 생각해야 한다. 경영은 끊임없는 접촉이 이루어지는 활동이다. 그러므로 관리자는 팀원들과 빈번히 연락을 취하는 것이 중요하다. 매니저와 경영진은 정직하고 투명할 때 존경을 받는다. 경영진은 공황 상태에 빠지지 말아야 한다. 경영진은 모든 이들에게 피드백을 보내달라고 격려해야 하며, 물론 그 피드백을 적극 수용할 줄 알아야 한다. 마케터는 상세한 위험 완화 및 방지 계획을 미리 준비해야 하며, 모의 시뮬레이션을 포함해 적절한 훈련을 받아야 한다.

　제5의 패러다임 속도와 규모를 감안할 때, 그 누구라도 위기를 피해갈 수 없다. 위기가 닥쳐올 것을 예상하면서 그에 대처할 수 있도록 준비하라.

요약

● 우리는 또 다시 위기와 맞닥뜨리게 될 것이다. 다음에 닥쳐올 위기가 크든 작든, 마케터는 언제나 대응할 준비를 하고 있어야 한다. 실제 위기가 현실이 되어 나타났을 때, 마케터들은 피해가 발생하지 않게 전략과 전술 그리고 계획을 변경할 수 있도록 만반의 준비를 해야 한다.

● 마케팅이 할 수 있는 범위 안에서 위기관리에 주안점을 두는 것이 그 무엇보다 중요하다. 여기에는 위험 열지도, 위기관리 계획 그리고 팀원들을 위한 위기관리 훈련 프로그램의 작성과 업데이트가 포함된다.

● 위기 상황에서 판매량을 늘리겠다는 야심을 품어서는 안 된다. 그보다 브랜드가 소비자에게 충실한 모습을 보이고 봉사한다면, 좋은 시기가 다시 찾아왔을 때 소비자들이 브랜드의 충실한 친구가 되어줄 것이다.

● 내부 커뮤니케이션은 위기관리의 핵심 요소다. 평상시에 직원들은 회사의 가장 강력한 지지자 역할을 한다. 하물며 위기 시에는 더욱 그러하다.

● 마케팅 예산 삭감이 필요한 일일 수도 있다. 하지만 사업을 멈추지 않는 것이야말로 중요하다. 위기일수록 브랜드 스스로가 존재감을 드러내고 소비자들의 시야에 적절히 머무르는 것이 필요하다.

CHAPTER **18**

마케팅 리더란 어떤 사람이어야 하는가

나는 희망과 낙관적인 기대를 가득 안고 이 장을 시작하려 한다. 지금까지 마케팅이 직면한 실존적 위험에 대해 이야기하면서, 나는 마케팅의 부흥기 또한 우리 곁에 성큼 다가왔음을 분명히 확신하게 되었다. 마케팅은 비즈니스에 강력한 추진력을 전달할 수 있으며 기업이 뚜렷한 경쟁 우위를 확보할 수 있도록 해주기 때문이다. 달리 말하자면, 마케팅이야말로 진정으로 기업의 역량을 배가시킬 수 있는 영역이다.

마케터는 마케팅이 회사를 위해 어떤 기여를 할 수 있는지, 어떤 가치를 높여줄 수 있는지를 경영진에게 입증해야 한다. 마케팅이 회사를 위해 경쟁 우위를 만들어낼 수 있다는 것, 비즈니스에 활기를 불어넣고 실적을 끌어올릴 수 있다는 것을 보여주어야 한다. 또한 마케터는 어떻게 마케팅이 수익성을 높이고 고객 수를 늘릴 뿐만 아니라 확보한 고객들을 계속해서 붙잡아두며 회사의 전반적인 평판을 높일 수 있는지, 그리고 어떻게 회사 발전의 든든한 받침대 역할을 할 수 있는지 보여주어야 한다.

이제 그 어느 때보다, 마케팅은 기업의 성공을 위해 놀라울 정도로 중요하고 강력한 역할을 할 것이다. 제5의 패러다임 시대에는 세계가 어지럽게 소용돌이칠 것이다. 새로운 기술이 봇물 터지듯 쏟아져 나오고 있다. 데이터의 양은 폭발적으로 증가하고 있으며, 데이터 분석은 모든 분야에서 막강한 힘을 과시하고 있다. 인공지능은 놀라운 가능성을 사람들에게 선보이고 있으며, 인공지능이 제시하는 이 모든 가능성이 평등하게 개방되면서 회사의 규모와 상관없이 어떤 회사라도 이 가능성을 활용할 수 있게 되었다. 제품들 간에 큰 차이가 없다는 소비자의 브랜드 유사성product parity 인식이 높아지고 기업들의 가격 전쟁이 격해지면서 모든 산업이 흔들린다.

이런 상황에서 기업은 어떻게 자사의 브랜드와 제품, 서비스, 캠페인 그리고 제공하는 상품을 차별화할 수 있을까? 소비자들이 관심을 기울이는 시간이 짧아져만 가고 무수한 정보가 범람하는 상황에서, 기업들은 어떻게 이 어지러운 상황을 헤쳐 나가 소비자의 시선을 사로잡고 기업이 제공하는 상품을 선택하도록 유도할까? 소비자들이 영위하는 일상의 모든 측면에서 신뢰가 무너지고 있는 이때 기업들은 어떻게 신뢰를 구축하고 소비자들로 하여금 브랜드에 대해 친밀감과 호감을 계속 느끼게 할 수 있을까?

　기업 제품의 차별화를 만들어내는 것은 제품 디자인이나 기능이 아니다. 가격도 아니고 단순한 홍보나 카피캣 전략은 더더욱 아니다. 마케팅은 흐름을 가르는 변곡점에 있으며, 그 앞에는 천금 같은 기회가 놓여 있다. 그 기회를 포착한다면 하늘 높이 찬란히 날아오를 테지만, 그렇지 못하면 완전히 무너져 내릴 것이다. 바로 지금이야말로 제5 패러다임의 최고 마케팅 책임자, '퀀텀 CMO'의 등장이 절실하다.

1 퀀텀 CMO는 레오나르도 다빈치와 같은 사람이다. 다면적이고 다재다능하며, 특히 예술과 과학, 그리고 마케팅의 기술에 조예가 깊다. 좌뇌와 우뇌를 고루 사용하며 창조적인 동시에 분석적이다.

2 퀀텀 CMO는 본질적으로 비즈니스가 무엇인지, 기업이 어떻게 수익을 얻는지 이해하고 있는 비즈니스 리더다. 단순히 마케팅 전문가가 아니라 마케팅에 대한 전문지식으로 무장하고 전체 비즈니스를 통솔하는 진정한 총괄 관리자이다.

3 퀀텀 CMO는 강력한 리더다. 그에게는 실제 마케팅 현장을 진두지휘하며 얻은 비즈니스의 작동원리에 대한 이해에서 비

롯된 자신감과 단호함이 드러난다. 본인의 개성과 현장 경험을 결합시켜 의미 있는 결론을 이끌어낼 줄 안다.

4 퀀텀 CMO는 마케팅의 근본적이며 고전적인 요소들을 놀랍도록 속속들이 알고 있다. 심리학·사회학·인류학의 기본을 이해하고 있을 뿐만 아니라 가격 전략과 가격 탄력성, 브랜드 포지셔닝, 구매 경로, 광고 모델, 에이전시의 작업 방식, 패키지 디자인에 대해서도 꿰뚫고 있다. 또 어떻게 효과적인 홍보가 가능한지, 광고주나 동업자와 어떻게 협상하며 어떻게 해야 원하는 결과를 충분히 얻어낼 수 있는지, 어떻게 마케팅 아이디어를 구상하고 진행시킬 수 있는지, 어떻게 비용 투자에 대한 수익률을 측정하는지, 어떻게 가장 효과적인 방법으로 마케팅 프로세스를 운영할지, 마케팅 현장에서 쉴 새 없이 변화하는 수많은 요소들을 어떻게 조율할지 상세히 알고 있다.

5 퀀텀 CMO는 현재 주목받는 마케팅 분야와 새롭게 각광받는 분야를 두루 알고 있다. 퍼포먼스 마케팅에 대해 꿰뚫고 있으며 체험 마케팅에 타고난 재능이 있다. 뉴로 마케팅neuro marketing과 행동경제학부터 새롭게 부상하는 마케팅의 모든 분야를 파악하고 있으며, 더 나아가 마케팅의 미래를 이끌어갈 주요한 두 중심축인 데이터와 디지털 기술에 대해서까지 잘

알고 있다. 사물인터넷이 인공지능의 놀라운 힘과 결합하면서 불러올 커다란 변화는 시장의 판도를 완전히 뒤바꾸어놓을 것이다. 퀀텀 CMO는 이 모든 것들을 파악함으로써 상황의 주도권을 놓치지 않는다.

6 퀀텀 CMO는 기술에 해박하다. 문제가 되는 사안에 대해서 심층적인 전문가가 될 필요까지는 없지만, 적어도 제대로 된 질문을 던지고 그 질문에 대한 대답의 핵심을 간파할 수 있는 충분한 이해와 실용적인 지식을 가지고 있다. 새로 등장한 기술들을 어떻게 활용해야 다른 모든 경쟁자보다 앞서갈 수 있을지, 팀원들로 하여금 미래 상황을 그려보도록 영감을 불어넣는다. 이때 경쟁자들이란 비단 회사가 속한 영역뿐만 아니라 다른 모든 영역의 경쟁자들까지 포함한다. 근래 브랜드들이 인지도를 높이기 위해 벌이는 경쟁은 자신들이 원래 속하던 영역 안에서뿐만 아니라 밖에서도 벌어지기 때문이다.

7 퀀텀 CMO는 마케팅 활동과 비즈니스 실적을 어떻게 연결시켜야 하는지 잘 알고 있다. 많은 예산을 관리하고 있으니 결과를 이끌어낼 책임과 의무 또한 지고 있다. 퀀텀 CMO는 CEO나 CFO에게 마케팅이 회사를 위해 정확히 무엇을 하고 있는지, 마케팅이 어떻게 다양한 수준에서 회사의 가치를 증진시키고

있는지, 마케팅이 어떻게 회사의 총수익을 늘리고 순이익 증가를 이끌어낼 수 있는지를 분명하게 보여준다.

8 퀀텀 CMO는 큰 비전을 가지고 영감을 주는 리더다. 존재할 수 있는 모든 가능성을 마음속에 떠올려보라. 퀀텀 CMO는 언제나 그 너머를 바라보며 빠른 속도로 다가오는 미래에 그저 대응만 하는 게 아니라 스스로 미래를 만들어낸다. 이를 통해 압도적인 경쟁 우위를 확보할 수 있다. 퀀텀 CMO는 모든 것이 혼란에 빠져 있는 것처럼 보일 때도 큰 그림을 그릴 수 있는 능력을 보유하고 있다. 그리고 이러한 능력을 통해 회사를 최고의 반열에 올려놓을 비전을 추구해간다.

9 퀀텀 CMO는 강력하면서도 공감 능력이 뛰어난 리더다. 왜냐하면 이 변혁의 시기에 팀을 이끌고 가야 하기 때문이다. 내부 및 외부에서 빠르게 다가오는 변화로 인해 사람들은 허둥대며 어찌할 바를 모른다. 퀀텀 CMO는 격렬한 변화 속에서 사람들을 인도하고, 혼란의 정체를 파악하고, 큰 그림을 단순화해 어려운 상황에서도 모두와 공유하고, 역경을 무사히 뚫고 지나갈 수 있도록 사람들을 이끌어가고, 계속해서 사기를 진작시키고, 최고의 성과를 거두도록 독려하며, 변화에 맞서 승리하고 있다는 느낌을 사람들에게 심어줄 줄 안다.

10 퀀텀 CMO는 마케팅 전도사다. 마케팅에 적극적이지 않은 회사에서 일하고 있다면 더더욱 그러하다. 퀀텀 CMO는 자기 색이 뚜렷하고 자신감에 넘치며 마케팅 부서를 넘어 다양한 동료들과 스스럼없이 교류하고 서로 마음을 나누면서 마케팅이 가진 힘과 그 힘이 기업에 가져올 수 있는 차이가 무엇인지 보여준다. 또한 회사 내부에서 기업 문화를 변화시키며, 단순히 장밋빛 미래를 그려 보이기만 하는 것이 아니라 구체적인 성과를 제시함으로써 마케팅이 무엇을 해낼 수 있는지 그 가능성을 회사가 알아차리도록 한다. 단순히 마케팅이 가진 힘을 주장하기만 하는 것이 아니라 실제로 마케팅이 무슨 일을 할 수 있을지 그 힘을 보여준다. 또한 이를 증명하기 위해 한층 더 노력을 기울인다. 회사가 마케팅에 계속해서 투자해야 하는 이유, 그리고 마케팅이 핵심적인 사업 엔진임과 동시에 경쟁에서 우위를 차지할 수 있게 하는 중요한 수단임을 설득력 있게 주장할 줄 안다.

11 퀀텀 CMO는 호기심이 왕성하고 두뇌 회전이 빠르다. 마케팅의 초기 패러다임에만 계속해서 매달리지 않으며 시대의 흐름에 뒤처지지도 않는다. 도태되는 것이 아니라 오히려 모든 변화에 발맞추어 나간다. 스스로를 끊임없이 재교육하고 최신 정보와 중요한 정보의 습득을 게을리하지 않으며 언제나

최첨단에서 달려 나간다. 또한 새롭게 등장하는 이슈를 읽고, 주요 문제에 대해 전문가들을 멘토 삼아 배우며, 유망해 보이는 응용 분야에 관한 보고서를 읽는 데 정기적으로 시간을 할애한다. 퀀텀 CMO는 급변하는 세상을 따라잡기 위해 언제나 시간과 노력을 아끼지 않는다.

12 퀀텀 CMO는 국제적인 감각을 지니고 있다. 특히 미국의 CMO들은 매우 미국 중심적인 태도를 보이는 듯하다. 많은 일들이 미국 밖에서 일어난다. 퀀텀 CMO는 국제적인 시각을 지니고 수많은 기회 속에서 원하는 일은 무엇이든 해낸다. 또 어떻게 서로 다른 문화가 미묘한 차이를 드러내는지, 어떻게 직원들의 태도가 문화권에 따라 다를 수 있는지, 서로 다른 사회적 구성을 이루는 문화에서 어떻게 다양한 원칙들이 나타나는지 직접 감을 잡기 위해 외국에서 한두 가지 경험을 쌓고자 노력한다.

13 퀀텀 CMO는 팀을 구축하는 사람이다. 팀원들에게도 경험이 풍부한 분야가 있는가 하면 경험이 부족한 분야도 있다. 모든 분야의 업무와 관련해서 이미 완벽하게 준비된 인재를 찾는다는 것은 거의 불가능에 가깝다. 따라서 훌륭한 태도와 확고한 직업윤리 그리고 회사에 적합한 교양을 풍부하게 갖춘 실

력자이면서 호기심이 넘치고 기민한 사람을 고용해야 한다. 그러고 나서 셀프 스터디, 온라인 프로그램, 그룹 트레이닝 프로그램, 외부 강의, 보직 순환 등 어떤 방법을 동원해서라도 팀원들이 여러 업무를 배우고 익숙해지도록 돕는다.

14 퀀텀 CMO는 마케팅이란 고객을 직접 상대하는 일이고, 자신은 회사를 대표하는 중요한 얼굴이라고 생각한다. 퀀텀 CMO는 실제 바깥 현장에 나가 유통회사와 영업 사원들, 팀원들, 현재의 고객 및 미래의 유망 고객들, 에이전시 및 다른 파트너들, 지역 언론 매체, 지역의 마케팅 및 광고 단체, 동종 업계의 다른 CMO와 만난다. 그 과정에서 기회를 탐색하고 그렇게 발견한 기회를 마케팅의 수준을 한 단계 끌어올리는 계기로 삼는다. 현장에서 벌어지는 모든 일을 주시하고 고객 및 동료들과 교류하면서 전체 상황을 꿰뚫어 보는 지혜를 얻는다.

15 퀀텀 CMO는 자신의 역할이 브랜드와 회사의 성장 및 보호에 국한되지 않는다는 점을 알고 있다. 또한 사회 전반에 막대한 변화, 즉 문화적 기준과 대중의 열망 그리고 롤 모델을 만들어낼 줄 안다. 이러한 힘과 영향력에는 책임이 따른다. 그 책임이란 사회를 위해 좋은 일을 해야 한다는 것을 뜻한

다. 이는 단지 한때의 유행이거나 다른 사람들이 우리에게 그런 기대를 해서가 아니라 마땅히 해야 할 옳은 일이기 때문이다. 퀀텀 CMO는 어떤 분야가 되었건 회사와 관련이 있고 사회에 도움이 된다면 관심을 쏟는다. 인터넷을 안전한 공간으로 만들기, 모든 생명의 미래를 위하여 지구를 안전한 곳으로 만들기, 기아 근절하기, 암 치료법 연구하기 등이 그 예다. 브랜드가 사회적 선을 위해 행동해야 한다는 소비자들의 주장과 요구에 주목하는 것은 중요하다. 따라서 퀀텀 CMO는 사회의 건강한 일원인 마케터로서 사람들이 누리는 삶과 생활환경, 사람들이 무엇을 간절히 바라고 어디에서 고통스러워하는가 하는 것들을 잘 알아야 한다. 즉 사회 및 공동체와 섬세하게 보조를 맞추고 공감하며 행동하는 감성 또한 지녀야 한다.

16 퀀텀 CMO는 마케팅의 기초적인 영역을 재정의해야 한다. 각종 협회나 기구를 통해 마케팅 공동체에 적극적으로 참여하라. 개인정보 보호, 브랜드 안전brand safety(소셜미디어가 유해한 혐오 콘텐츠를 걸러내고 차단, 삭제하는 일 – 옮긴이), 에이전시 투명성 등 자율적인 규제 환경 마련에 적극적으로 참여해야 한다. 당연하게도 퀀텀 CMO는 정책을 입안하고 업계의 규제 조건을 결정하는 데 한 축을 담당해야 한다.

17 퀀텀 CMO는 훌륭한 파트너다. 어느 특정 회사가 모든 것을 만들어내거나 발명할 수 없으며, 팀 하나가 모든 일을 해낼 수도 없다. 대부분의 혁신 아이디어는 규모가 작은 외부 스타트업들로부터 나온다. 그들은 제대로 된 사업을 시작하기를 갈망하며 성공에 목말라 있다. 이들과의 협력은 서로에게 엄청난 도움이 된다. 회사는 혁신에 불을 붙이고 새로운 아이디어들로 무장해 시장에 진출할 수 있으며, 동시에 협력하는 스타트업 기업에는 규모의 경제와 시장 지배력을 제공할 수 있다.

18 퀀텀 CMO는 파트너 에이전시를 진정으로 동등한 파트너로 대한다. 비록 우리가 돈을 지불하기는 하지만, 에이전시가 없으면 놀라운 성과를 만들어내는 일은 불가능하다. 심지어 에이전시 사업 모델이 변화하고 있고, 여러 컨설팅 회사들이 에이전시 사업에 뛰어들고 있으며, 또한 에이전시들이 회사 내부 부서로 편입되고 있음에도 불구하고, 우리가 성공한다면 그 성공의 일정 부분은 에이전시에 돌아가야 한다. 퀀텀 CMO는 에이전시들에 의욕을 불어넣어주어야 하며, 최고의 창의력은 에이전시를 다른 곳으로 옮기겠다고 겁박하거나 또는 끊임없이 수수료를 줄이겠다고 위협하는 방식이 아니라 에이전시와의 파트너십을 통해 발휘된다는 사실을 알아야 한다.

19 퀀텀 CMO는 지능지수IQ나 감성지수EQ뿐만 아니라 창의력 지수CQ도 높다. 마스터카드의 회장 아제이 방가의 말을 빌리자면, 퀀텀 CMO는 품위지수decency quotient, DQ 역시 높아야 한다. 사람을 대할 때, 마치 자신의 팀원처럼, 다른 부서에 종사하는 동료처럼, 판매회사 또는 에이전시 파트너처럼 존경과 공정함으로 대한다.

20 퀀텀 CMO는 활기가 넘치며 일을 즐긴다. 그렇지 못하다면, 일하는 스타일을 바꾸거나 그도 아니면 아예 다른 곳으로 옮겨 간다. 재능 있는 사람들에게 세상은 기회로 가득 찬 곳이며, 이들은 스스로에게 가장 잘 어울리는 일을 언제나 찾아낼 수 있음을 알고 있다. 앞으로 경쟁은 한층 치열해질 것이며 비즈니스 세계는 지각변동에 버금가는 변화를 겪을 것이다. 기업들은 마케팅의 필요성을 절감할 것이며 그들에게는 충분한 기회가 열릴 것이다.

마지막으로 한마디 언급할 게 있다. 만약 당신이 CMO를 고용하는 입장이라면 마케팅에 대해 잘 알고 경험이 많은 사람을 필요한 곳에 배치하기 바란다. 마케팅은 단순히 상식에 의존해서만 진행할 수 없다. 마케팅의 기술과 과학이 정교하게 어우러져야 한다. 미세한 감정의 변화를 예민하게 포착하고 추상적인 생각을 명확하게 표현할 수 있는 재능을 갖춘 사람이 필요하다. 마케터들은 수년에 걸친 마케팅 경험을 통해 이러한 방식으로 훈련을 받고 알고리즘을 뛰어넘는 판단력을 지니게 된다. 당신의 CMO는 회사 내부의 다른 부서들에 마케팅을 전파하는 전도사가 되어야 하며 다른 이들과 튼튼한 연결고리를 구축해야만 한다.

마케팅은 단순히 사람 또는 프로세스를 관리하거나 최적의 투자를 하는 일에 그치지 않고 회사 내부의 팀과 외부의 파트너들이 회사를 위해 놀랍도록 엄청난 일을 해내도록 용기와 격려를 주는 일까지 포함한다. 이때 필요한 창의성이란, 단순히 창의성 그 자체를 위한 창의성이 아니라 사업을 추진하고 커다란 경쟁 우위를 구축하는 창의성이다. 제품의 기능, 능력, 공급 체인의 효율성 등 모든 것이 유사해진 세상에서 회사가 제공하는 상품을 차별화하고 돋보이게 하며 브랜드에 대한 신뢰, 열망, 친밀감을 오래 지속할 수 있게 하는 마케팅이 필요하다.

마케팅이 본래의 자리로 돌아올 것이라고 나는 확신한다. 마케팅은 사람들의 주목을 받으면서 곤경에 빠진 사업을 구해내고 성장을 이끌어가며 사람들에게 재미와 즐거움을 선사할 것이다. 실무자들이 차세대 퀀텀 마케터 양성에 발 벗고 나서서, 우리가 알고 있는 것들을 공유하는 것이 무엇보다 중요하다. 미래의 마케터가 적절한 도구의 도움과 훌륭한 교수진의 지도를 받아 제대로 된 내용을 배울 수 있도록 해야 한다. 그러니 학생들에게 인턴십 과정에서 무의미하고 하찮은 설문 조사 업무를 맡기는 대신에 진지한 업무를 주도록 하자. 교수들에게는 실제 현장에서 일어나는 진짜 활동에 근거한 사례 연구를 주도록 하자. 학계 종사자들과 현직 종사자들은 자주 교류하고 서로서로 배워야 한다. 교수들이 CMO들과 함께 시간을 보내고 실제 업무를 수행하는 모습을 지켜보게 하는 것도 괜찮을 것이다. 마찬가지로, 마케터들에게 한두 가지 수업을 맡기는 것도 좋다.

이 책이 당신에게 유용했기를 바란다. 어쩌면 나의 관점에 동의 또는 지지하지 않는 부분이 있을 수도 있지만 조금이나마 생각의 단서를 제공했거나 영감을 주었다면 이 책을 쓴 나의 목적은 달성되었다고 본다. raja.rajamannar@quantummarketing.com을 통해 언제나 내게 연락할 수 있고 트위터나 링크드인에서 @RajaRajamannar를 찾아 나를 팔로우할 수 있다.

독자 여러분의 건승을 빈다!

감사의 글

나는 항상 미래에 마케팅이 어떤 모습으로 바뀔지에 대해 생각해 왔고 지난 몇 년 동안 여러 포럼에서 내 생각을 밝혀왔다. 그 외에도, 마스터카드에서 그리고 그 전 직장에서 내가 맡았던 역할에 대해서 알려주기도 했다. 2019년 중반, 나는 이 책을 구상하고 생각을 정리하기 시작했다. 30년이 넘는 기간 동안 업계에서 쌓은 경험은 물론이고, 사실은 그보다 더 중요하다고 생각하는 미래에 대한 나의 비전 그리고 미래에 필요한 지식을 담아내는 책을 쓰고 싶었다. 다행스럽게도 내 저작권 대리인 스콧 호프만이 책의 가능성을 발견하고 소중한 조언을 해준 덕분에 나는 이 열정적인 작업을 수행하고 결국에는 출간이라는 결실을 맺을 수 있었다. 그에게 무한한 감사를 전한다!

하퍼콜린스 리더십HarperCollins Leadership의 선임 편집장 사라 켄드릭에게도 고마움을 전하고 싶다. 덕분에 예상보다 훨씬 더 나은 책이 탄생할 수 있었다. 모든 과정을 꿰뚫어 보고 내내 지원을 아끼지 않은 사라를 만난 건 행운이었다. 또한 제프 파, 데이비드 맥닐, 론 하위징아를 비롯해 하퍼콜린스 리더십의 놀라운 가족 여러분이 보내준 열렬한 지원에도 고마움을 전한다. 이 책의 출간을 위해 멋진 마케팅과 홍보 계획을 세우고 실행해준 시칠리 악스톤에게도 고맙다는 말을 전하는 바이다. 집필 과정 내내 옆에서 나를 도와준 존 개프니에게도 감사하다.

내 원고를 읽고 귀중한 피드백과 지지를 전해준 동료 및 다른 업계의 리더들에게 감사를 표한다. 응원의 기운이 넘쳐흐르는 긍정적인 피드백 덕분에 늘 기운차게 앞으로 나아갈 수 있었다.

마지막으로 나의 가족, 스승, 친구 그리고 오랜 기간 알고 지낸 동료 들에게 감사를 표하고 싶다. 이들 모두가 옆에 있어주었기에 오늘의 내가 있을 수 있었다. 그리고 수십 년 동안 나를 이끌어준 정신적 지도자 스리 파라칼라에게 감사의 말씀을 드리며 이 책을 그분께 바치고자 한다.

들어가는 글

1 "12 Ways CEOs Can Support Their Marketing Teams," Forbes, June 12, 2017. https://www.forbes.com/sites/forbescommunicationscouncil/2017/06/12/12-ways-ceos-can-support-their-marketing-teams/#d5e67637859a.

CHAPTER 01 바늘에서 알고리즘까지

1 Stephanie Pappas, "Pompeii 'Wall Posts' Reveal Ancient Social Networks," Live Science, January 10, 2013. https://www.livescience.com/26164-pompeii-wall-graffiti-social-networks.html.

2 https://www.coursehero.com/file/p305hjd/Bronze-plate-for-printing-an-advertisement-for-the-Liu-family-needle-shop-at/.

3 "The Ancient Origins and History of Modern Marketing and Advertising," LaFleur, July 26, 2016. https://lafleur.marketing/blog/ancient-origins-history-modern-marketing-advertising/.

4 Amelia Lucas, "Burger King Sells Whoppers for a Penny at McDonald's Locations to Promote Its App," CNBC, December 4, 2018. https://www.cnbc.com/2018/12/04/burger-king-sells-whoppers-for-a-penny-at-mcdonalds-locations.html.

5 "Vintage Dodge Ad, 1951," Pinterest, uploaded by Robert Stead. https://www.pinterest.com/pin/285767538825843116/.

6 Becky Little, "When Cigarette Companies Used Doctors to Push Smoking," History.com, September 13, 2018 (updated September 11, 2019). https://www.history.com/news/cigarette-ads-doctors-smoking-endorsement.

7 Ross Benes, "'The Beginning of a Giant Industry': An Oral History of the First Banner Ad," Digiday, November 8, 2017. https://digiday.com/media/history-of-the-banner-ad/.

8 Susan Young, "Getting the Message: How the Internet Is Changing Advertising," Harvard Business School Working Knowledge, May 16, 2000. https://hbswk.hbs.edu/archive/getting-the-message-how-the-internet-is-changing-advertising.

9   Susan Young, "Getting the Message: How the Internet Is Changing Advertising," Harvard Business School Working Knowledge, May 16, 2000. https://hbswk.hbs. edu/archive/getting-the-message-how-the-internet-is-changing-advertising.

10 Jeff Desjardins, "What Happens in an Internet Minute in 2019?" Visual Capitalist, March 13, 2019. https://www.visualcapitalist.com/what-happens-in-an-internet-minute-in-2019/.

11 Quentin Fottrell, "People Spend Most of Their Waking Hours Staring at Screens," Market Watch, August 4, 2018. https://www.marketwatch.com/story/people-are-spending-most-of-their-waking-hours-staring-at-screens-2018-08-01.

12 "Ellen's Oscar 'Selfie' Crashes Twitter, Breaks Record," CNBC, March 3, 2014. https://www.cnbc.com/2014/03/03/ellens-oscar-selfie-crashes-twitter-breaks-record.html.

13 Kaya Yurieff, "Snapchat Loses $1.3 Billion after Kylie Jenner Tweet," CNN Business, February 23, 2018. https://money.cnn.com/2018/02/22/technology/snapchat-update-kylie-jenner/index.html.

14 "Programmatic Adspend to Exceed US$100bn for the First Time in 2019," Zenith, the ROI Agency, November 25, 2019. https://www.zenithmedia.com/programmatic-adspend-to-exceed-us100bn-for-the-first-time-in-2019/.

15 Laurie Sullivan, "Data Estimates 40% of All Media Spent Is Wasted—How One Company Is Plugging the Holes," MediaPost, September 23, 2019. https://www.mediapost.com/publications/article/340946/data-estimates-40-of-all-media-spend-is-wasted-.html.

16 Suzanne Vranica, "Ad Business Full of Nontransparent Practices, Study Finds," Wall Street Journal, June 7, 2017. https://www.wsj.com/articles/ad-business-full-of-nontransparent-practices-study-finds-1465303654.

17 Suzanne Vranica and Nicole Hong, "Federal Prosecutors Probe Ad Industry's Media-Buying Practices," Wall Street Journal, September 27, 2018. https://www.wsj.com/articles/federal-prosecutors-probe-ad-industrys-media-buying-practices-1538078020.

18 Devin Coldeway, "The California Consumer Privacy Act Officially Takes Effect Today," TechCrunch, January 1, 2020. https://techcrunch.com/2020/01/01/the-california-consumer-privacy-act-officially-takes-effect-today/.

CHAPTER 02 제5의 패러다임이 온다

1   Darrell Etherington, "Amazon's Prime Air Drone Delivery Fleet Gains FAA Approval for Trial Commercial Flights," TechCrunch, August 31, 2020. https://techcrunch.com/2020/08/31/amazons-prime-air-drone-delivery-fleet-gains-faa-approval-for-trial-commercial-flights/.

CHAPTER 03 마케팅의 역할을 재설정하라

1   Richard Whitman, "McCann Research Drives New ANA Talent Recruitment Effort," MediaPost, November 14, 2019. https://www.mediapost.com/publications/article/343374/mccann-research-drives-new-ana-talent-recruitment.html.

CHAPTER 04 데이터 딜레마에 빠지다

1   "New Research Reveals Most Consumers Unaware of Financial Data Collection Practices," The Clearing House, November 19, 2019. https://www.theclearinghouse.org/payment-systems/articles/2019/11/new-research-financial-data-collection-practices-11-19-19.

2   Ray Walsh, "Organizations Sign Privacy International Petition Criticizing Exploitive Pre-Installed Apps on Android," ProPrivacy, January 9, 2020. https://proprivacy.com/privacy-news/organizations-sign-privacy-international-petition.

3   Eric Rosenbaum, "5 Biggest Risks of Sharing Your DNA with Consumer Genetic-Testing Companies," CNBC, June 16, 2019. https://www.cnbc.com/2018/06/16/5-biggest-risks-of-sharing-dna-with-consumer-genetic-testing-companies.html.

4   Whitney Ksiazek, Leslie Picker, and Nick Wells, "How Hedge Fund Investors are Makings Money Off the Data You're Giving Them for Free," CNBC, April 23, 2019. https://www.cnbc.com/2019/04/23/how-hedge-funds-use-alternative-data-to-make-investments.html.

5   Chelsea Bailey and Elizabeth Chuck, "Apple CEO Time Cook Slams Facebook: Privacy 'is a human right, it's a civil liberty'," NBC News, March 28, 2018. https://www.nbcnews.com/tech/tech-news/apple-ceo-tim-cook-slams-facebook-privacy-human-right-it-n860816.

6   "MyID Platform Enables a Trusted Digital ID Ecosystem," MYID Alliance webpage. https://myidalliance.org/en/.

7   Brave homepage. https://brave.com.

8   Jesse Hollington, "Hacker Who Tried to Blackmail Apple by Threatening to Delete

319 Million iCloud Accounts Gets Two-Year Sentence," iDrop News, December 26, 2019. https://www.idropnews.com/news/hacker-who-tried-to-blackmail-apple-by-threatening-to-delete-319-million-icloud-accounts-gets-two-year-sentence/125904/.

9 Simon Fogg, "GDPR for Dummies: Simple GDPR Guide for Beginners," Termly, September 20, 2019. https://termly.io/resources/articles/gdpr-for-dummies/.

10 "Privacy by Design GDPR," Privacy Trust, 2018. https://www.privacytrust.com/gdpr/privacy-by-design-gdpr.html.

CHAPTER 05 인공지능을 동력으로

1 Mario Klingermann homepage. http://quasimondo.com.

2 "An Interview with Scott Eaton," Direct Digital. https://www.direct-digital.com/en/case-study/interview-scott-eaton.

3 Refik Anadol homepage. http://refikanadol.com.

4 Karen Gilchrist, "Chatbots Expected to Cut Business Costs by $8 Billion by 2022," CNBC, May 9, 2017. https://www.cnbc.com/2017/05/09/chatbots-expected-to-cut-business-costs-by-8-billion-by-2022.html.

5 "JWT's 'The Next Rembrandt' Wins Two Grand Prix and an Innovation Lion at Cannes," IBB online, 2016. https://www.lbbonline.com/news/jwts-the-next-rembrandt-wins-two-grand-prix-and-an-innovation-lion-at-cannes.

6 Amy X. Wang, "Warner Music Group Signs an Algorithm to a Record Deal," Rolling Stone, March 23, 2019. https://www.rollingstone.com/pro/news/warner-music-group-endel-algorithm-record-deal-811327/.

CHAPTER 06 기술의 빅뱅

1 "Google Maps AR," YouTube video, uploaded May 8, 2018, by Mandar Limaye. https://www.youtube.com/watch?v=4F0gFpzsYLM.

2 Ayda Ayoubi, "IKEA Launches Augmented Reality Application," Architect, September 21, 2017. https://www.architectmagazine.com/technology/ikea-launches-augmented-reality-application_o.

3 Cheryl Rosen, "Marriott Debuts Augmented Reality Views of Properties on iPhone," Travel Market Report, June 20, 2018. https://www.travelmarketreport.com/articles/Marriott-Debuts-Augmented-Reality-Views-of-Properties-on-iPhone.

4 Sarah Perez, "Over a Quarter of U.S. Adults Now Own a Smart Speaker,

Typically an Amazon Echo," TechCrunch, March 8, 2019. https://techcrunch. com/2019/03/08/over-a-quarter-of-u-s-adults-now-own-a-smart-speaker-typically-an-amazon-echo/.

5 Greg Sterling, "Report: Amazon Internal Data Suggest 'Voice Commerce' Virtually Nonexistent," Marketing Land, August 8, 2018. https://marketingland.com/report-amazon-internal-data-suggest-voice-commerce-virtually-nonexistent-245664.

6 Mary Jo Foley, "Microsoft's Latest Holoportation Demo Shows Off Its Mixed Reality, AI, Translation Technologies," ZDNet, July 17, 2019. https://www.zdnet. com/article/microsofts-latest-holoportation-demo-shows-off-its-mixed-reality-ai-translation-technologies/.

7 "It's All on Your Fridge," Samsung webpage. https://www.samsung.com/us/explore/ family-hub-refrigerator/overview/.

CHAPTER 07 블록체인의 기회

1 Lara O'Reilly, "Bombshell Report Claims U.S. Ad Agencies Unethically Pad Their Profits with Secret Rebate Schemes," Business Insider, June 7, 2016. https:// www.businessinsider.com/ana-report-alleges-widespread-ad-agency-kickback-schemes-2016-6.

2 Laurie Sullivan, "Data Estimates 40% of All Media Spend Is Wasted—How One Company Is Plugging the Holes." https://www.mediapost.com/publications/ article/340946/data-estimates-40-of-all-media-spend-is-wasted-.html.

3 Matt Marshall, "IBM-Unilever Blockchain Pilot Cuts Wasteful Ad Spend," Venture Beat, August 15, 2019. https://venturebeat.com/2019/08/15/ibm-unilever-blockchain-pilot-cuts-wasteful-ad-spend/.

CHAPTER 08 마케팅에 숨겨진 과학

1 Ismail Serageldin, "Ancient Alexandria and the Dawn of Medical Science," National Center for Biotechnology Information, December 30, 2014. https://www.ncbi.nlm. nih.gov/pmc/articles/PMC3991212/.

2 Joe Dawson, "Who Is That? The Study of Anonymity and Behavior," Observer, Association for Psychological Science, March 30, 2018. https://www. psychologicalscience.org/observer/who-is-that-the-study-of-anonymity-and-behavior.

1 Iris Hearn, "What Mastercard Is Teaching Marketers about Sonic Branding," Impact, February 13, 2019. https://www.impactbnd.com/blog/mastercard-sonic-branding.

2 Mark Wilson, " Mastercard Just Launched a Sonic Logo. Here's What It Sounds Like," Fast Company, February 13, 2019. https://www.fastcompany.com/90305949/mastercard-just-launched-a-sonic-logo-heres-what-it-sounds-like.

3 Tim Nudd, "Hear Mastercard's New Brand Melody in Various Apps, Styles and Places," Muse by Clio, February 13, 2019. https://musebycl.io/music/hear-mastercards-new-brand-melody-various-apps-styles-and-places.

4 Allen Adamson, "Mastercard's Smart New Branding Strategy Speaks Louder Than Words," Forbes, January 7, 2019. https://www.forbes.com/sites/allenadamson/2019/01/07/mastercards-smart-new-branding-strategy-speaks-louder-than-words/#ea332b65dbcd.

5 "Merry Go Round," YouTube video, uploaded January 7, 2020 by Mastercard. https://www.youtube.com/watch?v=LMrbsUDp9ts.

6 "AMP Releases Best Audio Brands 2020 Ranking," press release, AMP, April 14, 2020. https://ampsoundbranding.com/best-audio-brands-2020-press-release/.

7 Blog post, The Marketing Society. https://www.marketingsociety.com/the-library/dining-atop-billboard-mastercard.

8 Lindsey Stein, "Mastercard Impresses with New NYC Culinary Experiences," Campaign US, July 30, 2019. https://www.campaignlive.com/article/mastercard-impresses-new-nyc-culinary-experiences/1592396.

9 Barry Levine, "Mastercard Adds Taste to Brand's Positioning with Custom Macarons," Marketing Dive, September 24, 2019. https://www.marketingdive.com/news/mastercard-adds-taste-to-brands-positioning-with-custom-macarons/563552/.

10 Andrea Cheng, "How a Hotel Gets Its Signature Scent," Conde Nast Traveler, August 2, 2019. https://www.cntraveler.com/story/how-a-hotel-gets-its-signature-scent.

11 "The Smell of Commerce: How Companies Use Scents to Sell Their Products," Independent.co.uk. https://www.independent.co.uk/news/media/advertising/the-smell-of-commerce-how-companies-use-scents-to-sell-their-products-2338142.html.

CHAPTER 10 충성심은 없다

1 William Park, "Why We Need to Talk about Cheating," BBC Future, June 25, 2019. https://www.bbc.com/future/article/20190625-why-we-need-to-talk-about-cheating.

2 James Surowiecki, "Twilight of the Brands," New Yorker, February 10, 2014. https://www.newyorker.com/magazine/2014/02/17/twilight-brands.

CHAPTER 11 광고는 죽었다

1 Kevin McSpadden, "You Now Have a Shorter Attention Span Than a Goldfish," Time, May 14, 2015. https://time.com/3858309/attention-spans-goldfish/.

2 Ryan Holmes, "We Now See 5,000 Ads a Day . . . And It's Getting Worse," LinkedIn, February 19, 2019. https://www.linkedin.com/pulse/have-we-reached-peak-ad-social-media-ryan-holmes/.

3 Bryan Clark, "More Than 600 Million Devices Worldwide Are Now Using Ad-Blockers," The Next Web, February 6, 2017. https://thenextweb.com/media/2017/02/07/more-than-600-million-devices-worldwide-are-now-using-ad-blockers/.

4 "Is Ad Blocking Past 2 Billion Worldwide?" Doc Searls Weblog, March 23, 2019. https://blogs.harvard.edu/doc/2019/03/23/2billion/.

5 Manish Singh, "Samsung's Preloaded Browser for Android Gets Ad-Blocking Support," Gadgets 360, February 1, 2016. https://gadgets.ndtv.com/apps/news/samsungs-preloaded-browser-for-android-gets-ad-blocking-support-796827.

6 Paige Cooper, "43 Social Media Advertising Statistices That Matter to Marketers in 2020," Hootsuite, April 23, 2020. https://blog.hootsuite.com/social-media-advertising-stats/.

7 Roberto Garvin, "How Social Networks Influence 74% of Shoppers for Their Purchasing Decisions Today," Awario, May 11, 2019. https://awario.com/blog/how-social-networks-influence-74-of-shoppers-for-their-purchasing-decisions-today/.

8 "A Night with Mona Lisa," Airbnb Newsroom. https://news.airbnb.com/louvre/.

9 "Brandz Top 100 Most Valuable Global Brands 2020," Brandz. https://www.brandz.com/admin/uploads/files/2020_BrandZ_Global_Top_100_Report.pdf.

CHAPTER 12 소비자가 아니라 사람이다

1 Jennifer Faull, "Brands Form 'Voice Coalition' to Prep for Alexa and Siri Changing the Way We Shop," Drum, June 19, 2019. https://www.thedrum.com/news/2019/06/19/brands-form-voice-coalition-prep-alexa-and-siri-changing-the-way-we-shop.

CHAPTER 14 파트너십의 강력한 힘

1 Carolyn Harding, "Instagram's Live Donation Feature: Just the Facts," Digital Media Solutions, May 4, 2020. https://insights.digitalmediasolutions.com/news/instagram-live-donations.

CHAPTER 15 목적은 필수다

1 "Leadership Series: Purpose-Driven Leadership," EY. https://www.ey.com/Publication/vwLUAssets/ey-purpose-driven-leadership/$File/ey-purpose-driven-leadership.pdf.

2 Robert E. Quinn and Anjan V. Thakor, "Creating a Purpose-Driven Organization," Harvard Business Review, July–August, 2018. https://hbr.org/2018/07/creating-a-purpose-driven-organization.

3 "The Economic Graph Research CFP," LinkedIn Economic Graph Research. https://engineering.linkedin.com/teams/data/projects/economic-graph-research.

4 "Two-Thirds of Consumers Worldwide Now Buy on Beliefs," Edelman, October 2, 2018. https://www.edelman.com/news-awards/two-thirds-consumers-worldwide-now-buy-beliefs#:~:text=Nearly%20two%2Dthirds%20(64%20percent,13%20points%20from%20last%20year.

5 Zameena Mejia, "Nearly 9 Out of 10 Millennials Would Consider Taking a Pay Cut to Get This," CNBC, June 28, 2018. https://www.cnbc.com/2018/06/27/nearly-9-out-of-10-millennials-would-consider-a-pay-cut-to-get-this.html.

CHAPTER 16 신뢰로 우위를 차지하라

1 "2019 Edelman Trust Barometer Special Report: In Brands We Trust?" Edelman. https://www.edelman.com/sites/g/files/aatuss191/files/2019-07/2019_edelman_trust_barometer_special_report_in_brands_we_trust.pdf.

2 The World's Most Ethical Companies homepage. https://www.worldsmostethical companies.com.

3 Janika Parmar, "'Ethical Consumers'—Why CP Companies Need to Act Fast," Capgemini, April 3, 2019. https://www.capgemini.com/us-en/2019/04/ethical-consumers-why-cp-companies-need-to-act-fast/.

4 "WFA Launches World's First Guide on Data Ethics for Brands," press release, World Federation of Advertisers, June 1, 2020. https://wfanet.org/knowledge/item/2020/06/01/WFA-launches-worlds-first-guide-on-data-ethics-for-brands.

5 "FIXD—Never Get Ripped Off by Mechanics Again," YouTube video, uploaded April 28, 2017. https://youtu.be/jDasRRpmWZ0.

6 "Media Transparency Initiative: K2 Report," ANA, press release. https://www.ana.net/content/show/id/industry-initiative-media-transparency-report.

7 Paul Nicholson, "Global Sports Sponsorship Spend to Drop by 37% to $28.9bn, Says Report," Inside World Football, May 18, 2020. http://www.insideworldfootball.com/2020/05/18/global-sports-sponsorship-spend-drop-37-28-9bn-says-report/.

8 "Corruption in Sport," Interpol crimes webpage. https://www.interpol.int/en/Crimes/Corruption/Corruption-in-sport.